ヘーゲル哲学体系への胎動

フィヒテからヘーゲルへ

山内廣隆 著

ナカニシヤ出版

序　文

学友山内廣隆君が二十数年に及ぶヘーゲル研究の成果を一書にして世に問うにいたったことは、広島大学大学院において共に研究しつつ、その研学を見守ってきた一人として衷心喜びに耐えないものがある。

思えば君は我々の研究室における院生第一号であった。『精神現象学』の演習に並行して、君は夙にイエナ期ヘーゲル哲学の発展に着目して、昭和五十八年には早くもその成果を「イエナ期ヘーゲルの主観性の形而上学」（日本哲学会『哲学』第三十三号、一九八三年）として発表した。爾来この方向を貫徹するうちに、君は伝統的なドイツ観念論研究の中に重大な欠陥があることに気づいた。すなわちフィヒテからシェリングへ、シェリングからヘーゲルへと然かく直線的に発展したと言えるのだろうかという問題である。そこには明らかに幾つかの見落としが指摘できるとする。シェリングは果たしてフィヒテを克服したと言えるだろうか。さらにヘーゲルはフィヒテとシェリングを越えたと言えるだろうか。そしてとりわけ重要なことは、フィヒテ自身はシェリング・ヘーゲルといかに対決したのだろうか、これに対する二者の応答はどうであったろうか等々である。君は、従来全く看過されてきたこの問題と正面から取り組んで、「フィヒテとの関係に深く留意しながら、イエナにおけるヘーゲル哲学体系の発展を跡づけ」て、この度学位請求論文として本書を完成したのである。

本書において、君はまずフィヒテの『全知識学の基礎』を再検討して、「絶対我」の定立と存在と自覚との三位一体構造を明らかにし、さらに三原則については、第一原則が根源であって、この上で第二原則と第三原則とが対立すべきものと捉える。君はこの観点からフィヒテのシェリング・ヘーゲル批判を取り上げる。まずシェリングについては一八〇一年の『我が哲学体系の叙述』を、同年のフィヒテの批判『シェリングに対する準備工作』を踏まえて綿密に検討し、シェリングはフィヒテを克服したのではなく、むしろフィヒテ的な反省を欠いた体系に外ならず、まさに「眼のないポリュペモス」と評すべきであるとする。またヘーゲルの一八〇一年の『差異論文』がシェリングに与しつつ、フィヒテの第一原則と第二原則を並列させた上で両者を第三原則で総合するのは明らかに誤解であって、所詮ヘーゲルもシェリングの轍を踏んだものと見る。

ところがヘーゲルは一八〇三/〇四年から一八〇五/〇六年にかけての諸論文においては、却ってフィヒテに近づいた観があることを君は指摘する。例えば一八〇三/〇四年の『精神哲学』において、ヘーゲルが、絶対的実体は対立を産出するだけでなく、対立項を関係づける媒語であると主張するところは、フィヒテの自我の三位一体論の導入に外ならないとし、一八〇四/〇五年の『イエナ論理学』における「真無限」は、フィヒテにおける反省を摂取しながら絶対者の同一性を維持しようとする努力の成果であると断定する。

以上通読した限りにおいてさえ、本書の着眼がヘーゲル研究史において画期的な意味をもつものであり、広くは今後のドイツ観念論研究の重要不可欠の文献となることを確信するに十分である。私は本書の将来を大きな期待をもって見守るものである。

二〇〇三年七月

広島大学名誉教授　隈元忠敬

ヘーゲル哲学体系への胎動

——フィヒテからヘーゲルへ——

＊

目次

第四章　イエナ中・後期におけるヘーゲル哲学の展開……250

凡　例

（1）使用したテキストおよびその省略記号は以下の通りである。なお、省略記号の後のアラビア数字は頁数を示す。

［カント］その都度の註に付した。

［フィヒテ］

J.G.Fichte, *Vorarbeiten gegen Schelling*だけは現在刊行中のアカデミー版大全集（詳細は註に付した）から引用し、その他はすべて*Fichtes Werke*, hrsg.v.I.H.Fichte, Walter de Gruyter, 1971から引用した。次の省略記号で表わしたもの以外のこの全集からの引用はFWと略記し、ローマ数字で巻数を示した。

Zur＝*Zur Darstellung von Schellings Identitäitsysteme*, in: Fichtes Werke, Bd.XI.……『叙述のために』と略記。引用箇所は頁数ではなく、節番号（§）で表示した。

WL＝*Grundlage der gesammten Wissenschaftslehre*, in: ebenda, Bd.I.……『基礎』と略記。

SdS＝*System der Sittenlehre nach den Principien der Wissenschaftslehre*, in: ebenda, Bd. IV. ……『道徳論の体系』と略記。

GdN＝*Grundlage des Naturrechts nach Principien der Wissenschaftslehre*, in: ebenda, Bd.III. ……『自然法の基礎』と略記。

［シェリング］

Idee＝*Ideen zu einer Philosophie der Natur*, in: *Schellings Werke* ,Bd. 5, hrsg.v. Manfred Durner, 1994.……『理念』と略記。

Dar = *Darstellung meines Systems der Philosophie,* in: *Schellings Werke,* Bd.3, hrsg.v. Manfred Schröter,1927.……『叙述』と略記。引用箇所は節番号（§）で表示した。

［ヘーゲル］

Fr = *Systemfragment von 1800*, in: *Werke* zwanzig Bänden 1, hrsg.v. E.Mordenhauer u. K. Michael, 1971.……『体系断片』と略記。

PdR = *Grundlinien der Philosophie des Rechts*, in: ebenda, Bd. 7.…… 引用箇所は節番号（§）で表示した。『法の哲学』と略記。

上記のFr、PdR以外はすべてアカデミー版ヘーゲル全集を使用した。

Diff = *Differenz des Fichteschen und Schellingschen Systems der Philosophie,* in: *G.W.F.Hegel Gesammelte Werke,* hrsg.v. Deutschen Forschungsgemeinschaft, Meiner, Bd.4, 1968.……『差異論文』と略記。

PdG = *Phänomenologie des Geistes*, in: ebenda, Bd.9, 1980.

GP1 = *Jenaer Systementwürfe I*, in: ebenda, Bd.6, 1975.……一八〇三／〇四年『精神哲学』と略記。

GP2 = *Jenaer Systementwürfe III*,in: ebenda, Bd.8, 1976.……一八〇五／〇六年『精神哲学』と略記。

JL = *Jenaer Systementwürfe II*,in: ebenda,Bd.7, 1971.……『イエナ論理学』と略記。

JM = Ebenda.……『イエナ形而上学』と略記。

WdL = *Wissenschaft der Logik*, in: ebenda, Bd.11,1978.……『大論理学』と略記。

（2）　すべての引用文中の〈　〉内はテキストに付されているもの、（　）内は筆者の付したものである。

（3）　引用文中イタリック体、ゲシュペルト体などの強調体には傍点を施した。

ヘーゲル哲学体系への胎動

——フィヒテからヘーゲルへ——

序　章　本書の基本的視座とその哲学史的背景

本書は、イエナにおけるヘーゲル哲学体系確立への過程を、フィヒテ哲学との関係を主軸として考察するものである。そのためには、この考察における基本的視座ともいうべきものをあらかじめ提示しておかなければならないであろう。我々はそれを、ヘーゲル以後のドイツにおける哲学史を概観することから始めたい。

1　新カント主義と新ヘーゲル主義

カントから出発し、フィヒテ、シェリングを経てヘーゲルの哲学において完成するというドイツ観念論の公式を打ち立てたのは、他ならぬヘーゲルその人であった。この公式はヘーゲル没後一度は忘れ去られはしたが、二十世紀初頭のヘーゲルルネサンスにおいて復活する。なるほど二十世紀初頭、新カント学派を代表するW・ヴィンデルバントは、ヘーゲル形而上学復活に対して警鐘を鳴らしていた[1]。それにも拘わらず、ヘーゲル没後百年にあたってドイツでは、ヘーゲルルネサンスを担う哲学史家、例えばR・クローナー、H・グロックナー、J・ホフマイスターたちによって[2]、没後百年を記念する講演がヘーゲル哲学復興を目指して各地で繰り広げられた。これらの哲学史家たちは、必ずしもヘーゲルが描いたドイツ観念論の公式を、そっくりそのまま受け継いだのではない。それぞれがヘーゲル評価の色合いを少しずつ異にしながらも、ヘーゲル哲学を再評価する作業を通じて、新たなドイツ観念論構築を目指したのである。しかしながら、彼らの議論を通じてむしろクローナー流の「カントからヘーゲルへ」という公式が定着していき、結果的に新たなドイツ観念論の可能性は、この公式への異議申し立てとして現われてこざるをえなくなるのである。ここではヘーゲルルネサンスを担った哲学史家のひとりであるグロックナーの主張を取り上げて、彼が当時の論文で[3]、ヘーゲルルネサンスと「新ヘーゲル主義」(Neuhegelianismus)をどのようなコンテキストのなかでどのようなものとして提起していたのかを以下で俯瞰しておきたい。

まず、彼はヘーゲルの直弟子たちを「古ヘーゲル主義者」と呼ぶ。彼によると彼らはヘーゲル哲学体系を「普遍的歴史哲学及び弁証法的に根拠付けられた汎論理主義として、そして最後に理性と宗教を世界観的に和解させるもっとも究極的で偉大な試みとして[4]」捉えた。しかし、没後百年の時間的経過が人々をこの古いヘーゲル像から解放し、ヘーゲルの生きた時代よりもむしろヘーゲルをヘーゲルの精神で理解しうる地平へと連れ戻した。グロックナーによると、二十世紀に入ってようやくヘーゲルは古いヘーゲル像から「解放」され、真に「対象化」可能なものとなるのである。

だが、振り返ってみると十九世紀から二十世紀にかけてヘーゲルのこの偉大な体系は経験諸科学へと解体され、嘲笑の対象にすらなっている。しかし他方で、そのような傾向は人々をますます不安の淵へと引きずり落とし、実存的な「魂の救済」が時代の要求するところとなっている。その限りにおいて、キルケゴールやニーチェは確かにアクチュアルである。しかし、グロックナーはそれと同様にカントもまたアクチュアルであると言う。ヘーゲルが古ヘーゲル主義者の理解したように、汎論理主義者として「理性と宗教を和解させた」のであれば、ヘーゲルは合理的世界解釈を目指す近代啓蒙主義の完成者と見なされてよい。そうであれば、キルケゴールやニーチェは、合理主義に反発する非合理主義者としてアクチュアルである。この場合ヘーゲルは合理主義者と考えられているのであるが、他方でクローナーのようにヘーゲル哲学のもつ非合理的性格に着目し、それを評価する哲学者も存在する。まさに、「理性と宗教を和解させた」汎論理主義の哲学のその根本に、その非合理的性格を読み取るのである。カントがアクチュアルであるのは、ヘーゲル哲学のもつ非合理主義的性格に対する反発であると考えることができる。

だが、グロックナーによれば、新ヘーゲル主義はこのような当時のアクチュアルな哲学に対して、ヘーゲル哲学を武器に闘わなければならない[5]。彼によると、ヘーゲルこそ「世界のために」(für die Welt) 哲学した人であり、その魅力は「世界を背負う人」(ein Welt-Träger)、「巨大な客観性でもって世界を取り込み理解した大天才」[6]たるところにある。魂の救済という「自分のため」(für sich) の時代的要求からは一見かけ離れたヘーゲルのこの逆転的観点こそ時代の困難から救ってくれるという期待が、グロックナーにはある。このようなヘーゲルへの期待は、ルネサンスがその当時いかなる仕方においてもアクチュアルでなかった古代ギリシアに眼を向けたのと類比されている。

ところが他方で、ヘーゲル哲学の非合理的性格に反発して登場したのが「新カント主義」(Neukantianismus) であった。グロックナーによると、新ヘーゲル主義は非合理主義の哲学からではなく、新カント主義との連関から生成してくる。したがって、新ヘーゲル主義をよりよく理解するためには新カント主義が何であったかが検討されなければならない。新カント主義は、グロックナーによれば三つの局面をもっている。以下では、グロックナーに従ってこの三局面について見ていきたい。

第一局面を代表するのは、K・フィッシャーとE・ツェラーである。フィッシャーはカントからヘーゲルへの道を逆に辿り、ドイツ観念論をすべてカントに帰する。彼によるとカント哲学は「形而上学的背景が補完されなければならないとしても」、なお驚嘆し追求すべき値打ちを持っている。ツェラーは「認識論」(Erkenntnistheorie)という言葉をカント哲学に刻印した。カント哲学は「認識論」でもって自然科学と協働し、それでもってヘーゲルの体系を圧倒したとツェラーは考えた。次に、新カント主義の第二局面であるが、この局面こそ通常「新カント主義」と呼ばれているものである。この局面はF・A・ランゲの『唯物論の歴史』に始まり、H・コーヘン『カントの経験の理論』、ヴィンデルバントの『近世哲学史』などと続く。この局面のカント研究の特徴は、各哲学者が自分の関心に基づく限定された観点からカントを捉えながら、なおそのような特殊な観点からカントの全体像をよく理解しえた点にある。もちろん、「形而上学的盲目」とか「カント偽造」といった批判も彼らには浴びせられるが、彼らの解釈は失われてはならない意義を有している[7]。

第三局面においては「体系形成」の問題が前面に出てくる。これによって新カント主義はその枠を超えてしまうことになる。新カント主義者がそのカント研究のなかで抱えていた「体系形成」への志向が、彼らが理想とした「自然科学的正確性(Exaktheit)」と齟齬をきたすとき、その理想はディルタイによって主張された「包括的な精神科学的問題構成」に道を譲ることになるのである[8]。グロックナーはこの第三局面に所属するものとして、次のものを掲げている。O・リープマン『現実性の分析』、A・リール『哲学的批判主義の体系』、H・リッケルト『認識の対象』及び『自然科学的概念形成の限界』、コーヘン『体系』、ヴィンデルバント『哲学入門』などである。グロックナーは彼らに対して「新カント主義はかかる包括的体系意志についに破れたのである[9]」と評している。

以上で新カント主義の三局面を簡単に叙述したのであるが、これを踏まえてグロックナーは、新カント主義に共通の分母として以下の確信を掲げている。それは、哲学は「学的」(wissenschaftlich) でなければならないが、カントの「批判主義」(Kritizismus) こそ一切の近代の学的哲学の基礎であるという確信である。こうした確信のもとで、批判主義は個別科学の「方法論」として展開されることになる。ここに批判主義は方法論として、すなわち超越論的仕方で概念、カテゴリー、そして方法を扱う哲学として、実証的個別科学の基礎を形成することになる。グロックナーによると、このような哲学観を支持する新カント主義者にとっては、人間的生の現実把握を目指すヘーゲル哲学は「拒絶」の対象でしかなかった。

しかし、カント研究の進展は、カント自身が矛盾を含んだ複合体であり、新カント主義者が理想とした「正確性」からカント自身が逸脱していることも徐々に明らかにした。こうした事態が新カント主義者をして、「カント哲学の意識的変容」へと駆り立てたとグロックナーは分析している。このような変容は、カント哲学のあるものを選択し、あるものを抹殺するというように、第二局面において顕著になるのである。さらに彼は、先述した第三局面において「カントの根本思想を歴史哲学的に展開する構成」の必要が生じたとき、すでに新カント主義の運動は終わったと判断すると同時に、それが「ドイツ観念論一般の継続の可能性」を示していると解釈するのである。すなわち、新カント主義がカントを超えていかざるをえなくなったとき、カントからヘーゲルへというドイツ観念論の行程をもう一度辿らなければならない必然性が生じたのである。以上が、新ヘーゲル主義への簡単な哲学史的プロセスである[10]。

それでは以下で、新ヘーゲル主義の傾向と特徴を整理しておこう。これは、新ヘーゲル主義が、新カント主義の終焉とともに登場してくるものである以上、先述した新カント主義の三局面から明らかであろう。すなわち、繰りかえしになるが、学そのものの概念が新カント主義的概念とは別ものになっている。数学的自然科学的正確性という学の理想は否定され、学としての哲学は「自然科学的概念形成から精神科学的概念形成」へと交替したのである。この新しい視点から「歴史哲学、国家論、市民社会論」という古いアポリアが捉え直されねばならない。そして、この新しい視点を支える哲学をヘーゲル哲学に求める思潮が新ヘーゲル主義なのである。[11]

しかし、新カント主義者が行なったように、新ヘーゲル主義はヘーゲル哲学を各自の原理に従って変容してはならない。また、クローナーのようにカントからヘーゲルまでのドイツ観念論の古い稜線を単純に辿ってもならない。[12]新ヘーゲル主義はヘーゲルをヘーゲル自身の見解に基づいて把握すると同時に、これを止揚しなければならないのである。[13]グロックナーは、そのためのテキストクリティークを含むヘーゲル文献学の必要を説いている。（グロックナー版ヘーゲル全集はその成果であろう。）以上を踏まえ、そしてT・L・ヘーリンクの仕事を新ヘーゲル主義の模範として立てて、グロックナーは新ヘーゲル主義の三原則を語っている。まず第一に「我々は今日ヘーゲル以上にはいかなる哲学者からも学びえない」。第二に「我々は古い意味でのヘーゲル主義者であろうと欲してはならない」。第三に「あたかも古ヘーゲル主義者であるかのようにふるまってもならない」、すなわち、ヘーゲル哲学と現在との媒介を忘れてはならない。[14]

2　ドイツ観念論一般の継続の可能性

我々は以上の論述で、新ヘーゲル主義が哲学史的には直接新カント主義から生まれてくることを、グロックナーを通して示した。時代を遡って、新カント主義がヘーゲル哲学の非合理主義的性格に対する反発から発生することを考え合わせるとき、グロックナーの語る「ドイツ観念論一般の継続の可能性」が意味するところを見通すことができる。ドイツ観念論は、カントの『純粋理性批判』に始まり、ヘーゲルの『エンチクロペディー』で終わる完結した運動ではない。ドイツ観念論の運動を完結させたかにみえたヘーゲル哲学に対して、カントの立場からの見直しが始まり、それは新カント主義として定着するが、今度はヘーゲル哲学を再評価する運動が新カント主義の帰結として生まれてくる。このようにドイツ観念論の運動は、いまなお連綿として続いているのである。これがグロックナーの言う「ドイツ観念論一般の継続の可能性」である。しかし恐らく、この可能性は彼が想像した以上の歴史的射程をもっていた。すなわち、ヘーゲル自身が構成し、ヘーゲル学者が補強することによって公式化されたドイツ観念論史観に対して、間もなくして異議申し立てが行なわれるようになる。我々はこの異議申し立てをも「ドイツ観念論一般の継続の可能性」として理解できるのではないだろうか。

例えば、M・ハイデガーはシェリングの自由の哲学を「存在一般の本質への問い」を含むドイツ観念論本来の形而上学と評価した。もちろん、ハイデガーは新カント主義がカントの『純粋理性批判』の本質を見誤り、カント自身はそこで「形而上学、しかも存在論の問題」を肝要なものとして提示しようとしたにも拘わらず、カントの理論をせいぜい「自然科学に関わる認識論」としてしか捉えきれなかったと批判している[15]。あくまでも新カント主義批判という点では、ハイデガーは新ヘーゲル主義と同列にいる。さらに彼の弟子であるW・シュルツはシェリングの後期哲学においてドイツ観念論は完成すると主張した[16]。

このようなシェリング哲学復興に少し遅れながら、第二次世界大戦後フィヒテ哲学も復活してくる。そのフィヒテルネサンスの運動を担ったのは、R・ラウトを中心に形成されたミュンヘン学派であった。ラウトは独自の立場から一連の著作[17]を通じて、ドイツ観念論の最高峰をフィヒテに位置付け、その立場からシェリング哲学を形而上学の認識論的基礎付けを欠いた「カント以前の独断論への転落」であると断じた。彼はそれと同時に、同じ理由によってヘーゲル哲学もフィヒテ哲学からの堕落であると評した。我々はここでラウトによるヘーゲル哲学批判の要点を、彼の論文『超越論哲学と絶対的観念論の限界線』[18]を通して明らかにしておこう。

タイトルの「超越論哲学」とは、当然のことながらフィヒテ哲学のことであり、「絶対的観念論」とはヘーゲル哲学およびシェリング哲学を指している。[19] ラウトによれば、デカルト以来超越論哲学が目指したのは、「哲学が言表する一切のものを真に知られたるものとして（als wahrhaft gewußt）証明する」ことである。すなわち、知（知られたるもの）が確実なる知であることを証明することこそ、超越論哲学が一貫して求めてきたものである。知識学は、このような知の確実性の証明を遂行する領域として超越論哲学の中心を担っている。ラウトによれば、知識学にあっては「知の確実性」は①「発生的に」（genetisch）明らかになるものであると同時に、その証明は徹底的に②「自己是認」（Selbstrechtfertigung）、「自己把握」（Selbsterfassung）としてなされるのである。[20]

①に関して言えば、知識学は知の事実的明証の立場ではなく、「発生的明証」の立場を採用する。フィヒテはすでに『基礎』の「努力の演繹」においてこれを取り上げている。すなわち、「apagogisch」（間接的）演繹が「絶対的因果性の要求」を仮定することなしには「努力」を証明できなかったのに対し、「genetisch」（発生的）演繹は「直接的」に「より高次の原理」から「努力の演繹」を目指す。（この点については、第二章の3でこれを詳しく論じるつもりである。）ともあれ、この発生的明証の立場は一八〇四年の『知識学』の「真理論」で明確に主張されるようになるわけであるが、ここではその概要だけでも示しておこう。そもそも「知」ないし「概念」は、分裂および区別を前提にし、しかる後に統一が求められる。だが、フィヒテにあっては、このような構成された統一は「事実的明証」にすぎない。フィヒテにあっては、こうした統一と区別の「非概念的統一」が知の根底に控えており、知はそこからその分裂として生じるのである。したがって、フィヒテ知識学においては、このような知の根底への「洞察」を通じて、知の明証性が獲得されることになる。これが「発生的明証」の立場である。次に②に関して言えば、「自己是認」、「自己把握」として知の確実性を証明する構造の内にも、フィヒテ的知のあり方が示されている。すなわち、「なにものも知の内へ外から入り込むことはできない[21]」のである。したがって、フィヒテにあっては客観はあくまでも「内的な外」（ein innerliches Ausser）であり、可分的非我

として自我の内に自我によって定立された存在である。このようにフィヒテにおいては非我は自体的に存在するものではないが、「阻害」（Hemmung）として想定される客観自体は、フィヒテにあっては自我の構成的活動を通じて意識にもたらされるものである、とラウトは解釈している。次の文章は以上で示されたフィヒテの超越論的立場と絶対的観念論との差異を極めて明確に表現している。「我々は決して客観自体の内部直観（Einschauung）へと超越することはない。それゆえ我々は、絶対的観念論が欲するように、単純な客観的存在から反省的存在へと洞察的に移行することなど決してできないのである[22]」。

以上を踏まえて、ラウトはフィヒテの超越論的立場から、同一性体系としての絶対的観念論を「知的直観を客観的なものへと拡大[23]」する独断論として批判する。フィヒテにおいては、客観はあくまでも「一なる反省統一の客観[24]」であり、よって客観は決して反省的性格をもってはいない。だが、絶対的観念論は知的直観を客観的なものに拡大するばかりでなく、そこからの帰結として主観的主観客観と客観的主観客観の同一性の直観をも主張する。フィヒテにおいては、客観的な知的直観が不可能である以上、こうした同一性の直観も不可能である。この観点から、このような同一性としての「絶対者」を、ラウトは「狂信的幻想の所産[25]」と切って捨てる。

以上で我々は、ヘーゲル以後のドイツにおけるドイツ観念論の解釈史を俯瞰してきた。この歴史を見る限り、ヘーゲル哲学に対立項として厳しく対峙しているのは、新カント主義であり、フィヒテルネサンスの運動である。このことから、「ドイツ観念論一般の継続の可能性」とは、ヘーゲル形而上学に対して繰り返し行なわれる超越論哲学からの異議申し立てとして読むこともできる。その批判的論点は、これまで論じてきたように、ヘーゲル形而上学は「認識論的基礎付けを欠いたカント以前の独断論への転落」という観点に集約できるであろう。

3　フィヒテからヘーゲルへ

以上の観点は、多くのカント、フィヒテ研究者によってつとに指摘されつづけてきた。しかし、ヘーゲル哲学を「認識論的基礎付けを欠いたカント以前の独断論への転落」として批判する立場の根底には、一方でカントとフィヒテを一セットとして評価し、他方でシェリングとヘーゲルを一セットとして批判する表象が横たわっている。この傾向は、フィヒテルネサンスの運動、とりわけラウトなどのうちに強く見られる傾向である。そこでは、前者と後者の差異が強調されるあまり、一セットのなかにある差異および異なるセット間の共通性などはまったく無視されることになるのである。例えば、ドイツ観念論をカントからヘーゲルへの直線的発展として解釈し、その解釈を定着させたクローナーですら、文字通りの一直線的発展を主張しているわけではない。ヘーゲル哲学形成過程で、ヘーゲルに与えたフィヒテの影響を、彼とても十分に認識していた。つまり、クローナーは、フィヒテとヘーゲルを一セットとして捉える視点を併せ持っていた。

ドイツ観念論評価に関して言えば、フランクフルト学派の大家アドルノは、クローナーと基本的に立場を異にしている。例えばクローナーは、ヘーゲルのハイデルベルクでの「真理への勇気と精神の力への信仰とが哲学の第一の制約である」[26]という開講演説を引用しながら、このような人間理性への信仰が、人間理性に経験世界を「飛び超えていく」(hinausgehen) 力を与え、フィヒテに始まるドイツ観念論の出発点を画したことを評価する。それに対して、アドルノはフィヒテとヘーゲルが人間理性を肥大化させ、経験世界を「飛び出す」(überspringen) ことをドイツ観念論の汚点として描いている。すなわち、「フィヒテは抽象的自我を実体化した。その点では、ヘーゲルはフィヒテにとらわれてしまっている。自我という表現は純粋な超越論的意識であると同様になんらかの経験的直接的意識を特徴付けなければならないということから、両人とも飛び出してしまったのである」[27]。このようにクローナーとアドルノの両者は基本的立脚点を異にしながらもなお、フィヒテとヘーゲルとの密接な関係を承認するのである。この密接な関係をアドルノは「むしろヘーゲルは、フィヒテやカントの認識論的刺激に立ち返ることによって、シェリング自然哲学の独断的契機から我が身を守った」[28]とも語っている。両者は立場を異にしながらも、フィヒテとヘーゲルの近さを理解している。哲学史的に見れば、ヘーゲルがシェリングの同一哲学に、新たな対立、すなわち「絶対者と世界との新しい二元論」[29]の臭いを嗅ぎ取り、その超克のためにフィヒテに接近することは、いわば哲学史の常識の部類に属する。しかも、その成果を我々は後述するように『精神現象学』のなかに見ることができる。ただし、管見によれば、ヘーゲル哲学体系形成過程において、ヘーゲルがフィヒテ哲学を「いかなる仕方で批判的に摂取していったか」については、必ずしも明確にされているとは言い難い。ここに、本書はフィヒテとの関係に深く留意しながら、イエナにおけるヘーゲル哲学体系の発展を跡付けていこうという企てである。

さて、我々はいましがた「ヘーゲル哲学体系形成過程、つまりイエナ期において、ヘーゲルがフィヒテ哲学をいかなる仕方で批判的に摂取していったか」という論点を提起した。一般的には、ヘーゲルはフィヒテを批判的に「乗り超えていった」のであり、「摂取していった」のではない。しかし我々は、ヘーゲルが哲学体系形成過程においてフィヒテ哲学を「批判的に摂取していった」という仮説を立て、この観点を主軸として本書を構成していく予定である。本書の表題の「ヘーゲル哲学体系への胎動」とはまさにこの意味に他ならない。もとより、イエナ期ヘーゲルに対するフィヒテの実践哲学ないしは社会哲学的な影響については巷間の認めるところであろう。それに対して、哲学の最も原理的な部分でヘーゲルはフィヒテを批判的にではあれ摂取していったというのが、我々の仮説である。

この仮説を論証していくためには、まずなによりもフィヒテの初期知識学とイエナ初期のヘーゲル哲学との哲学原理の差異を明確にしなければならないであろう。すなわち、ヘーゲルのフィヒテ批判の観点ばかりでなく、フィヒテ超越論哲学の立場からのヘーゲル批判の観点が明らかにされなければならないであろう。このように本書の考察の主たる対象になるのはヘーゲルとフィヒテである。だが、哲学史的に見てヘーゲルとフィヒテがその表舞台で論争したことなど一度もなかったし、フィヒテの書簡のなかにヘーゲルという名前を見出すこともない。フィヒテにとってヘーゲルは論争の枠外にあったのであり、せいぜいシェリングのエピゴーネンとしてフィヒテの脳裏を掠める程度であったと思われる。したがって、フィヒテとヘーゲルの関係は、まずフィヒテとシェリングの関係として考察されなければならないであろう。すなわち、我々はまずフィヒテのシェリング批判のいくつかの論点を整理しつつ、シェリング批判におけるフィヒテの立脚点を明らかにすることから始めなければならない。それが次の第一章の課題である。

（1） Vgl., Wilhelm Windelband, Die Erneuerung des Hegelianismus, in : *Präludien; Aufsätze und Reden zur Philosophie und ihrer Geschichte*, Bd.1., 1924.

ヴィンデルバントはこのなかで、ヘーゲル復興を全面否定しているわけではない。むしろ、ヘーゲルへの復帰を言わば哲学の健康回復として捉えている。すなわち、彼はヘーゲル復興を時代の「実証主義的窮乏と唯物論的荒廃」から出現した「世界観への空腹」（S. 278）を満足させる傾向として肯定しているのである。ただし、それと同時にその「限界」も見定めなければならないと主張している。本文の「警鐘を鳴らす」とは、この意味においてである。ヴィンデルバントが限界として設定しているのは、「概念の自己展開」としての弁証法の導入に対してである。すなわち、弁証法はヘーゲル哲学が持つ「形而上学的傾向と同様に形式主義的特質と悪癖」（S. 288）であり、よってこれを「哲学の方法」として導入してはならないと、警鐘を鳴らしているのである。

（2） Richard Kroner, *Hegel zum 100. Todestage*, J. C. B.Mohr, Tübingen, 1932.
Hermann Glockner, *Hegel und seine Philosophie*（Gedächtnisrede zu seinem hundersten Todestage am14. November 1931）,Carl Winter Universitätsbuchhandlung,Heiderberg, 1931.
Johannes Hoffmeister , *Gedächtnisrede* , Weiss'sche Universitätsbuchhandlung , Heiderberg, 1932.
　この講演でホフマイスターは、ヘーゲル復興は必ずしもヘーゲル哲学体系をもう一度構築することではないとしながらも、ヘーゲルの精神を再び取り戻さなければならないと語っている（vgl., S. 31）。ヘーゲル没後百年の間、ヘーゲルの後継者たち、例えばキルケゴールやマルクスはヘーゲルの体系のひとつの規定性を絶対的なものとみなした。すなわちキルケゴールは「無限な主体」という概念を、またマルクスは「欲望の体系」を絶対的なものとみなすことによって、ヘーゲル哲学を変質させたばかりでなく、そこからの後退ももたらした。このことを踏まえて、彼はヘーゲルへと帰ることを説くのである。
　それでは、ホフマイスターは取り戻されるべきヘーゲル哲学の本質をどのように捉えていたのであろうか。彼によると、ヘーゲルこそ「現存在の形而上学的源」（S. 4）へと思索を徹底した人であった。その成果を彼は「真理」、「概念」、「思惟、あるいは現実性」、「体系」、「想起」として述べている。ここでは、その「真理」概念に着目してみよう。彼はヘーゲルの真理を「一者としての生命」、「生成する一者」であると規定し、この真理観の固有性を「無限者を時間的なもの、有限者のうちに認識すること」とみなす。このようなものとしての真理は生成と変化、すなわち「運動」である。しかし真理は一者として「安定」（Ruhe）でもある。このように真理は運動と安定の運動であるが、こうした運動こそ「弁証法」である。この弁証法に支えを与えるのが、キリスト教信仰であり、その点でヘーゲル哲学はドイツ神秘主義につながる。すなわち、「神の内在化」こそがヘーゲル哲学の要石である（vgl., S. 7）。
　このようにヘーゲル形而上学の復活を目論んでいるホフマイスターのヘーゲル理解は、まさにヴィンデルバントの対極にあると言えるであろう。
（3） H. Glockner, Hegelrenaissance und Neuhegelianismus, in : *Logos*, XX, 1931.
（4） Ebenda, S. 169.
（5） Vgl., ebenda, S. 171.

(6) Ebenda.
(7) Vgl., ebenda, S. 173ff.
(8) Vgl., ebenda, S. 176.
(9) Ebenda.
(10) Vgl., ebenda, S. 177f.
(11) Vgl., ebenda, S. 179.
(12) Vgl., ebenda, S. 194.
(13) Vgl., ebenda, S. 181.
(14) Vgl., ebenda, S. 184.
(15) Vgl., M.Heidegger, *Kant und das Problem der Metaphisik*, hrsg. v. Friedlich Wilhelm von Herrmann, Gesammtausgabe 1Abt. Bd.3, Klosterman, Frankfurt am Main, 1991, S.275.
(16) Vgl., Klaus Düsing, Über das Verhältnis Hegels zu Fichte, in : *Philosophische Runndschau*, 20, 1973.
(17) Vgl., Reinhard Lauth, Hegels spekulative Position in seiner "Differenz des Fichteschen und Schellingschen Systems der Philosophie" im Lichte derWissenschaftslehre, in : *Kant Studien* 72, Jahrgang, 1981.　以下Lauth 1と略す。

Vgl., R. Lauth, *Die Entstehung von Schellings Identitätsphilosophie in der Auseinandersetzung mit Fichtes Wissenschaftslehre*, Alber, Freiburg/München,1975.　以下Lauth 2と略す。
(18) R. Lauth, Transzendentalphilosophie in Abgrenzung gegen dem absoluten Idealismus, in : *Transzendentale Entwicklungslinien von Descartes bis zu Marx und Dostojewski*, Meiner,Hamburg, 1989.　以下Lauth 3と略す。
(19) ラウトは彼の著書の随所で、ヘーゲルとシェリングとを同一視している。この点に、ラウトのヘーゲル理解の限界もあると思われる。
(20) Vgl., Lauth 3, S.360f.
(21) Ebenda, S. 361.
(22) Ebenda, S. 361f.

(23) Ebenda, S. 362.

(24) Ebenda, S. 363.

(25) Ebenda, S. 365.

(26) R.Kroner, *Von Kant bis Hegel* , 3 Aufl., I. Bd., J. C. B. Mohr, Tübingen, 1977, S. 3.

(27) Theodor W. Adorno, *Drei Studien zu Hegel*, 3 Aufl., Suhrkamp, Frankfurt am Main, 1991, S. 21.
このようなフィヒテ解釈は、第二章で展開されるフィヒテのデカルト、ラインホールト批判を見れば、行き過ぎたフィヒテ解釈、あるいはフィヒテを誤解しているということになろう。

(28) Ebenda, S. 10f.

(29) Kuno Fischer, *Geschichte der neuern Philosophie, Hegel 1, Hegels Leben Werke und Lehre*, Erster Teil, Kraus Reprint, Nendeln/Liechtenstein, 1973, S. 245.

第一章　フィヒテとシェリング

1　シェリングによるフィヒテ哲学の受容

シェリングとフィヒテの関係が、どのようにして始まったのかは、必ずしも明確ではない。とはいえ、フィヒテに送付したシェリングの著作『哲学一般の形式の可能性について』に関して、シェリングが「チュービンゲン一七九四・九・二六」という日付のあるフィヒテ宛書簡で、その批評を求めたことは紛れもない事実である。両者の知的交わりは、このように「教えを乞う」という形で始まった。フィヒテがかつてカントに対してそうであったように、シェリングもフィヒテの「忠実なる下僕[1]」として出発するのである。しかし、フィヒテがカントの「超越論的統覚」を徹底することによって、逆にそれを肥大化させ自己の哲学の根本原理として形成していったように、シェリングもまた、フィヒテがそのようにして形成した哲学の根本原理としての「絶対我」（das absolute Ich）を、フィヒテの意図を超えて肥大化させていくのである。あるいはむしろ、最初のフィヒテ受容において、シェリングはすでにフィヒテ哲学の枠組みを逸脱していた可能性がある。例えば、R・ラウトはフィヒテとシェリングの知的交わりを三期に分け、その第一期（一七九五－一七九七年）を「哲学体系をめぐる第一の哲学的論争」と位置づけているが、このことからすでに二人の間には、とりわけ哲学体系の原理に関して最初から齟齬が生じていたことを窺うことができるであろう。[2] この論点を明らかにするためには、シェリングがヘーゲルに宛てた一七九五年二月四日付けの書簡が最も適切であると思われる。少々長くなるが、以下に引用したい。

> 私はスピノザ主義者になってしまいました。驚かないでください。でも君はその理由をすぐに聞くでしょう。スピノザにとっては世界（主観に対立している客観そのもの）が一切です。私にとっては自我が一切です。批判哲学と独断論哲学との本来的な違いは私には、前者が絶対我〈いかなる客観によってもなお制約されることのない〉から出発し、後者が絶対的客観あるいは非我から出発する点にあるように思われます。後者はそれを最高に徹底するとスピノザの体系へ導きますし、前者はカントの体系へ導きます。いずれにせよ哲学は無制約者から出発しなければなりません。さて、問題はこの無制約者が自我のなかにあるのか非我のなかにあるのかということだけです。この問題が決定されれば、すべてが決定されます。私にとって、すべての哲学の最高原理は純粋な絶対我であります。[3]

この書簡でシェリングは、自分がスピノザ主義者になったと明言した直後に、当のスピノザの哲学を独断論の最も徹底した哲学として否定的に扱っている。このような論述の仕方は明らかに矛盾している。しかし、好意的に考えれば、この言説が意味しているのは、スピノザと同様に哲学は「無制約者」から出発しなければならない、その意味で自分はスピノザ主義者になったのだと解釈できるであろう。その上で、しかしスピノザは、無制約者を絶対的客観として想定するのであるから独断論であるとして否定的に扱われ、それに比例する形で無制約者を自我のうちに絶対我として立てるフィヒテが顕揚されていると言えるだろう。

しかし、スピノザとフィヒテを同時に評価するような、一見矛盾する言説が成立するかに見えるのは、それなりの時代的背景があったからであると思われる。その背景とは、レッシング、ヤコービを通して復活してくるスピノザの導入の仕方に関わっている。とりわけ、ヤコービのスピノザ解釈を通じて、フィヒテもシェリングもスピノザを知るのであるが、ヤコービのこの解釈が問題となる。ヤコービは、カント哲学の精神とスピノザ哲学の精神を同一のものとして導入するのである。すなわち、カントの「超越論的統覚」はあくまでも認識主観における主観と客観の同一性を根拠付けるものであるにも拘わらず、これをスピノザの「一なる実体」の原理と通底するものとして解釈したのである[4]。このような明らかに誤ったヤコービのカント解釈の許では、スピノザを「認識論的基礎づけを欠いた最も徹底した独断論者」として厳しく批判するフィヒテですら、自らの「知識学」の理論的部門をスピノザと重ね合わせるのである。このような状況のなかで、シェリングはフィヒテ哲学とスピノザ哲学とを批判哲学と独断論哲学として弁別しながらも、なお両者を同一の地平で把握することができたのである。

しかしながら、両哲学を弁別しつつも同一の地平で論じるところに、シェリングのフィヒテ解釈にフィヒテ哲学からの逸脱があるように思われる。先の書簡は、シェリングがフィヒテの『全知識学の基礎』第一部に刺激されて書いた『哲学の原理としての自我について』の根本思想をヘーゲルに開陳しているのであるが、この書簡にはこの著作で強調されていなかった観点が、大きく強調されていると言われている[5]。それは先の書簡の後半部に集中している。

神は絶対我に他なりません。それはあらゆる理論的なものを絶滅し、したがって理論哲学においては=0であるかぎりの自我です。人格性は意識の統一によって生じます。しかし意識は客観なくしては不可能です。しかし、神にとって、すなわち絶対我にとっては全くいかなる客観も存在しません。なぜなら、客観が存在するなら、それは絶対的であることをやめるでしょうから。したがって、いかなる人格神も存在しません。だから、我々の最高の努力は人格性の破壊であり、存在の絶対的領域へと移行することですが、しかしそれは永遠に不可能です。それ故に、絶対者への実践的接近があるだけです。

ここではまず、絶対我が神ないし絶対者と同一視されている。一七九四年『全知識学の基礎』におけるフィヒテにあっては、はたしてそのように断言できるであろうか。フィヒテにおいては、絶対我の本質は「事行」(Tathandlung) である。この事行が、絶対者あるいは神を意味するか、それとも人間的有限な自我を意味するかは、フィヒテ解釈の最も重要な論点の一つであった。この論争過程をここで再現することはできないが、まず事行を人間的自我と捉える見方がある。この観点に立てば、先の同一視は当然否定されなければならない。次に、絶対我の絶対性に人間的自我を超える観点を指摘する見方においても、絶対者と絶対我は同一視しえないであろう。というのは、この見方においては、絶対我の絶対性とは絶対者との接点を有するということであり、絶対我が直接的に絶対者であるわけではない。[6] したがって、神ないし絶対者を絶対我と同一視する点に、フィヒテからの逸脱があると思われる。

次に、書簡では理論哲学から実践哲学への上昇が語られている。フィヒテは『全知識学の基礎』の理論的部門を自ら「体系的スピノザ主義」(der systematische Spinozismus) と語っているが、それは絶対我の事行を表わす第一原則が、この部門では「統制的に」(regulativ) 働くにすぎないからである (vgl., WL.,122)。そのようなものとしての絶対我が＝0の意味であろう。それに対して、第一原則がいわば「構成的」に働き、「自我による非我の限定」を扱うのが実践的部門であろう。この書簡でシェリングは、主観と客観の対立に煩わされる存在である有限な人間的自我を実践的主体と捉え、そのような主体を「人格性」と呼んでいる。そしてそれと対比的に、神あるいは絶対者としての絶対我は、主観と客観の対立なき存在として、すなわち有限的自我の理念として提起されている。このように理解された絶対我が、この書簡では人格神の否定と「存在の絶対的領域への移行」において働いていることは言うまでもない。もちろん、フィヒテに倣ってこの移行が「不可能」で、「実践的接近」しかありえないことはシェリングの主張するところではある。しかし、哲学は無制約者から出発すべきであり、しかも無制約者（神ないし絶対者）を絶対我と捉えるシェリングの表象のうちには、すでにそのような批判哲学的限界設定に止まり得ない視点が成熟しつつあったと言えよう。

2　シェリング『自然哲学の理念』

ラウトがフィヒテとシェリングの論争の第二期として位置づけている時期は、シェリングが同一哲学を主張し始める、論争の第三期への過渡的段階である。この時期、シェリングはもはや無制約者への、そして「存在の絶対的領域への移行」を不可能なものとは考えていない。むしろ、そこへと至る方途を模索していると言ってよい。我々はまず、この時期の代表的著作である『自然哲学の理念』（初版一七九七年、以下『理念』と略記）の内に、この方途を探っていきたい。

この著作の序論は、近代認識論批判で始まる。シェリングによると、哲学は、人間が「（哲学的）自然状態」を抜け出て、自分と世界とを分離するときに始まる。この分離とともに「反省」（Reflexion）[7]も始まるのであるが、シェリングはこの反省を人間の「精神的病」（Idee.,71）とも呼んでいる。だが、人間的思惟、哲学はここから出発せざるをえないのであるから、反省は人間が逃れることのできない「必要悪」でもある。そこに反省の評価の仕方に応じて二つの哲学が生まれる。反省を「目的」となす哲学と「単なる手段」となす哲学とである。前者がロック、ヒューム、カントと続く近代認識論の系譜であり、後者が「偉大な哲学者」（Idee.,76）の系譜である。この後者の系譜こそ「健全な哲学」であり、プラトン、スピノザ、ライプニッツがこの系譜に属する。シェリングは、これらの哲学者に対する評価を通して、無制約者へ至る方途を模索するのであるが、以下では、シェリングがこれら先哲に対してどのような裁定を下すかを見定めることによって、その方途を明らかにしていきたい。

シェリングは、認識論の中心問題である「対象とその表象の関係」から出発する。彼によると、近代認識論哲学は反省による対象と表象の分離に対して、因果関係を導入する。この哲学は、対象である「物」に表象が一致することが表象の真偽を決定するという合一説の立場を採用すると同時に、表象を対象に依存するものとして捉えることになる。つまり、ここに物を原因とし、表象を結果とする因果関係が成立する。（当然のことながら、シェリングはカントもこの枠組みで理解している。）このように、因果性の導入は物を表象に先行させることを固定化するばかりでなく、それによって「反省は世界を直観も構想力も、悟性も理性も到達できない物自体として考察することによって人間と世界の分離を永遠化する」（Idee.,71f.）に至るとされる。

しかしながら、人間は「私のうちでいかにして表象が可能か」（Idee., 74）を問うことができる自由な存在である。シェリングは、人間のもつこの問いを問う能力のうちに、人間がただ単にこのような因果関係によって支配される存在ではないこと、むしろそのような物と表象の関係を超出している存在であることを見ている。「私がこの問いを投げかけることができるということこそ、私が外的事物から独立しているということの十分な証明である」（Idee.,75）。かかる自由に立脚する哲学が、彼にとって「健全な哲学」であり、それこそが物自体という言えるだろう。

「思弁的妄想」(Idee.,77)を産み出した近代の認識論哲学に汚染されていない偉大な哲学者たちの系譜であったと言えるだろう。

シェリングによれば、スピノザこそ「精神と物質を一なるものとして、思惟と延長を単なる同一の原理の変様(Modifikation)として考えた最初の人」(Idee.,76)であった。したがって、スピノザは我々人間本性のうちで「観念的なものと実在的なもの、思惟と対象が最も緊密に合一されている」(Idee.,90)ということを洞察していたと言ってよい。しかしながら、スピノザは二つのものが一つであることを、それらの対応関係によってしか示すことができなかった。すなわち「実在的なものは観念的なものとの対立において、同じく観念的なものは実在的なものとの対立において」(ebenda)平行論的に示される他なかった。いわば、両者がお互いを映す鏡であって、なぜ、両者が同一であるかという問いは、ついに発せられることはなかった。したがって、スピノザにおいては、思惟の働きがなお現象的なレベルで把握されていたと言わざるをえない。このようにしてシェリングのスピノザ批判は始まる。

しかし、精神の自覚の深みへと下りていき、そこから我々の内にある二つの世界の生成を観る代わりに、スピノザは自分自身を飛び越えてしまった。いかにして有限者と無限者が我々のうちで根源的に合一しているかを我々の本性から説明する代わりに、我々の外にある無限者の理念にたちまち我を忘れたのである。(スピノザにおいては)属性と様態とは、かかる無限者のなかで生成したのであり、あるいはどこから生じたのかを知られることもなくもともとあったのである。(Idee.,90)

無限者が我々有限者の存在の根拠であることは、「我々の本性」すなわち精神の働きによって思惟され認識されなければならない。それは思惟が根拠の深みへと下っていくことによってのみ可能であろう。あるいは、根拠の深みへと下っていくことのできる思惟によって可能であろう。しかし、スピノザの哲学体系では、無限者は有限者である「我々の外にある」のであり、無限者と有限者がそのように区別される限り、思惟はそのようなものとして位置づけられることは不可能であった。それは「もともと（ursprünglich）あった」ものとして、その根拠を問うことも、問われることもなかった。

シェリングは、このようなスピノザ批判においてフィヒテと協働していると言えるだろう。フィヒテのスピノザ批判を手短に要約すると、スピノザの無限実体は有限者の「存在根拠」ではありえても、それの「認識根拠」をもっていない。そうであるなら、「認識根拠」をもちえない無限実体の「存在根拠」としての資格は、単なる仮説、あるいは独断でしかないということであろう。

> スピノザは意識の統一の根拠を実体の中に定立する。……しかし、私は彼に問う。この実体の必然性の根拠を……含んでいるのは一体何であるかと。……この必然性に対して彼はそれ以上のいかなる根拠も提出せず、それは端的にそうであるというだけである。（WL.,121）

シェリングにとっても、フィヒテにとっても、スピノザ哲学は「自覚」（Selbstbewußtsein）の契機を欠いている。そのような構造をスピノザの無限実体はもっていない。思惟と延長の同一性としての無限実体は、有限者の外にあると言わざるをえない。そこには無限者の「限定」（Bestimmung）の問題など入り込む余地すらない。だが、シェリングが「無限者と同時に有限者が存在しないのなら、私の内にはいかなる無限者も存在しないであろう」（Idee.,91）と語るとき、それは無限者と有限者の関係についてのひとつの構想を指示していた。この構想は、無限者と有限者を区別しつつも、自覚の契機を欠くが故に「無限者から有限者への移行」をついに説明しえなかったスピノザに対して、有限者と無限者がひとつになっているライプニッツの「個体性」の概念、「モナド」の評価へとつながる。

さて、「無限者から有限者への移行」と言うとき、そこではまず無限者があり、次に無限者の「限定」があり、しかる後に両者の区別が生じると考えるべきであろう。しかし、無限者と有限者がひとつである場合には、このような問題はおこらない。これがライプニッツが切り開いた地平である。すなわち、シェリングは、「私の内に、観念的なものと実在的なもの、絶対能動と絶対受動の必然的結合」(ebenda) があるのであって、まさしくこの方向で哲学したのがライプニッツに他ならないと考えるのである。シェリングによると、ライプニッツにおいてはこの結合は、「表象する存在」(das vorstellende Wesen)、モナドにあるとされ、その存在の本性は「精神」(Geist) であるとされる。そして、有限者と無限者は、この表象する精神の展開によって「一挙に」現実化されるのである。物は、その際に「我々の本性の単なる法則によって」、あるいは「我々の中の内的原理に従って」、表象とともに生じる。物はそれ自体で現実的なのではなく、表象作用によって初めて現実的になるのである。したがって、ライプニッツにおいては、一切の「現存在」(Dasein) の「根拠」はこの「表象する存在」である (vgl.,Idee.,91)。

しかし、このように「経験の全系列」が表象する存在の表象であるとしても、それはあくまでも個的存在の表象である。したがって、表象する存在の「知の必然性」を保証するには、「精神が一にして同一の行動様式」(ebenda) をもつことが要請されなければならない。それが「予定調和」(eine prästabilierte Harmonie) (Idee.,92) である。シェリングは、ライプニッツ哲学においてこの要請がなかったら、「精神は自らの知と認識の絶対的根拠であることをやめる」(ebenda) ことになり、それは表象の根拠を「外に」求める近代認識論の地平への退歩を導くと纏めている。

しかし、ライプニッツは「予定調和」の原因を「神」に求めたりはしなかった。彼はあくまでも「表象する存在」「精神」の絶対性を主張する。この点をシェリングは評価するのである。

精神は自らの存在と知の絶対的自己根拠である。だから精神は一般に存在するということによって、それがそれであるところのものでもあり、すなわち外的事物の表象からなるこの特定の体系すら、精神の本性（Natur）に所属しているような存在である。（Idee.,93）

ここにシェリングは、ライプニッツ哲学の神髄を「精神の本性（Natur）の教説」（ebenda）として位置づけ、ライプニッツ哲学から以下の二つの論点を引き出してくるのである。①哲学は精神の教説であるが、精神は単に存在するものではなく、「なる」（Werden）ものであるから、哲学は「発生的」（genetisch）学問である。②哲学は精神の表象の系列を扱うのであるが、表象においては表象するものと表象されるものは一つである。したがって「自然の体系は同時に我々の精神の体系である」（ebenda）。我々はこの点に同一哲学への芽を読みとることができる。ここにシェリングは、「存在の絶対的領域への移行」を可能にする方途を見出したと言えるだろう。

このような基盤に立って、シェリングは自然と精神の同一性をライプニッツのように予定調和によってではなく、自然のうちに学的に精神を見出す作業に着手する。そこで論じられるのが「有機体」（Organisation）（Idee.,94）の概念である。しかし、この問題にここでは立ち入ることができない。だが、これまでの論述から「自然哲学の理念」が「我々の内なる精神と我々の外なる自然との絶対的同一性」（Idee.,107）にあることが明白になった。言い古された言葉ではあるが「自然は目に見える精神であり、精神は目に見えない自然でなければならない」(ebenda) のである。

3 「眼のないポリュペモス」
——フィヒテのシェリング批判——

シェリングは『自然哲学の理念』第一版の序論では、全くフィヒテに言及していない。むしろ、上述したように、ライプニッツに仮託してフィヒテ哲学を語っているように思われる。また、一八〇〇年の『超越論的観念論の体系』においてもそれは踏襲されている。たとえば、「超越論的観念論の一般的演繹」に先だってシェリングは、その第一原則である絶対我の自己定立を取り上げている。そこでシェリングは「一切の知は自我から導出されなければならない」ということを証明するには、「世界の生起の機制(Mechanismus)が精神的能動性である内的原理から完全に示され[8]」ねばならないと立論し、その「内的原理」としてライプニッツのモナドの「表象力」(Vorstellkraft) を例証している。また、シェリングは自我の自己定立それ自体が自己限定的であるからこそ、それは絶対的活動であるとして自我の自己完結性を主張しているが、その例として取り上げられるのもまた「自分から外に出ることもできず、しかもまたなにものも外から入ってくることができない[9]」モナドである。

さて、フィヒテとシェリングが決裂した後の一八〇三年に、シェリングは『自然哲学の理念』の第二版を出版し、その序論に大幅な追加を加えている。そこではライプニッツに対する評価は変更されていない。すなわち、シェリングは自分の自然哲学の試みを「自然と理念界との同一性の教説」として称揚しつつ、この試みはライプニッツが更新して提出したものであると評価している。しかし同時にその評価は「学的に展開されなかった教説[10]」という制限付きのものである。とはいえ、ライプニッツに対する評価は全く変更されていないと言ってよい。それに対して、フィヒテには以下のような批判が用意されていた。

フィヒテ哲学は最初は、主観－客観の普遍的形式を哲学の一にして全なるものとみなしたが、自己自身を展開すればするほど、ますますあの同一性を特殊なものとなし、主観的意識に制限しているように見える。(11)

この批判は、フィヒテの主張する同一性は主観と客観の真の同一性ではなく、客観を捨象して成立する主観的な主観客観の同一性にすぎないという論点に集約されるであろう。このお馴染みの論点はシェリングとヘーゲルが一致する地点であるが、少なくともシェリングは同一哲学の形成によって、このような明確なフィヒテ批判を手に入れていたと言えるだろう。

周知のように、シェリングは一八〇一年五月に『思弁的自然学雑誌』に掲載した『わが哲学体系の叙述』（以下『叙述』と略記）によって、フィヒテ哲学から離れる。その序論で彼はフィヒテ哲学を「自我は一切である」と形容し「一切が自我である」という立場に立つ自己の哲学から区別する。その区別の徴表はフィヒテが観念論を主観的にのみ捉え「反省」の立場に止まったのに対して、シェリングは観念論を客観的にも捉えることによって「産出」の立場に立ちえたところにあると自己分析し、「両者は疑いもなく異なった見解である」と結論づける（vgl.,Dar.,5）。しかし他方で、シェリングはフィヒテの「自然哲学」の出現を期待してか「我々が結果において一致しないことは不可能である」（Dar.,6）とも語るのである。しかしながら、以下で示されるように両者の間には克服不可能な亀裂が生じていた。フィヒテはシェリングの『わが哲学体系の叙述』と同じ年に、密かにそれへの反論をまとめていた。それが遺稿集に収められている『シェリングの同一性体系についての叙述のために』（以下『叙述のために』と略記）である。この遺稿はシェリングの『叙述』に逐一対応させながら、批判的に論述されている。これがラウトが指摘する、フィヒテとシェリングの論争の第三段階である。以下では、シェリングの同一哲学に対するフィヒテの基本的批判点を中心に論述していきたい。

(1) フィヒテによるシェリング批判の基本的視座

『叙述』は、理性は「主観的なものと客観的なものとの全き無差別」(Dar.,§1) という理性の定義から始まる。そして、この無差別としての理性の立場が哲学の立場であるとされる。もちろん、シェリングは思惟がこの立場に到達することを要求するわけであるが、そのために反省的思惟の「抽象、捨象」(abstrahieren) を要求する。その結果、理性は主観的でも客観的でもない「無差別点のうちにある真の自体」(ebenda) とされる。[12] ここで反省の抽象を行なう主体が問題となるが、それは少なくとも理性自身が行なうのではない。抽象は理性の外で行なわれると考えられる。

次に、シェリングは無差別的理性から一歩進んで、理性を絶対的同一性として導出する。この導出はフィヒテの『全知識学の基礎』第一章をモデルにして行なわれる。しかし、そこで導出される絶対的同一性は、「A＝A」の主語述語の連関から「完全に独立した」存在である。周知のように、フィヒテにおいてはA＝Aは「自我のなかに自我によって」定立されるのであり、決して反省知から「完全に独立した」存在ではないはずである (vgl.,Dar.,§4－§6)。

さらに、シェリングは同一性という理性の本質から、絶対的同一性の「存在」を導出する (vgl.,Dar.,§8,§9)。それは神の存在論的証明を予想させる。これに対してフィヒテは「本質はすでに存在を含んでいる」という証明されえないものが「こっそりと」持ち込まれていると論評している (vgl.,Zur.,§9)。以上のシェリングの理性観に対するフィヒテの総括的批判を、『叙述のために』と同年に記された『シェリングに対する準備工作』を手掛かりに見てみたい。フイヒテはそこでシェリングの理性の真相を、「予め実体的に想定されたもの」「前提された実体としての自我[13]」と批判している。シェリングの絶対者は、思惟者として描かれながらも、主観的なものではない客観化された実体に他ならないというわけである。その観点から、フィヒテはシェリングの「実体としての自我」を「眼のないポリュペモス」（Polyphem ohne Auge[14]）と呼んでいる。「眼のないポリュペモス」とはギリシア神話に出てくる一つ目の巨人をもじっているのだが、ここではシェリングの絶対者には、思惟主体としての側面が欠けているということを意味していると言えるだろう。

このようなシェリング批判は、次のようなフィヒテ哲学の立場から生じてくると思われる。「自己自身をあらかじめ定立する（実体的）知は、知の特殊的なものが立てられるときに初めて生じる[15]」。この引用文は明らかにシェリングの「前提された実体としての自我」に対置されている。すなわち、フィヒテにおいては自己を定立する自我の根源的働きといえども、特殊的知つまり「反省する知」において初めて発現するのであるから、自我の根源的働きも反省、そう言ってよいなら経験とともに始まるのである。しかもフィヒテはこの反省知において「絶対知」が現われるのだと続けている。つまり、反省知なしには絶対知に到達できないのである。（もちろん、フィヒテの絶対知は、決してヘーゲルのような絶対者の自知、自覚とは異なるものであることは弁えておかなければならない。）フィヒテは『叙述のために』の第一章では、この観点をさらに徹底し、シェリングの主観客観の差別のない無差別としての理性観を「欠点」と論断しつつ、反省を捨象するシェリングには無差別である理性からいかにして差別が導来されるのかが欠落していると批判するのである[16]。以上で、フィヒテのシェリング批判の基本的視座が明らかになったと言えよう。

この基本的視座を堅持しつつ、以下では係争点ごとにフィヒテとシェリングの差異に照明を当てながら、フィヒテの批判的論点をシェリングに対比する形で、より詳細に検討していこう。

（2）　無限について

シェリングは『叙述』第十章で「無限性」について語っている。我々はまず、この概念の分析を通して、両者の差異を明確にする。

絶対的同一性は端的に無限である。なぜなら、もし絶対的同一性が有限であるとすれば、その有限性の根拠は絶対的同一性自身のうちにあるか、あるいはそれ自身のうちにないか、つまりそれの外にあるかであろうから。（もし、前者であれば）絶対的同一性はみずからにおいて限定の原因（Ursache von einer Bestimmung）であろうし、それ故作用するものであると同時に作用されるもの（Bewirkendes und Bewirktes zugleich）であり、したがって絶対的同一性ではないであろう。（また、後者について言えば）絶対的同一性の外には何も存在しないのである。なぜなら、絶対的同一性がそれによって限界づけられるかもしれない何ものかがその外に存在するとすれば、絶対的同一性は、客観に関わるように、この自己の外にある客観に関わらなければならないであろうから。だが、これは馬鹿げたことである。（Dar.§10）

ここで、シェリングは無限としての絶対的同一性に矛盾するという理由で、絶対的同一性である理性から、限定された有限性の根拠という性格ばかりでなく、自らを限定する働きそのものをも剥奪してしまう。そればかりか、さらに一切の対立者を無限であることから、排除してしまう。シェリングは『超越論的観念論の体系』では、自我の自己定立が絶対的であるゆえんを、まだ自己定立が同時に自己限定的でもあるところに見ていた[17]。とすれば、『叙述』の理性観との落差はあまりにも大きい。『叙述』の理性は、もはや自我ではない。こうした無限観に対して、フィヒテは次のように論評している。

シェリングは絶対的同一性は端的に無限であると語っている。無限とはここでは何を意味しているのか。永遠であることか。絶対的であることか。時間との一切の関係がないということか。……神の本質から無限なものが無限な仕方で結果する、とスピノザが語っているように、無限であることが、その変状（Affection）と限定において無限であることを意味するのであれば、その証明では十分でない。なぜなら、絶対的同一性が有限であるとすれば、……絶対的同一性の有限性の根拠はその同一性自身のうちにもあるであろうから。すなわち絶対的同一性はみずからにおいて限定の原因であり、それ故作用するものであると同時に作用されるものであるということになり、（先のシェリングの立場に立てば）それは絶対的同一性ではないからである。（Zur.,§10）

シェリングが構想している「無限」とは、一体いかなるものであろうか。一見すると、無限とはあたかも時間から超越しているもののようである。したがって、それはスピノザにおける実体とその様態の関係に擬せられもする。しかし、スピノザにおける実体と様態との関係は、そもそも実体が有限者である様態の原因である。つまり、絶対的同一性自身が有限性の根拠になっている。それをフィヒテから見れば、絶対的同一性としての実体は「作用するものであると同時に作用されるもの」となる。しかしそれはシェリングにとっては、同一性のうちに矛盾を導入することであり、それは取りも直さず、同一性から「絶対性」、「無限性」たる資格を剥奪することであった。もはや、シェリングは決してフィヒテのようにはスピノザを理解しない。フィヒテとシェリングのスピノザ解釈は、明らかに相反するものである。本章2で、我々はシェリングの『自然哲学の理念』に分析をくわえた。

そこではシェリングはフィヒテに協働して、スピノザは「無限者の理念に我を忘れ」、有限者を無限者の「外」に措定したと批判していた。シェリングはフィヒテとともに、スピノザのかかる無限者観に「自覚」の構造の喪失を見てもいた。とするなら、我々は一七九七年のシェリングと一八〇一年のシェリングの変貌に驚きを禁じえない。この変貌の理由については、例えばシェリングの私生活上の問題、性格の問題、純粋に哲学的発展などさまざまに考えられるであろうが、我々にとっては、この変貌の事実だけで十分である。一八〇一年のシェリングにとって、「絶対性」、「無限性」とは、無矛盾性であり、純粋な同一性を意味していたのである。

このように、有限性を排除するシェリングの無限観に対して、フィヒテは以下のように、おのれの見解を対置する。

> むしろ絶対者（das Absolute）は、もちろん作用するものであると同時に作用されるものであると考えられなければならない。次の点こそまさに絶対性の特徴的性格である。すなわち、絶対性はそれ自身がみずからの存在の根拠であり、それ故作用するものであると同時に作用されるものであり、しかも一挙にしてそうである。……絶対的同一性は、まさしくそれが絶対的であるが故に作用するものであると同時に作用されるものである。かくて、このことこそ絶対的同一性に相応しい唯一の概念なのである。……絶対的同一性が自己自身によって、自己の絶対性、すなわち無限性において同時に有限であるという点には、いかなる矛盾もないのである。絶対性とは、まさしく純粋な自己限定（die reine Selbstbestimmung）なのである。
>
> (Zur.,§10)

フィヒテはここで、絶対我ではなく、絶対者の絶対性について語っている。ここに我々は一七九四年『全知識学の基礎』以後のフィヒテ哲学の深化発展を確認できるとしても、ここで語られている絶対者の存在構造は、一七九四年の絶対我の存在構造、「事行」（Tathandlung）としての自我のあり方と重なる。しかしここでは、フィヒテ哲学の深化発展の問題に立ち入ることはできない。それはフィヒテ哲学固有の問題であるからである。ここで我々にとって問題にすべきは、シェリングの絶対的同一性が非同一性を締め出す同一性であったのに対して、フィヒテにあっては明確に非同一性の存在が同一性の絶対的であるゆえんとなっていることである。[18]「作用するものであると同時に作用されるものであること」、また「無限であると同時に有限であること」こそ、フィヒテにおいては、絶対者の指標であった。しかも、絶対者のかかる存在構造において、絶対者は初めて「純粋な自己限定」なのである。非同一性および有限性が、フィヒテにおいては「自己限定」のメルクマールとなる。（我々はヘーゲル弁証法の先行者としてのフィヒテをここに見ることができる。）フィヒテは先の引用文の後に、この「自己限定」の働きによって「変化の原理（das Prinzip des Wandels）が不変者に与えられる」と続けている。そうであれば、シェリングにおいては、「変化の原理」、すなわち絶対的同一性から排除される有限なもの、そしてその概念のうちに含まれている「生成」や「多様」の問題がどのように考えられているのであろうか。

（3）　無限者と有限者の関係の定位

それまでの論述を総括し橋渡し役を演じている§11, §12の後の§13, §14で、シェリングは絶対的同一性（実体）と有限者との関係を考察している。それを受けてフィヒテは、§13, §14を一括して論評している。まず、シェリングの考察から見ていこう。

なにものも存在自体に従って生成（entstehen）したのではない。なぜなら、自体的に存在するものは全て、

> 絶対的同一性そのものであるから。しかるに、絶対的同一性は生成したのではなく、端的に、それ故に時間と一切関係なしに、そして一切の時間の外に定立されているのである。なぜなら、絶対的同一性の存在こそ、永遠な真理であり、それ故一切が存在自体に従って永遠であるから。(Dar.,§13)

シェリングはここで何を語っているのだろうか。①シェリングによれば有限なものは存在しない。一切は永遠に自己同一を保つ絶対的同一性なのである。したがって、絶対的同一性から有限なものへの「生成」はありえようもない。それならば、我々の眼前で生成し流転消滅する存在者は、一体何なのか。

> なにものも自体的に考察すれば有限ではない。……〈補遺〉このことから、以下のことが帰結する。(まず)理性の立場に立つと、いかなる有限性も存在しないということ。(次に)物を有限なものとして考察することは、物をそれが自体的にあるがままに考察しないということと同じであるということ。(さらに)それと同様に、物を区別されたものとして、すなわち多様なものとして考察することは、物を自体的に、すなわち理性の立場から考察しないということと同じことを意味するということ。(Dar.,§14)

②理性の立場に立てば、有限なものは存在しない。存在するかのように見えるのは、理性の立場、絶対的同一性の立場に立って、物を自体的に見ないからである。物を区別された多様なものと考えるのは、非理性的である。したがって、有限なものは非理性的なものの産物である。シェリングは、この考えをさらに以下のように展開している。

あらゆる哲学の一切の誤りは、絶対的同一性が実際に自ら現われ出たという前提であり、また、この現出がいかなる仕方で生じるのかを明らかにしようとする努力である。……存在する一切のものはそれを自体的に考察すれば、やはり絶対的同一性の現象（Erscheinung）ではなく、絶対的同一性そのものである。物を自体的に、すなわち物が無限かつ絶対的同一性そのものであるかぎりにおいて考察することこそ、哲学の本性であるので、真の哲学が存在するとすれば、絶対的同一性、無限者（das Unendliche）は自分自身から現われ出なかったのであり、また存在する一切は、それが存在する限り無限性そのものであるという証明のうちにある。この命題は全哲学者のなかでひとりスピノザだけが認識した。たとえ、そのための証明が完全に行なわれなかったとしても。（Dar.,§14, Erläuterung）

③シェリングはここで再度、絶対的同一性である無限者の「生成」を否定している。無限者は、ありかつありつづける。そこには、いかなる区別も存在しない。シェリングによれば、その証明が不十分であったとはいえ、こうした無限者観を主張しえたのはスピノザだけであった。それに対して、フィヒテは『エチカ』第一部の定理十八「神は事物の内在的原因であるが、超越的原因ではない」を引き合いに出す。そして無限者と有限者の関係についてこの「スピノザの表現以上に鋭い表現はどこにあるのか」（Zur.,§14）と問いつつ、無限者の有限者への内在を評価する。この評価の論点において、フィヒテは一貫している。たとえ、スピノザが無限者からの有限者への生成を明確にしえなかったとしても、無限者の内在性においてスピノザ哲学は生成の課題を内包しているはずであった。

それでは、フィヒテは以上のシェリングの論述に対してどのように論評を加えているのであろうか。

いまや、次のような問いが立てられる。生成、変化、総じて言えば相互外在的な多様性（有限者）は、絶対的実在性である実存在（無限者）といかにして和解しうるのか。手短に言えば、時間――変化の図式――と空間――多様性の図式――のうちにある物を、我々がどのように考えるかということである。この問題を考えるとき、シェリングは真の思弁（Spekulation）の立場に立っている。つまり、（彼にとっては、）時間と空間において現象するものは、実際には存在しない。（彼にとっては、）時間と空間の形式はまったく空虚であり、真の実在性から取り除かれなければならない。（このことを）彼は全ての思弁哲学とともに主張しているのである。それにもかかわらず、彼は時間空間の諸形式をあの不変者、一者のうちでどのように明らかにしようとするのか、すなわち永遠なるものからいかにして有限性を導出しようとするのかに、注意がむけられるべきである。なぜなら、この導出こそがまさしく哲学の課題であるから。（Zur.,§13, 14）

「思弁」（Spekulation）はここでは、ヘーゲルのように理性認識を表現する言葉ではなく、シェリングを揶揄する言葉として否定的な意味で使用されている。フィヒテはなにを揶揄しているのか。時間空間のうちに現象する有限者を無と考える哲学を思弁哲学として揶揄しているのである。「有限者を自体的に考察することこそ哲学の本性」とみなすことによって、むしろ有限者を切り捨ててしまうシェリングに対する揶揄である。シェリングをこのように揶揄するフィヒテにとっては、無限者と有限者の関係を問うこと、無限者から有限者がいかに導出されるのかという問題こそ、まさに哲学の課題たるべきであった。シェリングにおいて、この問題はどのように現われるのであろうか。

（4） 認識の問題

シェリングは無限者と有限者の関係を、絶対的同一性の「本質」（Wesen）とその存在の「形式」（Form）の関係として、以下のように展開している。

絶対的同一性はA＝Aという命題の形式（Form）の元でのみ存在する。あるいは、この形式は絶対的同一性の存在によって直接的に定立されている。……ここには、いかなる移行も、いかなる前後もあるのではなく、存在と形式の絶対的同時性そのものがある。……〈補遺1〉A＝Aという命題の形式は主語としてのAと述語としてのAによって限定されている。しかし、絶対的同一性は主語としてのAからも述語としてのAからも独立している。それ故、この命題の形式と同時に定立されているものは、やはり絶対的同一性に属するのではなく、絶対的同一性の存在の様式あるいは形式に属している。（Dar.,§15）

A＝Aという命題において主語として定立されているAと、述語として定立されているAとの間には、自体的にはいかなる対立も可能ではない。なぜなら、両者が主語と述語であるかぎり、その本質に所属するのではない。そうではなく、両者が絶対的同一性の本質それ自身に所属しているかぎりでのみ、絶対的同一性の存在に所属するのである。両者は異なったものとしては思惟されえない。それ故、両者の間には自体的にはいかなる対立も存在しない。……〈補遺2〉絶対的同一性は同一性の同一性の形式の元でのみ存在する。（Dar.,§16）

［絶対的同一性とその存在の形式］絶対的同一性という「のっぺらぼう」の同一の世界に区別が生まれる。そして同一性から区別されるものは、A＝Aという命題形式で表現される。このA＝Aは同一性によって直接的に定

立されるが、同一性が存在するのはA＝Aという形式においてである。同一性とその存在の形式とは、このような相互性を有する。だが、同一性から区別されるA＝Aは、同一性の内容をAとして限定するわけだから、絶対的同一性ではない。あくまでもその存在様式である。

［絶対的同一性の本質と形式］シェリングは絶対的同一性とその存在の形式を上のように区別したのであるが、A＝Aという限定はあくまでも同一性の存在の形式であって、その「本質」ではない。本質はA＝Aからは独立しており、Aという限定に影響されない。しかし、A＝Aという存在の形式は、それが同一性という本質に所属しているかぎりで存在しうる。したがって、自体的にみれば、本質と形式の区別は存在しない。

［両者の関係］したがって、絶対的同一性の本質とその存在の形式の関係は、「同一性の同一性」という関係である。

フィヒテは上のシェリングの見解を批判する。

A＝Aはどのようにしてその存在によって定立されるのか、さらに絶対的同一性はいかにして命題の形式においてのみ存在しうるのかに関して、いかなる意義もまったく与えられてはいない。(Zur.,§15)

このように無限者から有限者の導出の問題に、フィヒテはシェリングがいささかも答えていないことを批判すると同時に、シェリングの見解が本来内包しているべきものが何であるかを次のように指摘している。

絶対的同一性はA＝Aという命題の形式の元でのみ思惟されうるということは明らかなことである。……A＝Aは同一性の絶対的法則に対する、思惟（Denken）における表現、図式（Schema）である。すなわち、同一性が存在の形式の元で実存在（existieren）するには、何らかの仕方で存在を思惟に帰し、これを主張することが必要である。さらに、同一性には主語と述語の二重性（Duplicität）が与えられるべきである。つまり、同一性は統一（Einheit）においてあると同時に主語と述語なのである。（Zur.,§15）

フィヒテは絶対的同一性のうちに、A＝Aの定立作用としてのなんらかの思惟を想定して議論を進めている。すなわち、同一性のうちに主語を立てそれに述語づける思惟、同一性を破壊する思惟を想定している[19]。同一性がかかる思惟において存在するとき、すなわち同一性が同時に非同一性であるとき、A＝Aは実存在するものとなる。シェリングの主張にはこうした思惟作用が含まれるべきであるが、A＝Aを単なる論理形式としてしか想定していないシェリングにおいては、そのような思惟作用は見出されるべくもないし、よってA＝Aは実存在しない。

さて、のっぺらぼうの実体、絶対的同一性を主張し、A＝Aが含んでいる主語としてのAと述語としてのAの非同一性は、自体的には存在しないと言明するシェリングが、実際にはこっそりと「自体と非自体（Nichtansich）」、あるいは「自体と実存在」の区別を導入していることを、フィヒテは指摘している（vgl., Zur.,§16）。シェリング自身にとって、このような区別を導入しておくことは、絶対的同一性（区別なき同一性）確保のための橋頭堡となるのである。我々が「認識」を問題にするときは、主語と述語の区別、主観と客観の区別が前提にされている。区別なきところに認識は成立しない。シェリングはフィヒテに指摘されるまでもなく、「認識」（Erkenntnis）を問題にし始める。

絶対的同一性という根源的認識が存在する。……しかし、この認識は直接絶対的同一性の本質から導かれるのではない。なぜなら、この本質からはこうした認識があるということだけが導かれるのであり、それ故、この認識はその存在から導かれなければならないのであり、したがって認識は絶対的同一性の存在の形式に属さなければならないからである。(Dar.,§17)

ここでは、認識は明らかに存在の「形式」のうちにある主語と述語、主観と客観の区別に基づくものであることが、述べられている。シェリングは『叙述』§1ですでに差別的思惟を「抽象的思惟」として、絶対的同一性から排除していた。シェリングは絶対的同一性を理性と呼んでもいるが、本章註(12)ですでに指摘しておいたように、このような理性の真相をフィヒテは「存在」として把握していた。そこで同一性そのもののうちに認識の原理を認めることは自己矛盾を来たす。したがって、認識の原理は同一性の存在の形式にのみあてがわれることになったのである。存在の形式に認識の原理を配当することが、絶対者に絶対的同一性を確保しておくための担保の役割を果たしているのである。[20] しかしながら、こうした認識はどこから発生するのであろうか。この問題に、実はシェリングは全く答えていないのである。

フィヒテは、このようなシェリングに対して、

(シェリング哲学においては)認識作用(Erkennen)の事実(Tatsache)から、この認識作用が絶対的同一性の形式のうちに実存在する事実(Faktum)として押し込められる。(Zu.,§17)

と総括し、さらに自説を次のように提起している。

絶対的認識作用があるからこそ、同一性はまた認識作用(Erkennen)である。(ebenda)

フィヒテはここで、絶対的同一性である絶対的存在それ自身が、Erkennen（認識作用）であることを明確に表明している。フィヒテにおける絶対的存在のこうした把握様式は、ヘーゲルが後年これを導入し、自己の哲学体系形成のバネとなすものである。ここでは、この問題にこれ以上は触れられないが、いずれにせよ、ここでのフィヒテは、絶対的存在に認識作用を付与することによって、絶対的存在のうちに区別の必然性を導入しようとしていると、読むことができる。いや、超越論哲学としてのフィヒテの知識学にとって、このような認識作用は自明の理であった。シェリングとの往復書簡によれば、一八〇一年当時フィヒテはこの認識作用をすでに「見照」（Sehen）と呼び[21]、これを「存在」から出発するシェリング哲学体系との識別のためのメルクマールとして使用している。

さて、しかしながらシェリングは「同一性の同一性」としての、同一性の「直接的認識」を主張する。それに対してフィヒテは、

> 絶対的同一性の認識とは、何を意味すべきなのか（Zur.,§18）[22]

と問いかけ、シェリングの意図を

> もっとも重要な主観性と客観性の差異（Differenz）を黒く塗りつぶす（ebenda）

ところに見ている。もっとも、シェリングも

> 存在するところの一切のものは、自体的に、すなわちその本質から見れば絶対的同一性そのものであり、その存在の形式から見れば、絶対的同一性がおのれの同一性において自己を認識すること（Selbsterkennen）である（Dar.,§19）

というように、絶対的存在が自己の存在の形式を通じておのれの同一であることを認識すると、主張しているように見える。しかし、フィヒテから見れば、シェリングは絶対的存在から一切の区別を排除しているのであるから、（つまり一切の認識作用を排除しているのであるから）それは不可能なことであった。

> 絶対的同一性が自己を認識すること（自己認識、Selbsterkennen）に関する（シェリングの）全教説は、証明不可能である。（Zur.,§19）

このように同一性である絶対的存在から認識の原理を剥奪した後で、絶対的存在の自己認識を語るシェリング哲学は、もはやフィヒテ哲学の外にあった。すなわち、フィヒテの眼には、シェリング哲学はすでに超越論哲学から逸脱するものと映っていた。我々はここで両者の往復書簡を通じて、当時の両者の体系構想と、シェリングの体系構想に対するフィヒテの批判を一瞥しておこう。

シェリングへの書簡のなかで、フィヒテはこの当時の自己の哲学体系についての自己理解を語っている。それによると、知識学はまだ完成していない。というのも、知識学は「叡知界の超越論的体系（transzendentales System der intelligiblen Welt）をまだ欠いている[23]」からである。フィヒテによれば、知識学の完成は、超越論哲学の原理の「いっそうの拡張[24]」を通じてもたらされなければならなかった。このように、フィヒテにあっては、哲学体系は超越論哲学の原理を徹底し、「叡智界」へと迫っていく方向で構想されていた。

しかし、シェリングにあっては、知識学も超越論哲学もフィヒテのようには理解されていなかった。シェリングは知識学を単に「観念論の形式的証明」にすぎないものとみなしていたし、「超越論哲学」には「自然哲学」を対置していた[25]。『叙述』の論述に従えば、超越論哲学と自然哲学[26]とは絶対的同一性の存在の形式を扱う領域と考えられる。また、シェリングはこれら二つの学の上に哲学体系の第三部門として「芸術哲学」を構想しているが、シェリングにおいては絶対的同一性の自己認識は、この領域において招来されるものと考えられる。

以上の全体構想の中で、シェリングがとりわけ強調しているのが、超越論哲学と自然哲学を対立的に捉えることである。すなわち、シェリングはこれら二つの学で「一にして同一なる自我における二つの能動性（Tätigkeit）」を扱うとしながらも、両者を次のように区別する。すなわち、自然哲学の対象は「観念的‐実在的なものとして単に客観的な、まさしくそれゆえに同時に産出的自我」である。シェリングはこれを自ら産出作用をもつ「自然」と考える。それに対して、超越論哲学の対象は、「知的直観の自我」あるいは「自己意識の自我」である。自然と自我の両者はただ「ポテンツ」（Potenz）において異なるだけであり、後者は前者の「より高次のポテンツ」である。シェリングは、自然と自我の関係を一応このように押さえた後で、自然は超越論哲学において、すなわち自己意識としての自我によって単に「見出されるもの」（ein Gefundenes）にすぎない実在性ではなく、それ自身が産出作用をもつ実在性であるとして、自己意識としての自我と自然とを、いわば対等の実在として区別している[27]。ここに我々は『自然哲学の理念』の「自然は目に見える精神であり、精神は目に見えない自然である」というシェリング同一哲学の道具仕立てを見ることもできる。いずれにせよ、自我を高次のポテンツとなしつつも、なお自我と自然とを対等の実在として把握するシェリングの思考からは、超越論哲学の原理を徹底して体系の完成をめざす方途など出てきようがないのではなかろうか。むしろシェリングは、超越論哲学を実在の領域に対立している観念を扱う領域、すなわち単なる「観念論」としてしか理解していないと言えるであろう。次の文面は、右のシェリングの理解を如実に示していると思われる。「自我は哲学の観念論的部門の原理であり、それ故この部門はあの理論的部門（自然哲学）そのものを通じて初めておのれの基礎を獲得するのである[28]」。自然が自我を基礎付けると考えるこの理解はフィヒテとは明確に異なっている。

さて、先述したように、自己の哲学体系についてのフィヒテの理解は、「叡智界の超越論的体系を欠いている」という自覚において示された。もし、そうであるなら、感性界についてはどうなのであろうか。その点については、次に引用する一八〇〇年十二月二十七日のシェリング宛書簡草稿が詳しい。

> 知識学ないし超越論的観念論は（いまのところ）以下のような体系として受け取ることができます。すなわち、この体系は、有限な知性としての自我の主観・客観性の圏域の内部、またこの自我が実質的感情や良心によって根源的に制限されているその内部で動いており、（よって）この体系はかかる圏域の内部では感性界を徹頭徹尾演繹できるのです。でも、あの根源的な諸制限（叡智界）の説明となると、この体系はそれに全く関わることができないのです[29]。

このように有限な知性の内部では、「感性界」すなわち自然を演繹し、認識することができる。しかしひとたび自我と自然の根拠を尋ね、これを根拠すなわち「叡智界」から認識しようとするとき、有限な知性としての自我にとって、それはおのれの能力を超えたものとならざるをえない。しかし、フィヒテにとって、この有限な「自我を越えていくこと」（über das Ich hinauszugehen[30]）なしには、それは不可能なことであった。フィヒテにとって「自我を越えて行き」、「ヌーメナ（Noumen）としての叡智的なもの」から自我と自然を認識することが、フィヒテ哲学体系の課題であった。とはいえ、フィヒテは自己の体系構想を先取り的に語ってもいる。すなわち、「ヌーメナとしての叡智的なもの」に対する自我（精神）と自然の位置付けを次のように語っている。

精神としての有限な知性は、ヌーメナとしての叡智的なもののより低次のポテンツです。この有限な知性は自然の本質（Naturwesen）として、自然としての叡智的なものの最高のポテンツなのです。[31]

ここで語られているのは、自我（精神）は自然より高次のものであるということである。精神はその低次のポテンツであるとはいえ、それ自身「ヌーメナとしての叡智的なもの」である。それに対して、自然は精神の内にその本質をもつ存在として位置付けられている。文中の「自然としての叡智的なもの」をフィヒテは「自然における主観的なもの」と換言している。別の書簡においてではあるが、フィヒテは「感性界つまり自然」が存在するのは、個別的意識の内においてであることを明言している。[32]フィヒテにあっては、このように自我が自然を基礎付けるのであって、決して自然が自我を基礎付けるのではない。しかし、超越論哲学を自然哲学において基礎与えられるものとして構想するシェリングにおいては、まさしくフィヒテからの転倒が行なわれようとしていた。この当時のフィヒテのシェリング批判は、まさしくこの点に関わっているのである。

（5）量的差異を巡って

シェリングが§20から§22で再三繰り返しているのは、主観と客観の差異は「自体的には」、あるいは「本質に従えば」存在しないが、「存在の形式に従ってのみ」主観と客観として定立されているということである。（自体と非自体、自体と実存在の区別を導入しながら、存在自体からは区別を排除するシェリングの意図を、フィヒテは「主観性と客観性」の差異を排除することに見ていた。）したがって、絶対的同一性である絶対的存在にはその本性上、主観と客観の「質的差異」（qualitative Differenz）は存在しえず、ただ「量的差異」（quantitative Differenz）だけが存在しうることになる。

存在自身に関しては、主観客観のいかなる区別（Unterscheidung）も可能ではないので、量的差異だけが、すなわち存在の量（Größe）に関して生じる差異だけが残っている。すなわち、なるほど一にして同一なるものが定立されるのであるが、それは主観性〈認識作用〉の優位（Übergewicht）もしくは客観性〈存在〉の優位が定立されるというように、（量的差異が）残っているのである。（Dar.,§23）

「量的差異」のみが実存在するというシェリングの主張を、フィヒテは「欠陥と恣意性」の産物であるとみなし、次のような根源的反論を加えている。

本質（Wesen）に従えば同一でありつづける同一性が主観と客観において現実化されるのであるから、主観と客観は質的ではなく、量的に異なっているはずであるとシェリングは言う。一にして同一なるものが何故に真の（wahrhaft）対立において実存在しえないのか、ということの全く重要な関係に関しては、シェリングは何も語っていない。本質に従えば同一である。だがシェリングによれば、量的差異は本質にまで及ぶのではなく、形式にのみ及ぶにすぎない。でも、同一なるものが対立する形式の元では実存在しえないということが証明されるとすれば、（質的差異ではなく）量的差異（を導入すること）も有用ではありえない。

（Zur.,§23）

フィヒテはここで二つの主張をしている。①絶対的同一性は、何故に量的差異だけをもち、真の対立、すなわち「質的差異」をもちえないのか。②量的差異の導入によって同一性は破壊から免れるようにみえるが、同一性自体には差異はなく、また差異が単に形式だけのものであるのなら、差異は量的であろうと質的であろうとどちらでもかまわないのではないか。

こうした批判を予想してか、シェリングは絶対的同一性のうちに量的差異を導入することによって生じる矛盾をなんとか解消しようとする。

主観・客観性の形式は、もし両者の量的差異が定立されていないとすれば、現実的ではない。（Dar.,§24）として、量的差異を主観性と客観性の存在の制約とする。すなわち、量的差異なしには主観も客観もありえない。したがって、量的差異はある。しかし、

絶対的同一性に関しては、いかなる量的差異も思惟不可能である。なぜなら、絶対的同一性は主観的なものと客観的なものとの絶対的無差別（Indifferenz）と同一であるから。（Dar.,§25）

すなわち、絶対的同一性は主観と客観の無差別であるから、そこには量的差異はない。では、量的差異はどこにあるのか。

量的差異は絶対的同一性の外（außerhalb）でのみ可能である。」(ebenda, Zusatz)

それでは、「絶対的同一性の外」とはどこなのか。シェリングはここで、絶対的同一性を「存在する一切」（alles, was ist）であるという意味で、「絶対的総体性」（absolute Totalität）であると換言する。したがって、「量的差異は絶対的総体性の外でのみ可能である」。(vgl.,Dar.,§26) このように絶対的同一性に、全体、ないし総体という観点を導入したあとで、シェリングは以下のように言明している。

総体性の外に存在するところのものを、私はこの点において、個別存在、ないしは個物（ein einzelnes Sein oder Ding）と名づける。(Dar.,§27)

しかし、シェリングは§10で「絶対的同一性の外には何も存在しない」と言明していた。したがって、ここに言う「絶対的同一性、総体性の外」とは、「内的な外」と解釈すべきであろう。[33] だが、そうであるとしても、①個物はいかにして出来するのか、つぎに②「内的な外」とは、一体何であるのか。すなわち、同一性である総体と「量的差異」において存在する個物との関係はいかなるものであるのか、という問題が出現する。

①に関して、シェリングは以下のように語っている。

いかなる個別存在も個物も自体的には存在しない。……総体性の外には自体的には何ものも存在しはしない。もし総体性の外に何かが探知（erblicken）されるとすれば、それは、反省（Reflexion）を通じて行なわれる、全体からの個別者の恣意的（willkürlich）分離によってのみ生じる。だがそれは自体的にはまったく起こらないのである。なぜなら、存在する一切のものは一者であり、そして総体性においてある絶対的同一性そのものであるから。（Dar.,§28）

ここでは「反省」が個別性の生成の原理として語られている。しかし、この反省はフィヒテのように知的直観に支えられた反省でないことは一目瞭然である。すなわち、反省は絶対的同一性にまで達するものではない。反省は一者にいかなる変化ももたらさない。ただ「恣意的に」一者から個別者を分離するだけである。反省は一者の必然ではなく、一者の外で任意に行なわれる一者からの分離作用であるということを我々は明瞭に認識できるのである。次に、シェリングは、この反省による分離作用を、「思想（Gedanken）における分離」と明言し、この分離作用がいかにして可能であるかについては、ここでは答えられないとしつつ、この分離作用を次のように評価している。

分離は自体的には可能ではなく、理性の立場から見れば、虚偽（falsch）であり、それどころか一切の誤りの源である。（Dar.,§30, Erläuterung）

ここでは反省ばかりでなく思想すらも、虚偽として評価されている。

②に関しては、§30の欄外註を参考に考察できる。そこでシェリングは、絶対的同一性である存在を「絶対者」（das Absolute）と言い換えて、次のように語っている。

絶対者は、もし差異が……定立されていないなら、現実的に実存在しない。

ここでは差異が絶対者の実存在のための制約であるかのように語られている。しかし、シェリングはたちまち次のように続ける。

しかし、この差異は絶対者自身に関しては定立されえない。なぜなら、絶対者は不変（unveränderlich）であり、認識と存在の無差別でも、主観性と客観性の無差別でもある総体的無差別として規定されている。

ここでは、絶対者が無差別として規定され、（量的）差異は絶対者から排除される。しかし、シェリングは上の二つの見解を総合して以下のように語っている。

絶対者は、なるほど個別者にあっては量的差異とともに定立されるが、全体にあっては無差別とともに定立されることによってのみ、絶対者として定立される。しかし、個別者におけるこの差異と全体における無差別とが、まさしく総体性である。それ故、絶対者は総体性の形式の元でのみ存在する。こうして、個別者における量的差異と全体における無差別というこの命題こそ、まさしく有限者と無限者の同一性であるところのものである。

ここでは「内的な外」がシェリング流のレトリックを駆使して紡ぎ出されている。すなわち、絶対者は「差異（非同一）と無差別（同一）の総体性（同一）」として把握されているように見える。いずれにせよ、「内的な外」

の「内的」とは、量的差異も総体性の「内」において存在を得るということであり、「外」とは無差別ではないということであると考えられる。とするなら、『叙述』§14で述べられていた「あらゆる哲学の一切の誤りは、絶対的同一性がみずから現われ出たという前提である」とか「存在する一切のものは、絶対的同一性の現象ではなく、絶対的同一性そのものである」という「のっぺらぼう」の無限者観、すなわち一切の区別をもたず、したがって区別の原理すらもたない無限者像に、これは修正を加えることになるのではなかろうか。しかし、シェリングに対しては、それは望むべくもなかった。

あの量的差異は、いささかも自体的に定立されているのではなく、現象のうちにのみ定立されている。なぜなら、絶対的同一性は……主観性と客観性の対立によってまったく触発（afficieren）されないので、主観・客観両者の量的差異すら絶対的同一性に関しては、すなわち自体的には生じえないからである。（Dar.,§30 Erläuterung）

シェリングにおいては、「現象」といっても、決して絶対的同一性の現象ではないのである。量的差異は反省、したがって精神による分離作用の産物である。かかる作用によって、主観性と客観性の対立（つまり量的差異）が現象し、個別者が存在する有限な世界が成立するとしても、反省による対立世界の存立によって、決して絶対的同一性が「触発」されることはない。現象と実在は分断されている。こうした一連のシェリングの議論に対するフィヒテの論評は、決して饒舌とは言い難い。フィヒテはシェリングにスピノザと同様の独断論を見ている。

（シェリングによれば）量的差異は総体性を顧慮するときにのみ完全に解消される。もし、主観と客観の関係を総体性のうちに探知できるのだとすれば、この関係は最も完全な均衡（Gleichgewicht）を示すであろう。しかしそのことから、何ものも区別可能でないような等しい同一性の他には何も残らないということが結果するであろうか。〈それにしても、（シェリングの言う）等しい同一性の他にはなにも残らないという命題はスピノザのなかにも含まれている。〉（Zur.,§30）

このようにフィヒテはシェリングを、もはや自分の哲学的同志、パートナーとしてはみなしていない。むしろ、彼はシェリングを「カント以前の形而上学を擁護する者たち」の系列のなかに位置付けているのである。

（6）**個別者とそのポテンツについて**

上述によれば、個別者は主観的なものと客観的なものの「量的差異」のもとに存在している。したがって、量的差異が「あらゆる有限性の根拠（Grund）」（Dar.,§37）である。もちろん、ここに言う根拠とは、フィヒテが指摘しているように個別者と個別者を区別するという意味での根拠として理解されなければならない。（vgl., Zur.,§37）この点についてシェリングは、次のように語っている。

各々の個別存在は他の個別存在によって限定されている。なぜなら、個別者は自体的には存在せず、自己の存在の根拠を自己の内にもたないから、個別存在としては自己自身によって限定されない。（Dar.,§36）

ここで述べられている「個別者の他の個別者による限定」の件に関して、シェリングは欄外註で「因果性（Kausalität）の原理の最初の基礎付け」と記している。シェリングは「個別者の個別者による限定」を因果的に捉えている。この部分についてのフィヒテの論評は次のとおりである。

個別者は自己の根拠として自己に先行したものである他者を必要とする。しかもこの根拠は他の個別的事物であるべきであり、これが無限に続くのである。(Zur.,§36)

フィヒテはシェリングが描く有限者の世界を、無限に続く因果系列として理解した。そしてこの因果性に支配された無限に続く有限性の系列を「すっきりとは解けない無限な計算（unendliche Rechnung)」(Zur.,§37）と評し、知識学に対してヘーゲルによって与えられた批判が同一哲学にも当てはまることを立論している。[34] すなわち、ヘーゲルは『全知識学の基礎』におけるフィヒテの第一原則はなるほど「思弁」の原理を示しているが、第二原則によってこの原理は破棄され、知識学の体系は「有限性」のなかに閉じ込められてしまうと『差異論文』で批判しているが、それと同じ批判をフィヒテはここで同一哲学に対して行なっているのである。

さて、量的差異のもとにある個別者は、「絶対的同一性の存在の限定された形式」である。したがって、もちろん個別者は絶対的同一性の存在そのものではない。しかし、一方で「絶対的同一性の本質は不可分（unteilbar）である」(Dar.,§34)。そうであるなら、絶対的同一性はいかなる仕方で個別者のうちに存するのであろうか。量的差異の一般的表現はA＝Bである。ここではAがBとの量的差異において限定され把握されている。しかしフィヒテの解釈によれば、シェリングにおいては量的差異においてもなおAとBの間には「等しさ（Gleich）〈＝〉」(Zur.,§37）があり、この「等しさ」に立つとき、すなわち「総体性」に立つとき、量的差異は消失するのである。同一性はこのような仕方で、個別者のうちに存在する。したがって、量的差異に着目すれば個別者は存在し、同一性に着目すれば個別者は存在しない。シェリングにおけるこのような個別者観を、フィヒテは次のように表現することになる。

> 個別者は、シェリングの主張によれば、存在するが、しかしまた存在しない。……かくして、有限性の原理、永遠なる生成と消失はまだ導出されていないどころか、有限性の原理が否定されているのである。したがって、いかなる個別者も有限者も存在しない。……シェリングが有限性の原理を導出できないのであれば、有限な物は存在しないというエレア派の結果のもとにとどまらざるをえない。（Zur.,§36）

> そこに存在するが、それにも拘わらず存在しない個別者の概念なき動揺（Zur.,§38）

ここでは本章3の（3）で論じられた、無限者と有限者の関係が、個別者の存在に着目するという形で再度論じられていると言えるが、ここでもフィヒテの結論は、シェリング哲学は「有限性の原理」、「生成の原理」を欠いているという一点に集約される。いや、フィヒテのシェリング批判は、シェリングは「有限性の原理」、「生成の原理」を否定すると同時に、個別者の存在も否定していると、さらに先鋭化しているように思われる。

さて、シェリングは確かに、「絶対的同一性が個物へと移行した最初の点は、決して述べられることはできない」（Dar.,§38）と主張している。この主張を文字通りに受け取れば、シェリング哲学はまさしく「有限性の原理」を欠いている。ここには「のっぺらぼうの」実体しか存在しない。しかしながら、他方でシェリングは以下のことも主張している。

> 絶対的同一性は個別者においても存在する。なぜなら、全ての個別者は絶対的同一性の存在のある限定され

た形式にすぎないから。かくして絶対的同一性は各々の個別者において存在する。(Dar.,§39)

絶対的同一性は全てのポテンツの形式の元でのみ存在する。(Dar.,§43)

我々は今しがた、シェリングの個別者観を「個別者の概念なき動揺」として非難するフィヒテの評価を受け容れたばかりであるが、いま少しポテンツ論として展開されるシェリングの有限世界の論理に足を止めてみよう。

全ての個別者はなるほど絶対的ではないが、その様式(Art)においては無限である。……個別者は絶対的に無限であるのではない。……しかし、個別者はその様式においては、すなわち存在の様式は主観性と客観性の量的差異によって限定されでており、この差異は両者のうちの一方の(優勢な)もののポテンツにおいて表現されるので、そのポテンツにおいて無限である。(Dar.,§40)

「個別者は絶対的に無限ではないが、そのポテンツにおいては無限である」とは、いかなることなのか。個別者は主観的なものと客観的なものの量的差異において存在し、その差異は他の個別者によって限定されているという意味で他者に限定されている。したがって、個別者は無限ではない、つまり有限である。しかし、シェリングは、個別者はそのポテンツにおいて無限であると言う。まず、ポテンツとは、フィヒテの表現を借りれば、「限定された主観・客観関係の度(Grad)」(Zur.,§40)のことであり、この「度」を通じて主観・客観の量的差異も生じてくる。この差異はA＝Bで表現されたが、シェリングにおいてはA＝Bも自体的にはA＝Aでなければならなかった。というのは、「存在するところの全てのもの(A＝B)は、それが絶対的同一性を存在の限定された形式の元で表現するかぎりにおいてのみ存在する」(Dar.,§41 Zusatz) からである。すなわち、個別者はA＝Bという限定されたポテンツとはいえ、常に絶対的同一性A＝Aに存在を与っているのであり、言ってみればA＝AをA＝Bとして表現しているにすぎないのである。「個別者はそのポテンツにおいて無限である」は、このようなコンテキストで理解できる。

我々はもう少しポテンツ論について考察を続けよう。シェリングはポテンツを総体性の立場、絶対者の視点から以下のように論じている。

絶対者に関して、たんに認識の属性 (Attribut) の元に属するのか、存在の属性の元に属するのか、存在の表現としてのA＝Aの元に属するのか、認識の表現としてのA＝Aに属するのかということだけが、ポテンツを形成するのである。(Dar.,§42 欄外註)

ここでは恐らく、三つのA＝Aが語られている。それは、まず絶対者である絶対的同一性の表現としてのA＝A、次に認識における同一性の表現としてのA＝A、最後に存在における同一性の表現としてのA＝A、この三つのA＝Aである。そしてこの三つのA＝Aが、言うなれば全体を形成する。ポテンツは、この全体の関係性の表現であると考えることができる。シェリングにあっては、ポテンツが全体を限定するのではない。全体の関係性の表現がポテンツであるにすぎないのである。

量的差異は、例えばAの否定的指数 (Exponent) は全体に関する客観性の優位を示しているというように、全体すなわち絶対的総体性に関して生じるのであるが、このポテンツに関して生じるのではない。(Dar.,§42

Erklärung2)

シェリングにおいても、同一性といえども認識と存在の対立として初めて実存在するのであるが、同時にその対立は「常に同時に両者の無差別」によって支えられているのである。量的無差別の元に認識（主観性）か存在（客観性）の優位が定立され、その優位が個別者のポテンツにおいて表現されると言ってよい。

AもBも自体的に定立されうるのではなく、ただ同一的なるもののみが、優越的主観性と客観性そして両者の量的無差別とともに同時に定立されうるのである。（Dar.,§5）

シェリングによれば、同一性が量的差異の根底に無差別として存在している。「金太郎飴」のようにどこを切っても「金太郎」が現われる。ただ異なるのは、棒状の飴の左か右かということだけである。シェリングはこのようにして存在している同一性を「あらゆる可分性の根拠」（der Grund aller Theilbarkeit）（Dar.,§46）と名づけている。とするならば、シェリングにおいては、分割されずに同一であり続けることが、分割を可能にするということになるのではなかろうか。

絶対的同一性は決して分割されないということこそが、まさしく絶対的同一性ではなく、量の概念の元に考えられている個物であるところのものの無限な可分性を可能にする。（Da.,§46 Zusatz）

フィヒテはもはや『叙述』の§41から§43には、いかなる論評も加えていない。ただ、上の引用文に対しては、これまでのシェリング批判の論点を締めくくるように次のように語る。

> こうした区別根拠（der Grund dieses Unterschiedes）の導出、すなわち絶対的同一性における有限性の原理の導出は、そこかしこで相も変わらず欠けている。（Zur.,§46）

（7）小　括

シェリングの『叙述』とフィヒテの『叙述のために』を比較して、フィヒテのシェリング批判の視点を明らかにしようという我々の試みを完成させるためには、最後にそれぞれの§44を検討しておくことが必要であろう。シェリングは、ここでこれまでの自分の論述を振り返り、「我々が詳細な証明なしに半分残したままにしている若干の命題を勝手ながら挿入する」（Dar.,§44 Anmerkung）として、以下のように述べている。

> 〈全体に関する量的差異の〉ポテンツの表現としてA＝Bを認めるとすれば、A＝BにおいてBは根源的に存在するところのものとして定立されている。〈それ故Bは実在的原理（reelles Princip）である〉。それに対してAはBと同一の意味において存在するのではなく、Bを認識するものとして、それ故観念的原理（ideelles Princip）として定立されている。……しかし、かかる対立は自体的には、すなわち思弁の立場からは全く生じない。……Aは認識する原理であるが、Bは自体的には制限されないもの、すなわち無限な延長（das an sich Unbegrenzte oder die unendliche Extension）であるので、我々はここに全く正確にスピノザの絶対的実体の二つの属性、思惟と延長をもつ。……かくして、実在的一者として存在しないものはなにものもAの形式では定立されえないし、そうであればこそ、直接的にそしてまさしくそれ故にAの元に定立

されないであろうようななにものもBの元には定立されない。……もし一般にA＝Bが有限性の表現であるなら、Aこそ有限性の原理として考えられうる。根源的であるBは、端的には制限可能なもの、自体的には制限されないものであるが、それに対してAは制限するものである。(ebenda)

ここでは、シェリングはまず、Bを「根源的存在」と規定する。Bはこのようなものとして、「自体的には制限されない無限な延長」である。したがって、客観的存在であるBこそ実在である言ってよい。したがって、Aが行なう認識作用は、本来は制限されない無限な延長を、制限することに他ならない。つまり、BとはAによって有限化されたものである。そうするとBは無限であると同時に有限である矛盾した存在となる。以上が、シェリングの言う「半分残したままにしている若干の命題」という意味であろう。しかしながら、ここでは明確にAの行なう認識作用が有限性の原理として語られている。我々は、ここに「自我の立場に立つ」シェリング流の有限性の原理を認めることができるように思われる。

右のシェリングの主張に対して、フィヒテはこの主張を通じて「シェリングの知識学への関係が明らかになる」(Zu.,§44) としながら、以下のように論評している。

この主観性＝客観性、A＝Bはシェリングにとってはまさにいまや自我の形式 (Ichform) である。それ故に一切は自我の形式の内にある。それに対して、知識学は自然をただ純粋客観性 (reine Objektivität) となすにすぎない。シェリングは実存在の形式一般は＝自我であるということを証明したと思い込んでいる。つまり、何ものもかかる自我という実存在形式がないならば、現実性をもちえないであろう。すでにここでシェリングに不透明と混乱とを提示できないであろうか。明白な意識ではなく、本能、盲目の理性 (blinde

Vernunft）がある。しかし、そもそもこれが物の絶対的原理なのか。現実的理性はそこからついに自己を取り出し、意識なき理性から出てついに自己自身に至り、自己を自覚する（sich besinnen）のか。（ebenda）

右のフィヒテの論評は以下の二点に要約できるであろう。

①フィヒテはここで実に明快に彼のシェリング解釈を提起している。シェリング哲学は一見すると、一切を自我に還元する「自我の哲学」の立場に立っているように見える。なにものかが実存在するのは、自我によって存在の形式を与えられるからに他ならない。「一切は自我である」。しかし、この主張は「知識学」の立場とは異なっている。似て非なるものである。「知識学」においては、決して全自然を自我に還元することはできない。「知識学」においては、自我にとって自然は「純粋客観性」として残りつづける、すなわち自我には常に非我が対立者として相関している。

②次に、フィヒテはシェリングのうちに「不透明と混乱」を指摘している。それは何か。それについて我々は、自我が何故に自然と関わらなければならないかが、シェリングにあっては明示されていないことであると推測できる。この点に、自我が「盲目の理性」と呼ばれる理由がある。このような「不透明」という表現の裏に我々は、「一切は自我である」の真相が「一切は自然である」ということが隠されているのではないか、というフィヒテの疑念と洞察を見ることができるのである。

ラウトはこのフィヒテの危惧を正当とみなし、フィヒテの立場を鮮明にするために一八〇一年の『知識学の叙述』を援用している。その箇所を引用してみよう。

スピノザ的な新体系（シェリング哲学体系）において、知は……おのれの必然的帰結として、おのれの高次のポテンツを所有していなければならない。しかし、このことは、絶対的に発現するものである知の内的性格、つまり自由の実体から発生するものであって、存在の実体から発生するのではない知の性格に矛盾している。[35]

本章3の（4）の後半で述べておいたように、シェリングも自我（精神）は自然より高次のポテンツであると語ってはいるが、自然にも産出作用を認め、自然と自我とを同一化すると同時に自然を自我の根拠として想定している。もし自我（精神）が自然をおのれの存在の根拠とするのであれば、それはフィヒテにとっては、知が「存在の実体」、すなわち「自然」に由来することになる。さらにもしそうであるとすれば、自我が自然因果性に拘束される存在になる。フィヒテが「一切は自我である」というシェリングの立場を受け容れないのは、このためである。フィヒテが「自我が一切である」と語るとき、それは自我を自然から独立した「自由な存在」として提起しているのである。フィヒテにとって知は、精神である自我、すなわち「自由の実体」から発現するものであった。

さて、フィヒテは一見すると一切を自我に還元する「自我の哲学」であるかのように見えるシェリング同一哲学の真相を、むしろ一切が自然にその根拠をもつ「自然の哲学」であると看破した。ここで、我々はラウトの解釈[36]を参考にしながら、この小さな「まとめ」の締めくくりに入ろう。ラウトは、シェリング哲学のもつこのような二面性を「シェリングの出発点における固有のパラドクス」と規定し、以下のことを語っている。「アプリオリな構成作用は実は精神のことがらであるから、全くアプリオリに構成を行なう自然（eine rein apriorisch konstruierende Natur）は、実際にはただ精神の過程である」として、一切が自我に還元されるゆえんを明らかにする。しかし、「それに対して（フィヒテの）超越論的観念論は、質料（Materie）すなわち我々が構成的に入っていくことができない阻害（Hemmung）という端的な事実に、その独立の意味を与える」のである。ここでラウトが語っている「我々が構成的に入っていくことができない阻害」とは、先述した「純粋な客観性」と同じ意味である。シェリングにはこの観点がない。ラウトによれば、この「阻害」、「純粋な客観性」すなわち非我は「精神において、そして精神に対してのみ、自由の遂行によって限定された自己定立において（in einer durch den Vollzug der Freiheit bestimmten Selbstsetzung）出現する」。すなわち、非我は自我の自己定立の相関者であり、自我の自己定立とともに定立されるのである。かかる自己定立作用は、フィヒテにとって人間性の根本、すなわち「自由」と同義であった。フィヒテにおいては、「区別根拠」はこうした自我の自己定立作用、「事行」（Tathandlung）のうちにあるのである。シェリングには、この働きへの洞察がない。それ故、なおもフィヒテは、シェリング哲学には「区別根拠の導出、すなわち絶対的同一性における有限性の原理」（Zur.,§46 Erläuterung）が欠けていると、お題目のように唱えつづけざるをえないのである。こうしてフィヒテのシェリング批判は§51で終わる。

最後に、このようなフィヒテの側からのシェリングに対する批判は、当時のヘーゲルに対しても該当するものと考えられる。例えば、フィヒテはシェリング宛の書簡のなかで次のように語っている。

絶対者が現象する……形式は、一体どこから来るのでしょうか。……すなわち、一者がいかにしてまず無限者となり、次に多様なものの総体となるのでしょうか。……この問いは……必然的にあなたが無視せざるをえない問いです。あなたがあなたの新しい体系によって閉ざしてしまった領域のうちに……知識学の観念論があり、カントの観念論があるのです。……あなたは真の観念論をまもなく知るようになるでしょう(37)。

ここで語られている「あなた（シェリング）があなたの新しい体系によって閉ざしてしまった領域」とは、「反省」の領域に他ならない。これまで述べてきたことではあるが、ここでもフィヒテはシェリングに絶対的同一性という原理のうちに、いかにして反省を包括しうるのかを問うているのである。この問いかけは、シェリングと同様に絶対的同一性を自己の哲学の原理として主張するヘーゲルに対しても向けられている。はたして、一八〇一年のヘーゲルは、この批判を免れているであろうか。ラウトと並ぶフィヒテルネサンスの立役者ギルントの解釈によると、ヘーゲルもこの批判を免れるものではない。彼によると、

ヘーゲルは絶対的同一性という彼の新しい哲学原理を主張する際には、この原理をまさしく反省の中で構想し、したがって反省の原理に引き下げているということを忘れている。なるほど、原理は反省が固定したものを止揚するものとして考えられてはいる。しかし、原理はこのようなものとしてまさしく思惟され固定されているのである。すなわち、他のものから区別されたものとして想定されているのである。したがって、ヘーゲルの立場はフィヒテがシェリングに要求していることとぴたりと合致する。(38)

絶対的同一性は反省を通じて得られるのであるから、反省は絶対的同一性の必然的相関者でなければならない。ヘーゲルはこれを忘れている。もちろん、ギルントのこのヘーゲル批判は「原理は反省が固定したものを理性的に止揚するものとして考えられてはいる」という留保付きのものとはいえ、フィヒテの批判がシェリングと同様に当てはまるというものである。

だが、我々はこの批判の観点をヘーゲルが自己の哲学体系のうちに消化していくところに彼の哲学体系形成への胎動を見るものである。

（1）*Fichte-Schelling Briefwechsel*,hrsg.v.Walter Schulz,Suhrkamp,Frankfurt am Main,1968, S.57f. 以下Walter Schluzと略記。

（2）ラウトは両者の論争の第二段階を「自然哲学と超越論哲学およびその相互関係に関する」ものとし、次に第三段階を「『我が哲学体系の叙述』における同一体系を巡る哲学的論争」と位置づけている。Vgl.,Lauth 2.

（3）*Briefe von und an Hegel*,Bd.1,hrsg.v.Johannes Hoffmeister,Meiner,Hamburg, 1952, 1969, S.22.

（4）Vgl.,Manfred Baum,*Die Entstehung der Hegelschen Dialektik* ,Bouvier , 1986,1989, S.80.

（5）Vgl.,Lauth 2, S.18f.

（6）隈元忠敬『フィヒテ全知識学の基礎・知識学梗概』（渓水社、一九九六年）三〇一頁以下を参照。

（7）『理念』初版ではSpekulationがReflexion「反省」の意味で使用されている。したがって、ここではSpekulationを通常の「思弁」とせず、「反省」と訳した。一八〇三年の第二版では Spekulationのほとんどが Reflexionに改訂されている。この改訂で内容としては同一でも、シェリングがReflexionというタームを使用するようになるのは、ヘーゲルの反省哲学批判に影響されてのことであると思われる。Vgl., Idee, S.71ff.

（8）*Schellings Werke Zweiter Hauptband*,hrsg.v.Manfred Schröter, 1927, S.378.

（9）Ebenda, S.381.

（10）*Schellings Werke Erster Hauptband*,hrsg.v.Manfred Schröter,1927,S.719.

（11）Ebenda, S.722.

（12）フィヒテはこうした理性規定に対して、それが「たとえ理性とよばれるにしても」、それは「存在」であると断定している。したがって、フィヒテによると、シェリングは存在から出発することになるのである。vgl., Walter Schulz, a.a.O., S.126.

（13）J.G.Fichte,*Vorarbeiten gegen Schelling*,GA. der Bayerischen Akademie der Wissenschaften,Nachgellassene Schriften Bd.5,1979, S.483f.

（14）Ebenda, S.484.

(15)　Ebenda.

(16)　シェリングのこのような欠落に対して、デュージングは、シェリングは『叙述』では反省が思弁にとって必要な使命をもたないのかどうかを問わないと明言している。また、彼は、反省を方法化しようとするヘーゲルの意図が、『叙述』以後のシェリング、例えば『ブルーノ』に影響を与えたと考えている。Vgl.,K. Düsing,Spekulation und Reflexion,in : *Hegel Studien*, Bd.5, 1969, S.116.

(17)　シェリングは自我の活動を以下のように捉えている。「自我の根源的で無限な能動性は自分自身を制限するということ、すなわち自分自身を有限なもの（自覚）へと変えるということは、次のことが証明されるときにのみ理解される。すなわち、自我が自我として制限されずに存在しうるのは、自我が制限されている限りにおいてのみのことであり、逆に自我が自我として制限されるのは、自我が制限されていない限りにおいてのみである。」とシェリングはフィヒテの自我の無限であることを理解している。このように『超越論的観念論の体系』においては、シェリングはフィヒテの自我の枠内に止まっていたと言えるだろう。Vgl.,*Schellings Werke Zweiter Hauptband*, S.382.

(18)　フィヒテは、同一即非同一、無限即有限という構造を、引用文で述べているように「矛盾」としては捉えていない。フィヒテにとって、絶対者（絶対我）は「一挙にして」（in einem Schlage）、「端的に」（schlechthin）そうなのであり、それ以外には考えられないものである。

(19)　フィヒテは「この二重性はそれ自身思惟のうちに、そして思惟に対して存在する」（Zur.,§15）と語っている。なお、引用文中の「のうちに」は、アカデミー版全集ではなく、ラウトの読みに従った。Vgl.,Lauth2, S.171.

(20)　Vgl.,ebenda, S.172.

(21)　フィヒテは「（およそ哲学＝知識学は）存在から出発することはできず、見照から出発しなければならない」と語っている。Vgl.,Walter Schulz, a.a.O., S.126.
Sehenについては、S.127およびS.153に記述がある。なお、シェリングもフィヒテ批判というコンテキストであるが、そこで「見照」（Sehen）を「主観性」（Subjektivität）、「各々の自我である主観性」としている。（ebenda.,S. 134)

(22)　フィヒテは§17と§18を段落を分けずに論じている。

(23)　Walter Schulz, a.a.O.,1968, S.116.

(24) Ebenda.

(25) Ebenda,S.107. シェリングはフィヒテ宛の書簡で「超越論哲学と自然哲学との対立こそ要点である」と語っている。

(26) シェリングは同じ手紙のなかで、超越論哲学と自然哲学とを対立する二つの学としてではなく、哲学体系のなかの反立された二つの部分とみなすべきであるとも主張している。Vgl.,ebenda, S.109.

(27) Vgl.,ebenda, S.108ff.

(28) Ebenda, S.109.

(29) Ebenda, S.114f.

(30) Ebenda, S.115.

(31) Ebenda.

(32) Vgl.,ebenda, S.128.

(33) Vgl.,Lauth 2, S.175.

(34) Vgl.,Lauth 2, S.128.

(35) Darstellung der Wissenschaftslehre aus dem Jahre 1801,*Fichtes Werke,* Bd.2,hrsg.v.I.H.Fichte,1971, S.171. Vgl.,Lauth 2, S.179f.

(36) Vgl.,Lauth 2, S.194f.

(37) Walter Schlulz, a.a.O., S.143.

(38) Helmut Girndt, *Differenz des Fichteschen und Hegelschen Systems*, Bouvier, 1965, S.25.

第二章　フィヒテ『全知識学の基礎』について

序

我々はこれまでフィヒテの『叙述のために』におけるシェリング批判を詳細に検討してきた。このシェリング批判の立論の基礎を形成しているのは、なんと言っても『全知識学の基礎』であろう。『基礎』は一七九四年イエナ大学着任早々のフィヒテの講義であり、この年から翌年にかけてガブラー社から出版されたものである。この『基礎』がフィヒテ初期知識学の代表作であること、そしてドイツ観念論の発展史において一時代を画す金字塔であることは、世人のあまねく認めるところであろう。我々はこれまでフィヒテ自身のシェリング批判を介して、フィヒテ哲学をシェリング哲学との比較のなかで理解してきたが、これからはいよいよフィヒテ哲学の内奥へ入り込んで、その根本原理としての「自我」を明らかにしていきたい。

フィヒテはイエナ大学着任の直前に、スイスのチューリッヒで幾人かの知識人を前にして講義を行なった。このミニ講義は、炉辺で真理を発見したときのデカルトのように、自己の哲学の原理に到達した歓喜と、学問の中心たるあのイエナ大学に赴任する直前の漲（みなぎ）る活気とが交差する清新な雰囲気の中で行なわれたという。そのときの最終講義が『人間の尊厳について』として纏められているが、この講義は実質的に『基礎』の序論の役割を果たしている。その中で、フィヒテは発見したばかりの全学問の基礎、すなわち彼の哲学の原理を次のように語っている。

> 哲学は我々に一切を自我の内に探求することを教える。自我によって初めて、秩序と調和とが形態のない死せる質料のうちに生じるのである(1)。
>
> 人間は物のうちへ**必然的**な秩序を置くばかりではない。人間は物にみずから**任意**に選択したものをも与えるのである。人間が踏み出すところに自然が生まれるのである(2)。

周知のようにここでは明確に、自我が第一原理として語られている。自我なしには、なにものも存在しない。「物」や「自然」はそれ自体ではいかなるものでもない。「物」も「自然」も自我によって産出されたものとして存在を得るのである。すなわち、自我の自己意識を通じて物となり、自然となる。まことに「自我は一切である」。ただし、フィヒテにおいては「自我は一切である」としても、シェリングのように、決して「一切が自我である」のではない。フィヒテは自分の知識学を一切の独断論から区別して「批判的観念論」（ein kritischer Idealismus）（WL.,281）と名付けているが、初期フィヒテ哲学の真骨頂はまさにこの「批判的」であるところに存している。

我々はまず本章1で、「批判的観念論」としてのフィヒテ知識学における自我の存在構造を『基礎』の第一章から第三章までの三原則の導出を通じて考察すると同時に、これら三つの原則の関係についても明らかにしたい。つぎに、本章2では本章1での考察をさらに深めるために若干の哲学史的議論を展開することになる。すなわち、スピノザ哲学に対するフィヒテとヘーゲルの位置取りの違いに留意しつつ、フィヒテとヘーゲルの哲学原理の差異を浮き彫りにすることを通じて、フィヒテにおける自我の存在構造をより深く解明していきたい。

ところで、周知のように、実践的知識学は、理論的知識学に基礎を与えるものとして、知識学の中でも最も重要な意義をもっている。その意味では、本章1、2で考察されるフィヒテ哲学の原理としての自我も、実践的知識学の解明を俟(ま)って初めてより明確なものになるであろう。本章1、2でも「実践的知識学」の関係部分を援用しながら議論を進めていくが、本章3においては「努力の演繹」を中心とする『基礎』の第5章全体の読解を通じて、本章1、2で解明されたフィヒテにおける「自我の存在構造」をより客観的なものに仕上げていきたい。

1　フィヒテにおける自我の存在構造

(1)「循環」について

フィヒテは第一原則、「事行」(Tathandlung) としての自我を論じるのに先立って、「循環」(Zirkel) について述べている。フィヒテが「知識学」の出発点をまさに「循環」から始めるところに、あるいは「循環」から始めざるをえないところに、フィヒテ哲学の方法とフィヒテ哲学そのものとを理解する鍵があるように思われる。一般に「その論証は循環である」と指摘された場合、その論証が誤謬であるか、無効であるかのいずれかを言明していることになろう。しかし、フィヒテは「循環」をそのように捉えているのではない。フィヒテは、「循環」

を単に否定的なものとしては見ていない。むしろ、フィヒテにあっては「循環」が自我の運動の原理として哲学の要石となっている。

ここで『基礎』の展開に従って「循環」についての叙述を見ておこう。フィヒテは『基礎』を奇妙な宣言から始めている。「絶対的第一原則」というものは「証明する」(beweisen) ことも「規定する」(bestimmen) こともできず、ただ「探求」(aufsuchen) されるだけである。すなわち、それが「何であるか」を規定することはできないが、それを探求する努力は行なうと。あたかも「学」の放棄宣言とも受け取られかねない言明で『基礎』が始まるところに、「知識学」の「知識学」たるゆえんがある。フィヒテはこの言明に続いて「循環」について語り始める。フィヒテによると、「端的に無制約的な第一原則」は「事行」(Tathandlung) であるが、これは「我々の意識の経験的諸規定のもとに現われるのでも、現われうるのでもなく、すべての意識の根底にあって、それのみが意識を可能にする」ものである。第一原則が表わす「事行」そのものは決して経験の対象にはならないが、「経験」を可能にするものである。フィヒテはこのことを「事行」は「意識の根底にあって意識を可能にするもの」(WL.,91) と語っているわけである。したがって、これは「意識作用」といえども決して根源的なものではなく、その根底で「事行」が「意識作用」、および「経験」の超越論的制約として働いていることを意味している。

それでは我々は、知の歩みをどこから始めなければならないのであろうか。我々は少なくともいま、「事行」を「人間的知識の基礎」として想定しているわけであるが、この想定はある論理規則に従って行なわれている。ここではこの規則は「暗黙裡に、周知の確実なものとして」(stillschweigend, als bekannt und ausgemacht) 前提されている。まず一方で、これらの規則は前提され、しかる後に原則から「正しいものとして」導出されるのである。例えば、第一原則の解明の後で、内容を捨象し「定立態から存在への推論形式」を取り出すとき、そこに

「同一律」が得られるように（vgl.,WL.,99）。しかし他方で、原則の確立は、推論を行なう論理規則が「正しい」という「前提」の下で正当化される。以上がフィヒテの展開する「循環」の雛型である。このようにフィヒテは、「循環」を人間の精神においては「避けられぬ循環」（ein unvermeidlicher Zirkel）と考えている。「避けられぬ」とは決して否定的な意味ではなく、人間の必然という意味に解すべきであろう。いずれにしろ、フィヒテが「知識学」の冒頭で「循環」をこのように「避けられないもの」として論述していることは、単に恣意的なことではなく、自我を原理とする「知識学」が伴なわざるをえない必然性を語っているのだと考えてよいだろう。

ともあれ、自我は「知識学」のなかでさまざまな「循環」に遭遇するわけであるが、自我は「循環」のなかにある必然性を洞察することを通じて、自我の内奥へと進み行くのである。我々は「循環」をこのようにフィヒテ哲学の方法として考えることができるのではなかろうか。（我々はこのことを『基礎』の随所で見ることができる。本書では、「努力」の演繹を扱う際にも、「循環」について触れることになろう。）

（2）『基礎』における第一原則の導出とその考察

①先述したように、フィヒテは『基礎』を一般論理学のいう、誰もが文句なしに認める命題、すなわちA＝Aから始める。そしてA＝Aの根源を訊ねる。人がA＝Aを確実なものであると語るとき、人はAがあるということを語っているのではなく、「もしAがあるとすれば、Aはある。」（Wenn A sei, so sei A）ということを語っているのである。したがって、この命題においては、命題の「内容」（Gehalt）ではなく、「形式」（Form）が問題となっている。すなわち、この命題はWennとSoの間に、つまり主語としてのAと述語としてのAの間に必然的連関（X）があることを示している。それではXとは何か。

Xは少なくとも自我の内に、自我によって定立されている。なぜなら、自我は上の命題において判断し、しかも法則としてのXにしたがって判断するものであるから。(WL.,93)

すなわち、主語のAと述語のAを連結するXは「自我の内」にあり、「自我によって」ある。ということは、自我が自己のうちにある法則Xにしたがって、A＝Aと判断するということに他ならない。したがって、Xは「自我に自我自身によって与えられていなければならない」であろう。しかしこのXもAが自我によって定立されない限り、定立されないであろう。このことをフィヒテは控えめに、「Xが定立されるということは、Xが連結する項であるAも自我の内に定立されている」と語っている。

以上を踏まえて、フィヒテは自我の内奥へ入り込んでいく。ここにA＝Aという判断が成立するためには、「主語を立てる自我」と「述語を立てる自我」が「同一」でなければならないが、かかる「一にして同一なるもの」(Ein und ebendasselbe) を表わしているのがXであるという観点に至る。フィヒテはこのXを「自我＝自我、自我は自我である」と定式化する。当然のことながら、これは同時に「自我はある」という事実をも含んでいる。フィヒテによればこれまでの論証の結果、次のことが言える。すなわち、もし「A＝A」という命題が確実だとすれば、X、すなわち「自我はある」も確実である。これは「経験的意識の事実」(Tatsache des empirischen Bewußtseins) である。これまでのところ、経験的命題A＝Aが成立するところには、常に「自我がある」ということが明らかになったのである。ただし、「自我＝自我、あるいは自我はある」と「A＝A」とは全く異なる意味をもっている。後者があくまでも経験的であるのに対し、前者は後者の「説明根拠」(Erklärungsgrund) として超越論的である。すなわち、A＝Aが「自我はある」を根拠付けるのではなく、後者が前者を根拠付けるのである。したがって、フィヒテはこの超越論的自我を「無制約的かつ端的に」(unbedingt und schlechthin) 妥当するとも表現している。

以上の論証過程で、この過程のなかに「循環」があることは明らかであろう。すなわち、論証はまずA＝Aという経験的なものから出発し、結果としてその根底に「自我がある」ということが導出されたわけであるが、そもそも「自我がある」からA＝Aも成立するのである。結局、A＝Aがあるから自我があり、自我があるからA＝Aがあると言えるであろう。これは循環と言わざるをえない。しかしそれでもなお、フィヒテにとっては「自我、X」が「経験的意識のあらゆる事実の根底にあり、このあらゆる事実のうちに含まれている経験的意識の最高の事実」(WL.,95) であること、このことを論証することが「知識学全体」の課題であった (vgl.,ebenda)。したがって、フィヒテはむしろ「経験的意識の根底にある」自我と、その経験的意識とが循環構造をもちながらも、なおも自我として一であるような自我のあり方はいかにして可能かを探求したと言えるであろう。この方法は、主観と客観の同一性の意識である純粋意識と、非同一性の意識である経験的意識の弁証法的総合を体系の課題として立論するヘーゲルの方法とは異なっていると言わなければならない。ギルントによれば、フィヒテにあってはこの総合がいかにして求められなければならないのかを、「発生的原理」から洞察するところに「知識学」の課題があったのである[3]。

ところで、フィヒテはすぐさま自我の基本構造を明らかにし、この課題にひとつの明確な方向性を与えている。フィヒテは「自我」を、その「活動」(Handlung) の仕方に着目し、「純粋能動性」(reine Tätigkeit)、あるいは「事行」(Tathandlung) と名付ける。「純粋能動性」の「純粋」とは「事」(Tat) と「活動（行）」(Handlung) が同一であるような活動を表現している。すなわち、

自我は自己自身を定立する。そして自己自身によるこの単なる定立によって、自我はある。だから逆も成り

立つ。すなわち自我は存在する。そして自己の単なる存在によって、自我は自己の存在を定立する。――自我は働くものであると同時に活動の産物である。能動的なものと能動性によって産出されるところのもの、活動と事とは一にして同一である。それ故に、自我はあるは事行の表現である。しかも知識学全体から生じなければならない唯一可能な事行の表現である。(WL.,96)

このようにフィヒテの自我は、たとえ「ある(存在)」ことなしには働くことができないとしても、働くことなしにはありえない存在である。すなわち、自我は自我の自己定立作用として存在する。したがって、フィヒテの自我は感覚し、表象し、思惟する「実体」というよりも、本質的に「働き」であり、優れて「能動的」である。[4]

フィヒテは第一原則を導出した後で、カントに続いてデカルトとラインホールトを批判しているが、その批判の根底にはもちろんフィヒテ自身による上述の自我理解が控えている。デカルトは「われ思う、故にわれあり」と語り、ラインホールトは「われ表象す、故にわれあり」と語る。両者は「思う」と「表象する」から「われ」の「存在」を導出するのである。しかしフィヒテによれば、「思う」にしろ「表象する」にしろ「存在のある特殊な限定」(eine besondere Bestimmung des Seins) にすぎない。それ故フィヒテにとって、このようなものを「学」の原理として提示することは極めて不十分なものであった (vgl.,WL.,100)。それでは、デカルトやラインホールトは自我の本質としての「思惟」や「表象」に到達しながら、何故にフィヒテのように「純粋能動性」、「事行」に至らなかったのであろうか。そこには伝統的な実体形而上学が前提としてあり、「思惟する実体」や「表象する実体」があらかじめ前提されていたのではないか。フィヒテの論述を見るかぎり、そのような解釈は充分納得できるものである。すなわち、フィヒテはデカルトの「われ思う、故にわれあり」の真相を「われあり、故にわれあり」(sum, ergo sum) (vgl.,ebenda) であると批判している。この批判は、フィヒテ自身が自我を伝統的な実体形而上学の枠内で理解しているのではないということを明確に表明していると同時に、このような形而上学の破壊作用をフィヒテの自我が併せ持っていることを示唆している。[5]

また、フィヒテは他の箇所で、「思惟する実体」を作り上げる伝統的実体形而上学の誤った思考法を次のように述べている。

自我は自己自身を表象する。自我はその限りにおいて自己自身を表象の形式へと取り上げる。こうして自我は初めて或るもの、客観である。意識はこの形式において現実的意識なしにも存在し、なおかつ身体的なものとも考えられる基体（Substrat）を獲得する。（WL.,97）

フィヒテによれば、伝統的実体形而上学が想定している「思惟する実体」とは、客観化された自我にすぎないものが、基体化され実体化されたものである。そうなることによって、この実体は「現実的意識」なしにも存在しつづけることになる。意識なき存在は、どうみてもフィヒテの自我ではない。「現実的意識」とは、フィヒテにおいては自我が働いている姿である。フィヒテが「自我」を自己の哲学の第一原理として発見したというとき、それはもちろんデカルトのように「思惟する実体」としての自我ではなく、「純粋能動性」、「事行」としての自我であった。それ故、フィヒテは、この自我がデカルトの「われ」とは全く異なるものであるということを明確に自覚していたと思われる。そのことをまさしく『基礎』の叙述が語っていると言える。

②フィヒテは自我を「純粋能動性」、すなわち「事行」として提起した後で、「自我は自我である」という命題をもう一度深く考察し、自我の内的構造を解明していく。「自我は自我である」（Ich bin Ich）というとき、主語の

自我は「端的に定立された自我」、「いま定立される自我」であり、述語の自我は「自己自身を反省（Reflexion）の客観になす自我が、それを初めて自己の内に定立したが故に、自己の内に定立されたものとして見出す」（WL.,96）自我、すなわち「存在する自我」である。したがって繋辞の「である」は「自我が定立作用（Setzen）から定立されたものについての反省（Reflexion）へと移行することを」（ebenda）表現していることになる。自我のこのような一連の活動を、フィヒテは「自我は自己を定立したが故に、自我はある」（ebenda）と纏める。さらに、第一の自我と第二の自我は、「純粋能動性」としての自我の内にあるから、同じ自我であるべきである。したがって、最初の命題は次のように変換できる。すなわち、「自我はあるが故にこそ、自己自身を定立する」（WL.,97）と。

さて、以上のことから自我は「定立するが故に存在する」と「存在するが故に定立する」という二つの活動を併せ持っている働きであると言える。このようなものとしての自我をフィヒテは「絶対的主観」（das absolute Subjekt）と名付ける。（フィヒテはここではまだ「絶対的主観」を「絶対我」（das absolute Ich）とは呼んでいない。）そして以下のように規定する。

> 自己自身を存在するものとして定立するという点にのみ、その存在（本質）があるところのものが、絶対的主観としての自我である。（ebenda）

このように絶対的主観としての自我に到達した後で、フィヒテはもう一度自我を各契機に解体して論じ、自我に対する新たな観点を一つ付け加える。

自我は自己を定立するや、あり、自我はあるやいなや、自己を定立する。したがって、自我は自我に対して端的かつ必然的にある。自己自身に対してあるのではないものは、自我ではない。(ebenda)

新たな観点とは、自我は常に自我に「対して」(Für) あり、しかもこのようなあり方が自我にとっては「必然的」(notwendig) であるということである。この「対して」と「必然的」が、自我の自己意識的存在構造を表している。すなわち、自我があるのは自己対象化においてであり、自己対象化しうるのは自我があるからである。このように「定立」と「存在」と「対して」が三位一体となった構造こそ、まさしく自我に他ならない。ここに第一原則は以下のように纏められる。

自我は根源的に端的に自己自身の存在を定立する。(WL.,98)

さて、この第一原則から得られるカテゴリーが「実在性」(Realität) のカテゴリーである。ここで注意さるべきことは、A＝Aという命題が適用できるもの、自我の定立作用によって定立されているものが「実在性」をもつということである。そしてこれらのものに「実在性」を与えるのは、絶対的主観としての絶対我である。したがって、これらのものは「自我が存在する限り」実在性をもつのである。絶対我は実在性を与えるのであって、絶対我自身が実在性であるのではない。

フィヒテは第一原則を導出した後で、先述したデカルト、ラインホールト批判に続いてスピノザ批判を展開している。フィヒテによると、スピノザは純粋意識(図式化して言えば、絶対我)と経験的意識(図式化して言えば有限我)を分離して、前者を神のなかに、そして後者を神の「変様」(Modifikation) として定立する。こうしてスピノザの体系は「無根拠」（Grundlos）となる。なぜなら、スピノザは純粋意識と経験的意識という分離しえないものを分離するからである。つまり、この分離によって神は意識を欠くことになり、意識はその根拠を失うことになるからである（vgl.,WL.,100f.）。ここに純粋意識と経験的意識が分離されないというのは、フィヒテにおいては先述したように、自我は「定立」と「存在」と「対して」という三位一体的構造を有しているからであるが、これを純粋意識と経験的意識の関係として見るならば、両者はいわば根拠とその現象の関係にあるからに他ならない。むろん、ここでスピノザに対してなされる「無根拠」という批判は、前章で述べたフィヒテのシェリング批判と通底していることは言うまでもないであろう。

それでは、スピノザが神のうちに移しいれた「統一」（純粋意識、神）は、フィヒテにおいてはいかなることになるのであろうか。

> 彼の（スピノザの）最高の統一を、我々は知識学のなかに再び見出すであろう。しかし、見出すとしても、存在するものとしてではなく、我々によって産出されるべきであるが、産出できないものとして。（WL.,101）

ヤンケは「自我性とは絶対的反省である」[6]と語っているが、「反省」とは自我の三位一体的構造そのものである。とりわけ、反省は「対して」（Für）において言表されている自我の作用である。フィヒテは自我にとって反省は絶対的であるが故に、ここで明確に「最高の統一」（純粋意識）は「産出されるべき」であるが「できない」と言明している。我々人間は最高の統一を獲得することはできない。しかし、それは我々に「最高の課題」として課せられていると言えよう[7]。フィヒテによると、「自我はある」にとどまるかぎり、それは必然的なことであった。しかし、スピノザは「自我」を飛び超えていったのである。フィヒテは「自我を超えること」を「独断」

とみなす。

(3) 小　括

ここで、『全知識学の基礎』第一章で明らかになる自我の存在構造を確認しておくことが必要であろう。フィヒテは第一原則の導出の過程で、「自我はある」はそれより高次のいかなる根拠付けも不必要かつ不可能な絶対的根拠であることを提起している。そして、このような自我が自己を基礎付ける働きをフィヒテは「純粋能動性」と名付け、その「純粋」であるゆえんをTatとHandlungがひとつであるところに見るのである。すなわち、自我は「働くものであると同時に働きの産物」(WL.,96) である能動性であることによって絶対的根拠であると言えるのである。フィヒテはこのような自我の働きを一方で「自我は自己を定立したが故に自我はある」(ebenda) と定式化し、他方で「自我はあるが故にこそ、自我は自己自身を定立する」(ebenda) と定式化した。ここでは、「定立する」ことが同時に「存在する」ことであり、逆に「存在する」ことが同時に「定立する」ことなのである。したがって、定立する働きがその存在と表裏一体のものである存在構造こそ、まさしく自我であると言うべきであろう。したがって、フィヒテにおいては、作用するものと作用されるもの、すなわち無限と有限は、矛盾するものではなく、同一の自我の二つの側面、いわば表と裏に他ならないと言えよう。このことをフィヒテは『叙述のために』のなかで、はっきりと断言している。

> 絶対的同一性は自己自身によって己れが絶対的であること、すなわち無限であることにおいて同時に有限であるという点には、いかなる矛盾もない。絶対性とはまさしく純粋な自己限定である。(Zur., §10)

ところで、フィヒテは自我を「絶対的主観」(das absolute Subjekt) と表現し、さらに、「自我は自我に対して (Für) 端的にかつ必然的にある。自我自身に対してあるのでないものは自我ではない」(WL.,97) と続けていた。フィヒテが「自我に対して」で表現しているのは、自我の自己意識的 (自覚的) 存在構造のことに他ならない。ここに自我はSeinとSetzenとFürの三位一体的構造であることが明らかになった。つまり、自我は存在と定立が自己意識によって結合されている存在なのである。前章で展開したフィヒテのシェリングに対する「眼のないポリュペモス」批判は、このような自己意識的構造をもった自我の立場から、自己意識的構造を欠くが故に差別化の原理をもたないシェリングの絶対者に対してなされたものであると言えよう。

(4) 『基礎』における第二原則の導出とその考察

フィヒテはA=Aという同一性の超越論的制約を求めて、第一原則に到達した。すなわち、「自我はある」がA=Aの超越論的制約である。しかし、これを他面から見ると、A=Aという同一性を定立することなしには、「自我」は導かれないし、「対して」で表現される「意識」もありえないと言える。さらには、主語のAを立て、それにAを述語付けるためには、AとAを関係付ける働きだけでは不十分ではないか。AとAを関係付けるためには、AとAを区別する働きがなければならないのではないか、という問題が生じる。この問題は、定立されたAと、それを定立しそれにAを述語付ける自我との区別へと収斂しうるであろう。(8)

フィヒテは第一原則の場合と同様に、ここでも誰もが文句なしに認める命題から出発する。すなわち、「非AはAではない」(−A nicht=A) から始める。フィヒテによるとこの命題はA=Aからは導かれない。−A=−Aという命題ならば、A=Aから導くことができる。なぜなら、非Aが自我の中に定立されたあるもの、例えばYであるとすれば、−A=−Aはつまるところ Y=Yであり、それはA=Aと全く同一であるからである。しかし、−A nicht = AはA = Aからは導かれない。なぜか。

> なぜなら、反立の形式は定立の形式のうちに含まれるのではなく、むしろそれ自身が定立の形式に反立されているから。したがって、それはあらゆる制約なしにかつ端的に反立される。非Aはそれが定立されているが故にこのようなものとして端的に定立されている。（WL.,102）

第一原則で示されたように自我はあらゆる実在性の根拠であった。自我はその意味で「絶対我」である。自我はこのようなものとして絶対的な自己関係である。ところが自我は同時に「対して」で示される「意識」存在であった。自我が三位一体的構造である限り、自我は「意識」を定立せざるをえない。したがって、自我が絶対的自己関係であると言うとき、自我は意識として自己に関わるのである。しかしながら、自我は意識であるかぎり、自我のうちには「意識するもの」と「意識されるもの」との区別がなければならない。この区別（反立）作用は定立作用からは導かれないと、フィヒテは考える。したがって、Aに対する－Aの「反立」（Entgegensetzen）もこのような境域において考えられなければならない。すなわち、反立は定立に含まれない定立とは異なった「無制約的」働きである。フィヒテはこの引用文の少し後で（WL.,103）、反立を「その形式にしたがえば無制約的である」と語っている。ここに言う「形式」とは「どのように（Wie）働くか」という意味であるから、反立はその働きにおいては、なにものにも制約されない絶対的な働きということになる。我々は「反立」を定立に対抗する「絶対的活動」と捉えるところにフィヒテのフィヒテたるゆえんを見ることができる。というのは、この論点がフィヒテ哲学とヘーゲル哲学とを分かつ基本的分岐点になると考えられるからである。このような意識を携えて、しばらく第二原則の導出過程から離れ、この論点について少し視野を広げかつヘーゲルとの比較を交えて、絶対的活動としての反立がもつ拡がりを以下で考察してみたい。

1　反立から外面性の体系へ――実践哲学におけるヘーゲルのフィヒテ批判――

フィヒテが反立を定立とは異なる絶対的働きとして主張することは、いかなる拡がりをもつのであろうか。反立をこのように捉えることは、後述するように結局は自我と非我の統一を永遠の課題とすることになるが、これを実践哲学のレベルで「自由」の問題と絡ませるといかなることになるのであろうか。さまざまな哲学がそれぞれに自己の哲学原理をもっているが、この原理は哲学の諸領域へと展開されるときにより明瞭にその本来の姿を現わしてくる。実践哲学の領域で、定立とは異なる働きとしての反立というフィヒテの原理を、ヘーゲルがどのように解釈しているのかを以下で考察しよう。

例えば、フィヒテの『自然法の体系』を意識しつつ叙述された『自然法論文』（一八〇二年）で、ヘーゲルは「自由」の問題を論じている。ヘーゲルによれば、フィヒテの体系は「外面性の体系」（das System der Äußerlichkeit）である。フィヒテにあっては、自我は定立と反立、自我と非我の対立に「制約」されているが、フィヒテの体系が「外面性の体系」と呼ばれるのは、このような制約的関係に由来すると考えられる。ヘーゲルによれば、フィヒテの体系においては、「個別意志の普遍意志に対する反立（対立）」（die Entgegensetzung des einzelnen Willens gegen den allgemeinen Willen）が絶対的であるから、「強制」（Zwang）という仕方で両者は「形式的かつ外面的に」（formell und äußerlich）結合される他ない。その結果、ついに「普遍的自由と個別的自由の合一」である「人倫」（Sittlichkeit）が不可能とならざるをえない。フィヒテの体系が「外面性の体系」と批判されるゆえんである。(9) ヘーゲルはそのゆえんを以下のように、定立と反立、自我と非我の絶対的対立から出来する対立の「固定化」に見てとる。「+Aが主観のうちで絶対的に固定化されるときにのみ、主観は強制をこうむらざるをえないであろう」[10]。以上を要約すれば以下のようになろう。ヘーゲルがフィヒテ体系を「外面性の体系」と批判するとき、その「外面性」とはまず第一に普遍的自由と個別的自由の絶対的対立（反立）にある。自由は両者を結びつけるのではなく、分離作用としてのみ働く。よって、個別的主観にとって普遍的世界は、永遠に「外面性」であり続ける。こうして「普遍的自由と個別的自由の合一」が「外から」「強制」されざるをえなくなる。

それでは「外面性の体系」として批判されるフィヒテの自由観についてのヘーゲルの解釈をもう少し詳しく見てみよう。ヘーゲルによればフィヒテの自由は「反立的規定性間の選択」（eine Wahl zwischen entgegensetzen Bestimmtheiten）であり、「あれかこれか」の選択の自由である。自由が「あれかこれか」の選択のうちに存するのであれば、自由は「あれかこれか」という「外的なもの」に依存することになるわけであるから、当時のヘーゲルにとっては認められるものではなかった。さらに、もしあるもの＋Aが選択されたとき、選択されなかった－Aは消失するのではなく、対立項として存在し続けるのである。したがってそこではAを選択する自由が、＋Aばかりでなく－Aという「外的なもの」（ein Äußeres）にも依存していることになる。ヘーゲルは、自由がこのように「外的なもの」に依存しているから、自由に対して「強制」が必要になるとも考えている[11]。したがって、ヘーゲルがフィヒテの体系を「外面性の体系」というときの「外面性」とは、第二に選択の基準が主観の「外に」あるということをも意味している。

では、ヘーゲルはどのような自由をフィヒテの自由に対置しているのであろうか。

自由はむしろ＋Aと－Aという対立者の否定ないし観念性であり、両者のいずれでもないという可能性を捨象することである[12]。

ヘーゲルによれば、自由は「対立者の否定」である。すなわち、「＋A－A＝0」の地平に自由は存する。「絶対的自由（die absolute Freiheit）はこうした対立を超えて（über）いる[13]」ところにある。このような自由観においては、「個別性の破棄」（ein Vernichten der Einzelheit）が絶対的自由成立の条件となる。なぜなら、さまざまな「特殊な」欲望をもった諸個人の具体的自由こそ、対立が生み出される温床であるからである。ヘーゲルから見て、フィヒテはなお個別的自由の地点に止まり続けるが故に、対立を解消しようとするならば、そこに「強制」しかなかった。イエナ初期のヘーゲルには、諸個人を規定する諸個人がもつ「特殊性」あるいは「恣意」といったものを自由として受け容れる余地などない。なるほど個人は特殊な限定されたものを希求する。しかし「その規定性（die Bestimmtheit）は無限性（Unendlichkeit）の形式の許では同時に廃棄されている」のでなければならない。ここでは「無限性」とは「＝0」の地平、「規定性の絶対的無差別」（die absolute Indifferenz der Bestimmtheiten）のことである。ヘーゲルはこうした無差別を「個人の人倫的本性」と考える。すなわち、フィヒテは個別的自我の経験的具体的自由を主張し、ヘーゲルはそのような自由は自由に値しないと考えている。それ故に、フィヒテはそのような自由を「強制」によって「外から」規制しなければならないと考える。他方、ヘーゲルにおいては各人が各自の「人倫的本性」に従うことが、取りも直さず特殊的自由を「破棄」することになると考える。あるいは、各人にとっては「人倫的本性」としての無差別は従わざるをえぬ「運命」である。ヘーゲルはイエナ初期においてはまだ、「個別性の破棄」の内にこそ人倫に生きる人間の真の自由、絶対的自由があるのだと考えている。したがって、そこではフィヒテ的な意味での「強制」は不必要となるであろう。この当時のヘーゲルの人倫はこのような個人の本性に基づいて、「無差別でありつつ生ける（lebendig）関係をもつ有機体（Organisation）」として構想されていた[14]。

以上から、フィヒテもヘーゲルも、ヘーゲルの用語を借用すれば「個別性の破棄」を同じように主張しているように見える。しかし、そこには大きな差異がある。フィヒテにおいては「個別性の破棄」が外から強制される自由の喪失であるのに対して、ヘーゲルにあっては「個別性の破棄」が自由の実現となる。この違いは、反立を定立と異なる絶対的活動と考えるフィヒテと、単純な有機体論に浸かっているイエナ初期のヘーゲルとの差異から生じていると言えるであろう。

2　ヘーゲル『法の哲学』「市民社会論」における特殊性と自由

イエナ初期におけるヘーゲルの上述のような自由観と、後年の『法の哲学』に見られるそれとを比較するとき隔世の感があることは何人も否めないであろう。我々はここで「特殊性」という概念に着目し、後年のヘーゲルの豊かな「特殊性」という概念を明らかにしておきたい。またこれに付随して、先述したフィヒテとイエナ初期ヘーゲルの自由観に対する『法の哲学』の自由観を簡潔に纏めておきたい。

ヘーゲルは『法の哲学』においては「特殊性」を二重の意味で使用している。まず、特殊性は「人倫の堕落と国家没落の究極根拠」とされる。これが特殊性の消極的な側面である。すなわち、ヘーゲルは古代国家は「反省」（分裂）が頭をもたげてくるとき、これに「心情的」にもまた実際にも耐え切れなくて崩壊したと語っている（vgl.,PdR.,§185）。ヘーゲルは「反省」を「特殊性の自立的発展」（die selbständige Entwicklung der Besonderheit）と換言してもいるが、これは各個人が各自の特殊な欲望に目覚め、これを拡大していく様子を物語っている。したがって、特殊性は「主観的自由の原理[15]」であると言ってよい。ただし、ヘーゲルによるとこの原理はプラトンの国家においては権利を認められてはいなかった。イエナ初期のヘーゲルがこの原理を認めていなかったように。だが、『法の哲学』のヘーゲルにおいては、この原理は歴史の中にしっかり位置づけられている。すなわち、この原理は内的にはキリスト教において、外的にはローマ世界において出現するとされる。ただしこの原理は「紛糾状態」(Verworrenheit) をもたらすものとして位置付けられてもいる。この紛糾状態に「調和」をもたらすには、「特殊性」を「暴力的に」排除するしかない。ここに特殊性、主観的自由を「暴力的に制圧する国家」(der gewältigende Staat) が出現せざるをえない (vgl.,PdR.,§185Zusatz)。このような国家にフィヒテの「強制」する国家が重ね合わせられていることは間違いない。

しかしながら、『法の哲学』のヘーゲルにおいては、逆に「特殊性を自由に解き放すこと」(die Besonderheit frei zu lassen) も「理念の無限の権利」(das unendliche Recht der Idee) として認められている。ここに「特殊性」の積極的あるいは形成的な側面が現われることになる。

しかし、特殊性の原理は自らを総体性へと自分自身で発展させることによって、まさしく普遍性へと移行する。(PdR.,§186)

特殊性は己れのうちに普遍性へ高まる能力をもっている。しかも普遍性を求めることは「自由」な選択ではなく、「必然」(Notwendigkeit) であるとヘーゲルは言う。(Vgl.,ebenda) 何故に「必然」であるかについてはここでは問題にしないが、いずれにせよ「特殊性」は「労働」(Arbeit) を介して自己自身を「教養形成」(Bildung) していく。特殊性は普遍性へと自己を形成していくこの教養形成の過程で、自己の「個別性を真に自覚した存在と」(zum wahrhaften Fürsichsein der Einzelheit) なる。特殊性は普遍性に関わることによって、個別性に至る。あるいは特殊性が個別性を自覚するときに、普遍性もより普遍的となる。ここには明確に教養形成していく特殊性を「絶対者の内在的契機」(immanentes Moment des Absoluten) (ebenda) となすヘーゲルの思索の深まりが見て取れる。特殊性についてのこのような積極的理解、すなわち「媒介」的機能は、イエナ初期においては見られないものである。

さて、上述の特殊性という概念の枠組みのなかで自由が捉え返されるとき、イエナ初期のヘーゲルが真っ向から否定していた「特殊的自由」、「経験的具体的自由」、「恣意的な外的なものに依存する自由」、すなわち「選択の自由」がその存在する場所を獲得することになる。もちろん、『法の哲学』においてこうした自由は註（15）で述べたように、普遍性の原理による「媒介」を必要とすることは言うまでもない。ともあれ、この背景には勃興する資本主義の精神、またそれの生み出す市民社会に対するヘーゲルの理解度の深まりが考えられるが、このような理解の深まりは体系構成的には、「市民社会」すなわち「外面性」を体系の必要欠くべからざる「契機」として構成しなおすという形で姿を現わす。

精神はこの外面性そのものにおいて自分の故郷へ帰り、自分らしくなる。精神の自由はそのように外面性において現存在を得る。こうして精神は、自由を目指すものであるという精神の規定にとっては全く疎遠なエレメントにおいて、対自的になるのである。(PdR.,§187)

精神は本来自由である。何でもしたいことができる。だが、このような状態、つまり剥き出しの欲望が自由に解き放たれている自然状態においては、精神はまだおのれを外に現わしていない。つまりいかなる自由も存在しない。精神がおのれを現わすのは、個別的特殊的欲望とそれが従わざるをえない「外的必然性の連関」への分裂を通してである。諸個人にとって、彼らが従わなければならない必然的連関としての普遍性、すなわち「市民社会」を形成する諸法則が彼らを拘束するものとして立ち現われるとき、そこに自由が現われている。精神はフレムトなものである「外面性」において、自己の「現実性」を獲得し、自己の自由を「自覚」(für sich) するのである。

ヘーゲルは実践哲学の領域において、分裂態、あるいは「外面性」をこのように精神の「現存在」と捉えるとき、こうした有限な経験的世界を「絶対者の内在的契機」として提示することができたのだと言えるだろう。このことは絶対的人倫である国家の成立が、イエナ初期のように単に「個別性の破棄」によってもたらされるのではなく、「個別性の形成」(これは同時に普遍性の形成でもある) というダイナミックな運動過程を通じて形成されるものになるということを意味している。イエナ期ヘーゲルにおける哲学原理形成過程は、実践哲学的には本節1から2への発展過程であるが、この過程においてフィヒテの哲学原理がこの形成過程とどのように交差するのかが見極められなければならない。そのような見通しの中で、本節1から2への発展を俯瞰すると、「反立」を絶対的活動として、定立に対置するフィヒテの哲学原理は、「外面性」としての経験的世界を体系の構成的原理となすという点ではヘーゲルと親和性を帯びてくると言えるであろう。

さて、ここで第二原則の導出過程に戻ろう。これまでのところ「反立」はその働きにおいては「無制約的で絶対的」であった。しかし、－Aが定立されるには、Aが定立されていなければならないのであるから、反立作用は「質料」(Materie) から言えば、定立作用に制約されている。すなわち、

反立作用は定立するものと反立するものとの意識の統一という制約のもとでのみ可能である。(WL,103)

もし、定立作用と反立作用が関連しないのであれば、Aの定立と－Aの定立との二つの定立があるだけであり、

そこにはなんら反立はないであろう。しかしフィヒテはここで「反立は質料においては定立に制約されている」のであるから、「反立は意識の統一において可能」であると、反立に関する思索を一歩深めている。もとより、ここに言う「定立するもの」と「反立するもの」とは、「定立する自我」と「反立する自我」、すなわち「反省する自我」(das reflektierende Ich)のことであり、この二つの「自我の同一性」(Identität des Ich)のもとで「意識の統一」も可能であることは言うまでもない。それはフィヒテが「定立から反立への移行は自我の同一性によってのみ可能である」(ebenda)と述べていることからも明らかであろう。こうして、定立されたものについての自我の意識と、それに反立されたものについての自我の意識が「統一」されているときに、－Aは自我の働きの「産物」(Produkt)である。

－Aは「形式」においては反立作用の産物であるから「ひとつの反対」であり、「質料」においては、特定のものAではないという仕方でAに規定されている。第一原則が語っていたのは「自我の端的な定立」である。反立は「定立されたもの」に対する反立であるから、反立は「定立されている自我」に対してなされるのである。したがって、「定立されている自我」に反立されたものは「非我」(Nicht-Ich)でなければならない。ここに第二原則が明らかになる。

> 自我に対して端的に非我が反立される。(WL.,104)(16)

さて、第二原則が第一原則と同様に原則であるとき、自我のうちに「ある不透明なもの」がもちこまれることになる。そのことについてはこの節の最初で簡単に触れておいた。すなわち、それはAとAを区別する働きであり、区別されるものが「表象するもの」と「表象されるもの」であるということである。この「区別」がいかにして存するのかということについてフィヒテは「（これについては）私はいかなる対象からも学ぶことができない。むしろ、あの原則（第二原則）の前提のもとでのみ初めて一般にある対象が存在するのである」（WL.,105）と語っている。[17] この「区別はいかにして生じるか」という問題、換言すれば「非我」の問題については、フィヒテ哲学のひとつのアポリアとして夙に論議され続けてきた。例えば、隈元忠敬は『基礎』の実践的知識学の部分に依拠しながらこの問題を解釈している。この解釈を以下に要約しよう。我々の具体的生を考えるとき、それは「意識」なしにはありえない。なにものかについての意識こそ、現実的生を可能にするものである。だが、いかにして「意識」は「意識」となるのか。隈元によると、そこで意識（区別）を可能にする「非我による自我への特別な障害」が必要となる。そのためにフィヒテは「自我の外なる或るもの」、フィヒテの用語を使用すれば「第一動者」（ein erstes bewegendes）（WL.,279）を考案する。ただし、第一動者は「自我の外なるもの」であると言っても、自我は一切のものの実在性の制約であるから、自我に「外」はない以上、自我の「中」にありながら、「外」なるもののように働き、自我の「内に」区別を産み出すのであると、隈元は解釈する。しかし、区別は自我によって根拠付けられていても、意識は区別に制約されている。隈元は、自我がこのように意識として存在せざるをえぬあり方を「自我の活動のよどみ」と解釈し、「自我の明の中にきざす暗」となす。しかも、このような「よどみ」や「暗」あればこそ、それを介して自我の活動は実り豊かになると主張される。[18] このように「明」と「暗」が相即的に関係しあう構造こそ、意識としての自我の本領であるということになろう。この解釈においては、「意識」、「区別」、そして「非我」というのは、いわば自我の本質であると同時に「欠如態」でもあるから、「完成されることのない未完成の自我」を表現するひとつの徴表ということになろう。

ところで、ギルントも隈元と同様に『基礎』第五章の後半部分に言及しつつ、自我の「絶対我」としての立場と「意識」としての立場を区別しながらこの問題を論じている。ギルントの基本的立場は「意識にとっては非我は絶対的であり、すなわち基礎付け不可能である。しかし、非我は絶対我において根拠付けられている[19]」という言説の中に集約的に表現されている。すなわち、意識とはそもそも「表象するものと表象されるものとの区別」のことである。また、意識が意識であるのは、自我と非我の区別から「構成」(konstituieren) されているからである。したがって、意識は非我の反立を前提とせざるをえない。前提となるものは、意識にとっては「不透明性」(Uneinsichtigkeit) にとどまらざるをえないのである。あるいは、このことは逆に非我の反立が「不透明」であることが、意識成立の制約であるとも換言できよう。こうして、「意識」にとっては「絶対我からの非我の発生 (Genesis)」は根拠づけられえない。しかしながら、ギルントは他方で非我は絶対我によって根拠付けられているとも主張する。なぜなら、非我あるいは区別はそもそも「意識の同一性」(Identität des Bewußtseins) を前提とせざるをえないからである。第一原則で明らかになったことであるが、自我の絶対的能動性とは「定立するが故に存在し、存在するが故に定立する」働きであった。これを、「区別は同一性を前提にし、同一性は区別を前提にする」と換言してよいだろう。すなわち、区別は区別する自我と区別される自我との同一性のもとでのみ区別であった。この意味で、非我の反立は絶対我のうちに根拠付けられているのである[20]。このことを隈元流に読めば、「暗」は「明」によって根拠付けられていると言えるだろう。しかし、同時に「暗」である意識にとっては「明」はいつまでも「明」にならない課題ということになろう。このようにギルントにとっても、隈元にとっても、意識にとっての「不透明なもの」、あるいは意識がもたざるをえぬ「暗」は、決して単なる否定的なものではなく、絶対我に支えられて「透明なもの」や「明」というおのれの根拠を目指す原理であると言えるのではなかろうか。

（5）　第三原則の導出(21)

フィヒテは第三原則の導出を論じるに先立って、第一原則と第二原則の回想から始めている。もし、第一原則が語るように「自我＝自我」であるなら、自我の内に定立されている一切は自我であるべきである。しかし、そうであるなら非我といえども自我の内に定立されているべきである。だが、第二原則が語るように非我は自我ではないのであるから、非我が定立されているかぎり、自我は廃棄されているべきである。しかし、第二原則の導出過程で明らかになったように、非我の定立とは反立であり、反立作用はあくまでも定立作用に反立するものであるから、「自我の同一性」（Identität des Ich）（WL.,106）を前提とするものであった。したがって、自我と非我は定立と反立の「同一的意識」（das identische Bewußtsein）としての自我のうちに定立されているべきである。だがここには「自我は自己自身に等しくあるべきであり、それにも拘わらず自己自身に反立されてあるべきである」という「矛盾」がある。「意識の同一性」（Identität des Bewußtseins）は、「われわれの知識の唯一絶対の基礎」（das einige absolute Fundament unseres Wissens）（WL.,107）である。（フィヒテはこの周辺のコンテキストでは「自我の同一性」と「意識の同一性」をほぼ同義で使用している。）我々の知が可能であるためには、「意識の同一性」を廃棄することなしに対立者を媒介するXがなければならないと、フィヒテは立論する。

ではXとは何か。そもそも、対立は自我ないしはその意識の同一性を基盤とするものであるから、Xも意識としての自我の内になければならない。このようにフィヒテは、非我の反立は自我、意識内のことであることを確認した上で第一原則を回想し、自我も非我も自我の「根源的働き」の産物であると同時に、「意識」すらも「自我の第一の根源的働き」（die erste ursprüngliche Handlung des Ich）、すなわち「自我の自己定立」の産物であることを再確認している。そしてその上で、「いかにしてAと－A、存在と非存在、実在性（Realität）と否定性（Negation）は、それらが否定され廃棄されることなしに共に考えられるか」（WL.,108）と問う。ここでフィヒテは対立項の関係を、「相互的に制限しあう」(sich gegenseitig einschränken) 関係以外にはありえないとして確定した後で、対立項は「自我の根源的働き」の産物であるが故に、こうした制限作用はこの根源的働き(フィヒテはYと名付けている)に他ならないと考える。もとより「制限」とは、あるものの実在性の全面的否定ではなく、部分的否定である。したがって、制限作用は「ある」か「ない」ではなく、「一部分ある」あるいは「一部分ない」という「可分性」(Teilbarkeit) すなわち「量可能性」(Quantitätsfähigkeit) を示しているのである。こうして対立者の媒介であるXこそこの可分性に他ならないことが明らかにされる。

このようにYの働きによって「自我も非我も可分的に定立される」(WL.,109) のであるが、このYの働きは反立の働きに「後行する」(nachgehen) のでも、「先行する」(vorhergehen) のでもなく、「反立活動のなかにそしてこれと共に生じる」(ebenda) 底のものである。フィヒテの自我は第一原則の考察のなかで明らかになったように、基体として根底にとどまり続ける実体ではなく、「反立活動」そう言っていいなら反省を通して自らを産出し続ける「純粋能動性」と解釈すべきであろう。いまや、『全知識学の基礎』の第二原則、第三原則が第一原則を制限する原則であるのではなく、むしろ第一原則の具体相を語っていることは明瞭であろう。「両者(Yの働きと反立)は一にして同一であり、ただ反省において区別されるにすぎない。かくして自我に非我が反立されるやいなや、反立を受ける自我と反立される非我とは可分的に定立されるのである」(ebenda)。ここにフィヒテは「制限される自我」とそれに「反立される非我」と純粋能動性としての「絶対我」の関係を以下のように主張できる地平に到達する。

したがって、自我は自我に非我が反立されるかぎりにおいて、それ自身絶対我に反立されているのである。(WL.,110)

むろん、ここでは非我は「制限される（有限な）自我」に対して反立される「負量」（negative Größe）であり、決して絶対我に対して反立されるのではない。フィヒテはここで三原則導出の歩みは尽くされたとして、第三原則を以下のように導出する。

自我は自我の内で可分的自我に可分的非我を反立する。（ebenda）

（6）小括――『基礎』の三原則の関係――

フィヒテは『全知識学の基礎』第3章で第三原則を導出した後で、全体を通覧する形で三原則の関係を論じている。そこでフィヒテは三原則に対応する形で、正立、反立、総合の三判断を論じている。まず取り上げられるのは、「反立」（Antithese）と「総合」（Synthese）である。そこでは反立は、「互いに同等とされたものにおいて、これらが反立的である徴表（Merkmal）を求める活動」（WL.,112）とされている。この規定からもわかるように、反立は「同等とされたもの」、つまりなんらかの総合を前提にして行なわれる働きである。したがって、純粋な分析的判断は決して存在しえないから、フィヒテは従来は分析と呼ばれていたものを、反立と呼んでいるのである。それに対して、総合とは「反立者のうちに、それらがその点においては同等であるような徴表を求める活動」（WL.,113）とされる。このようにフィヒテにおいては、「反立は総合なしには可能でなく、総合は反立なしには可能ではない」（WL.,115）のであって、反立と総合の両者は不可分に結びついているのである。両者は「反省」において区別されるにすぎない。

ところで、反立の働きは第二原則が表現するものであるが、フィヒテは、この反立と総合が依拠する論理的規則は第三原則であると述べている。とするならば、第二原則は第三原則に包摂される原則ということになる。そこには、どういう事情があるのだろうか。その事情を明らかにするためには、第三原則の導出過程を再度思い起こしておこう。フィヒテはその導出過程で「Aと非A、存在と非存在、実在性と否定性が、いかにしてそれらを廃棄することなしに、一つに（意識の同一性のなかで）考えられうるか」（WL.,108）と問い、その解答として「ふたつの反対者相互の制限作用（Einschränken）」である根源的働きYを導く。この根源的働きにおいて産出されるのが「可分性」（Teilbarkeit）である。この結果、この働きを通じて「自我も非我も可分的に定立される」ことになる。実は、第二原則である「非我の反立」は、可分的非我の可分的自我に対する反立として、ここにおいて初めて実在性を獲得することになるのである。ただし、Yの働きは反立の働きに後行するのでも、先行するのでもなく、むしろ、反立活動のなかに、そしてこれと共に生ずるのだと、フィヒテは語っていた（vgl.,WL.,109）。これは何を意味するかと言えば、絶対我の自己定立は、非我の反立とともになされるのであるが、それは直ちに「反立を受ける自我と反立される非我とが可分的に定立される」ことに他ならないということを意味する。それを表わすのが第三原則、すなわち「自我は自我において可分的自我に可分的非我を反立する」（WL.,110）に他ならない。ここに第三原則は、自我の自己定立である第一原則の具体相を語っていると言うべきであろう。これが勝義の第三原則である。この原則が第二原則を包摂しているのは当然と言えよう。

以上から、第二原則の非我は、可分的非我として可分的自我とともに絶対我のうちに定立される底のものであると言えるだろう。フィヒテはこのような制限される自我に反立される非我を、カントの概念を借用して「負量」（negative Größe）と名付けていた。このように、非我は絶対我のうちで負として存在するのである。したがってフィヒテは、もし絶対我に非我を対立させるとしたら、非我は無であると考える（vgl.,WL.,110）。その理由は、もし絶対我に非我を対立させるとしたら、絶対我の外に演繹不能な絶対的なものを想定する独断論への道を辿ることになるからではなかろうか。（この点については本章3でさらに論じることになろう。）この点で、フィヒテは断固として、超越論哲学の立場を貫いていると考えられる。この結果、もしヘーゲルがフィヒテにあっては絶対我と非我が、そして第一原則と第二原則が絶対的に対立するからそれらの合一は不可能であると平板的に解釈するのであれば、ヘーゲルはフィヒテを十分に理解していない可能性が生じてくるのではなかろうか。

では、議論の出発点に帰ろう。反立と総合は対立しつつもお互いを予想して初めて成立する働きであった。しかし、フィヒテが第三原則で語る総合は、この言わば狭義の総合にとどまらず、第一原則の真相としての、あるいは勝義の、根源的総合を含むものでなければならない。フィヒテは第三原則を振り返り、それについて「対立する自我と非我との間に、両者の可分性を定立することを介しての総合」（WL.,114）と語っているが、この総合は反立に対する総合であると同時に、反立と総合の根底にあってこれらの働きを可能にする総合、フィヒテのタームを使えば、「最高の総合」を根底に控えていると解釈しなければならない。フィヒテにあっては、この最高の総合があるかぎりにおいて、反立と総合が相克しながら進行するところに体系の展開の相があると言えるのである。フィヒテは「総合なしには反立が、あるいは反立なしには総合が可能ではないのと同様に、両者とも正立なしには可能ではない」（WL.,115）と述べているが、まさに「正立」（Thesis）こそ体系に支えと完成を与える働きなのである。したがって、上述のことから、フィヒテにおいては、正立が根底にあり、それに支えられて反立と総合が対立するのであるが、ヘーゲルの描くフィヒテの体系は、正立と反立の対立がまず存在し、その上に総合が求められるという構造になっていると言えるだろう。

ギルントは第一原則の具体相としての第三原則から見て、第一原則は二つの主要契機に分けることができるとして、第一原則が他の諸原則を支える姿を以下のように表現している。「第一原則は一方で絶対的活動（絶対的働き）であり、またこの絶対的活動は絶対我の自己構成（Selbstkonstitution）である。この活動は自己自身において完結しており、現象に関係しない。……第一原則は他方で現象を顧慮すると、現象する量化可能な自我の構成活動であり、この活動とともに反立である第二の活動と、二つの働きの合一である第三の活動が、必然的に定立されている。絶対我の三つ全ての現象構成的活動は、唯一の絶対的定立の契機である」[23]。前者では根源的総合である正立が、後者ではこの正立が「絶対的定立の契機」として狭義の定立と反立と総合とを包括しつつ支えている姿が語られていることは明瞭であろう。ただし、ギルントはフィヒテの絶対我の自己構成活動はそれ自身において完結している（この点についても本章3で再度取り上げることになろう。）として、量化可能な有限な自我（意識）の現象構成的活動から区別している。ギルントのこのようなフィヒテ解釈こそフィヒテ哲学とヘーゲル哲学とを分かつ分水嶺であると思われる。この点については、本章2で詳論したい。また、ギルントのこのような解釈は、フィヒテ弁証法を「対立の一致」[24]として捉え、ヘーゲルの「和解ないしは統一の弁証法」から峻別する隈元忠敬の論点と相通じるものであろう。

2　フィヒテとヘーゲルの差異

我々は以上において、三原則という形で表現されるフィヒテにおける自我の存在構造を明らかにしてきた。この節では、それを踏まえてイエナ初期における「フィヒテとヘーゲルの差異」を集中的に検討する。そのために二人の研究者の二つの著書を採り上げ、両者のフィヒテ解釈を通して「フィヒテとヘーゲルの差異」を明瞭にしたい。一方は、一九七〇年にAlber社から出版されたLudwig Siepの*Hegels Fichte Kritik und die Wissenschaftslehre von 1804*[25]『ヘーゲルのフィヒテ批判と一八〇四年の『知識学』』であり、他方は一九六五年に出版されたHermut

Girndtの *Differenz des Fichteschen und Hegelschen Systems*[26]『フィヒテ体系とヘーゲル体系の差異』である。両著作とも一九六〇年代に本格化するフィヒテルネサンスを代表する作品である。しかし、ジープはヘーゲル研究者であり、ギルントはフィヒテ研究者である。そこに解釈の差異が生じるとともに、それを通じて「フィヒテとヘーゲルの差異」も明瞭になるであろう。

(1) スピノザからの距離

ジープはドイツ観念論、とりわけ後期フィヒテ哲学とヘーゲル哲学体系との関係について、簡潔な哲学史的知見を披瀝している[27]。そこでは主として、フィヒテ、ヘーゲル両者のスピノザ哲学との関係が基軸として展開されている。以下では、おおよそジープの知見にしたがって、フィヒテ、ヘーゲル両者のスピノザ哲学との関係を示しておきたい。
まず、フィヒテのスピノザ評価に着目するなら、周知の如くフィヒテは一七九四年の『基礎』においては、スピノザを自己の超越論哲学に対して最も遠いところに位置する「独断的」哲学として裁断するのであるが、一八〇一年の『知識学』においては一転して、その「遠さ」ばかりでなく「近さ」についても強調することになる。

スピノザは私と同様の絶対的実体をもっている。この絶対的実体は、私の実体と同様に純粋思惟によって表示されうる。……私にとってと同様に彼にとっても、……有限な知は……あの実体の偶有性である。(ただし有限な知は)私にとってと同様に彼にとっても、存在自身によって不変に限定された絶対的偶有性である。したがって、彼は私とともにそれらの最高の絶対的総合、絶対的実体性の総合を承認する。彼は実体と偶有性をやはり本質的に私と同じように規定しているのである。(FW.,II,88)

ここでフィヒテが述べているのは、自己の哲学とスピノザのそれとの近さである。両者にとって実体は「純粋思惟」であり、偶有性はもちろん有限でありつつも、実体によって「限定された」存在として「絶対的」である。このような構成においては、一切の多様なもの（有限な知）を「純粋知」と総合すること、つまり「最高の絶対的総合」が哲学の目標となる。両者はこの目標を共有している。少なくとも、フィヒテはスピノザをそのように解釈している。

しかし、両者はまさしくその総合において別々の道を辿ることになる。

しかし、知識学がスピノザから離れる点、単刀直入に言えば、知識学が彼　および彼と同じように哲学するすべての人に対して、彼がなにものかを完全に見落としてしまったということを立証しうる点が、まさにその総合において生じる。彼が見落としたものとは、実体から偶有性への移行点である。彼はかかる移行を全く問わない。それ故、彼には元々いかなる移行も存在しないのである。つまり、実体と偶有性は実際には別ものではないのである。……彼は同じものを、あるときはこう、またあるときはこうと名付けているだけで、ポケットのなかで遊んでいるのである。(Ebenda)

フィヒテのスピノザ批判の論点は明快である。スピノザは実体（一）からの、様態（多）への移行、換言すれば無限から有限への、またフィヒテの用語を使うなら「純粋思惟」から「有限な知」への「移行」を説明しえない。フィヒテから見たこのようなスピノザの欠陥は、例えば一八〇四年の『知識学』における以下のようなフィヒテのスピノザ認識を背景にもっていると考えられる。そこでフィヒテはまず、「絶対者は光（Licht）」であり、

「光」としての絶対性（フィヒテは「神性」（Gottheit）と言っている）は、単に「存在」の内にも、「我々」（少し後でフィヒテは「主観的思惟」、「意識」とも呼んでいる）（FW.,X,148）の内にも定立されるべきではないとした後で次のように語っている。

このことは、二元論であることを欲せず、統一を求めて我々か神（存在）のどちらかが没落しなければならなかったということを実行した全ての哲学がもつ困難であった。我々は神の没落を望まないし、神はそうであるべきでない。このことに関して、明らかにしようとした最初の大胆な思想家は、廃棄が遂行されるべきであるなら、我々がこの廃棄を引き受けなければならないということを認識せざるをえなかった。この思想家こそスピノザであった。彼の体系においては、一切の個別的存在は、自体的に妥当し、それ自身で存在するものとしては消失していき、単なる現象的−実存在だけを残すということは、明瞭かつ疑う余地がない。いまやスピノザは、かかる彼の絶対者すなわち彼の神を殺したのである。（スピノザの神は）生なき実体＝存在である。なぜなら、スピノザは彼自身が認識していること（Einsehen）を自覚しなかったからである。超越論哲学としての知識学が導入するのはかかる生である。（FW.,X,147）

スピノザも思惟と存在の統一を求めた。しかし、スピノザは思惟と存在の二元論の超克を、思惟を廃棄することに求めた。そもそも「現象」とは、実体としての「存在」から、意識とともに思惟によって生じるものであろう。そうであるのに、思惟を廃棄するということは、まさにこの「現象」を「存在」から切り離すことに他ならない。このことは一方では、現象的−実存在が根拠を喪失することである。一切の個別的存在が「単なる現象的−実存在」であるということは、この意味においてである。このように、スピノザは「最高の絶対的総合」を保持するために、存在から思惟を分離する。しかしながら、このことは他方では、実体から現象産出作用を剥奪すること、つまり「神殺し」に繋がっている。つまり、「最高の絶対的総合」を保持するために、思惟と存在という対立者のうち、思惟を廃棄する試みは、逆に存在自身を破棄することになるのである。思惟と存在が分離されるのであれば、「総合」や「統一」は如何にして「知」られるのかということが、フィヒテの関心事であった。フィヒテは思惟を欠落した「知」なきスピノザの実体を「生なき実体」と形容するとき、「思惟」および「知」を「生」と同義と捉えている。ここに我々は、思惟の廃棄によって統一を目指す方向と、先の引用文で指摘されていた、実体から思惟と存在への「移行」を説明できないという結論とは表裏一体のものとして考えることができるであろう。

ジープは先述した箇所で[28]、「一八〇四年の『知識学』は、ヘーゲルと同様に、スピノザとカントを媒介し調停する試みに着手している」と述べている。また、同じ箇所で、上述のスピノザ批判においてフィヒテは「完全にヘーゲルと一致する」と述べてもいる。前者は哲学史的常識に属すことであり、後者もヘーゲルが『差異論文』でスピノザの「無邪気さ」を指摘するとともに、哲学の課題を「意識に対して絶対者を構成すること」であると規定していることを勘案するなら、納得できるものである。しかし、スピノザ批判において「完全に一致する」フィヒテとヘーゲルは、当然の事ながら、この課題の解決において袂を分かつ。すなわち、「生なき実体」であるスピノザの実体に、「能動性」と「生命」を与える試みにおいて、両者は区別されるのである。例えば、ヘーゲルはスピノザの実体を捉え直し、絶対者を「自己の内で自己を区別し規定しつつ、この諸規定の統一として自己を把握する全体」として構想することになろう。それに対して、一八〇四年のフィヒテにおいて実体が「生命」を獲得するのは、実体が「絶対的明証すなわち絶対知による必然的自己産出として」把握されることによってである。そこでは、「多」への移行は「知が自己理解に際して自己を分割する」ことである。ただし、分割によって産出される多が、ヘーゲルにあっては「絶対者の契機」であるのに対して、フィヒテにあっては「絶対者の像として理解される現象の契機」として把握されるのである。

さて、フィヒテから見て、ヘーゲルのように「多」を「絶対者の内に定立すること」は「否定的な意味でのスピノザ主義」（註（27）と同じ箇所）であると、ジープは語っている。「否定的な意味」でも「スピノザ主義」であるのなら、それは我々にとっては、ヘーゲルがスピノザと同様に「知」の立場に立っていないということを意味している。そうであるなら、「フィヒテとヘーゲルとの差異」をスピノザからの近さと遠さの距離に見て取ることができるであろう。ジープは上述したように、スピノザ批判における「フィヒテとヘーゲルの完全一致」を説いている。しかし、フィヒテとヘーゲルは「スピノザ批判の視点と方向性」において一致するにしても、その解決の仕方において、上述のような両哲学の差異として現われてくるのである。

（2）ジープのフィヒテ－ヘーゲル関係解釈

ジープは『ヘーゲルのフィヒテ批判と一八〇四年の『知識学』』で二つの目標を立てている。一つは、フィヒテ哲学のヘーゲル哲学に対する関係の解明であり、もう一つは、後期フィヒテ哲学の位置づけと意義とを確定することである。両者はもちろん関連しているが、ここでは前者を中心に論じることになる。とはいえここで、後期フィヒテ哲学についてのジープの展望について若干ながら触れておくことが必要であろう。

ジープによると、フィヒテは初期知識学（とりわけ『全知識学の基礎』）に対するヘーゲルの論点を考察することによって、後期にはヘーゲルの批判が無効になる地平に達しており、とりわけ一八〇四年の『知識学』においては、ヘーゲルが差異論文で批判していた「絶対我という一面的原理と二元論」を克服していることになる。しかし、この克服によって、フィヒテがヘーゲル的な絶対的体系に至るということではない。少しジープの言葉を借りて表現するなら、フィヒテは分裂をヘーゲルのように、自己を規定し把握する絶対者の契機として展開するのではない。フィヒテはむしろ分裂を、意識が自己を絶対者から区別するときに、絶対者の「映像」（Bild）あるいは絶対者の「追構成」（Nachkonstruktion）として生起するものと理解するのである。「後期フィヒテの知の諸規定の体系において把握されるものは、ヘーゲルの絶対者のように対立の統一であるような絶対者ではなく、あくまでも絶対的現象であり、自己を絶対者の表現（Äußerung）および映像として知る（超越論的）知なのである[29]」。フィヒテにおいては絶対者の現象は絶対者の存在から区別されており、この点にフィヒテとヘーゲルの決定的差異がある。したがって、後期フィヒテ哲学は、ヘーゲル学派が描いたようなヘーゲル体系の前段階として位置づけられるようなものではない。以上がジープが描く後期フィヒテ像である。

それでは第一の論点に戻ろう。そしてまず先にジープのヘーゲル解釈における基本的視点を三点にまとめて掲げておきたい。

①既に述べたように、後期フィヒテに対してはヘーゲルの批判は無効になる。しかしギルントのように、すでに一七九四の年『知識学』において全ヘーゲル哲学が「原理上は反駁されている[30]」という考え方は一面的であるとしてジープは批判している。（このギルントの考え方に従えば一八〇四年の『知識学』は一七九四年『全知識学の基礎』の「より進んだ仕上げ」ということになり、両者が連続的発展として捉えられることになる。それに対してジープはフィヒテ前期と後期の間に断絶を見ている。）

②次に、ヘーゲルのフィヒテ批判の主要点はヘーゲル哲学の全展開にわたって変化しない。

③最後に、ヘーゲルの批判は後期フィヒテ哲学すなわち一八〇四年の『知識学』にはあてはまらないとしても、一七九四年の『全知識学の基礎』にはあてはまる。

それではジープが差異論文におけるヘーゲルのフィヒテ批判をどのように捉えているか見ていこう。ジープは「自我が知識学の最高原理であるというフィヒテの思想から、ヘーゲルのような解釈が、どの程度説得力のあるものとして生じるのかということは、ここでは論じない[31]」として、ヘーゲルのフィヒテ解釈の是非の問題に関してはエポケーする。したがって、ジープの論述はヘーゲルの論理の分析に傾き、その結果基本的にはそのフィヒテ解釈に従っていると言える。ヘーゲルのフィヒテ批判は一般的には、第一原則で示される原理は絶対的原理であり思弁に属するが、体系において、すなわち第二、第三原則とともに悟性と反省の支配が始まり、結局フィヒテは思弁を放棄するというものである。これは、先ほど述べたジープのヘーゲル解釈の②の基本的視点に他ならない。ジープはヘーゲルのこのフィヒテ批判は、ヘーゲルの一生において不変であると考えているのである。それでは、フィヒテにおける思弁の放棄を、ジープの論述にしたがって見ていきたい。

　総合の原則であるべきフィヒテの第三原則は、ヘーゲルにとってはむしろ「総合の不可能性[32]」を提示している。というのは、確かに第三原則は可分的自我と可分的非我の定立を通じて総合を目指す原則であるが、それは同時に「意識の範囲」を可分的自我と可分的非我の反立の内に限定するものでもあるからである。フィヒテにおいては「いかなる哲学もこれ以上（つまり意識の範囲を超えては）進まない」のである。第三原則が「総合の不可能性」を提示するゆえんである。ジープは、フィヒテ体系における思弁の放棄をこのように解釈するのだが、これは結局フィヒテにおいては、絶対我が意識の「内在的実在根拠[33]」ではないことに起因することとされる。ヘーゲルの観点からのこうしたフィヒテ哲学の欠陥は、第三原則の理論的部門でも実践的部門でも露呈してくる。

　この理論的部門は、周知のように「自我は非我によって限定されたものとして自己を定立する」という命題で表現されるが、この定立と限定、論理的には「実在性」（Realität）と「否定性」（Negation）である能動性をフィヒテは「産出的構想力」として導出する。しかし、フィヒテにおいては、この構想力は無限な産出作用とそれを阻止する働きとの「動揺」（Schweben）にすぎない。というのも、構想力を阻止する「障害」（Anstoß）は「知性」によって産出されるものではないので、知識学の理論的部門では演繹不能であるからである。このような結果に終わる構想力の自己定立は、なんら絶対的能動性ではなく、単なる「観念的要素」として批判されるのである。

さて、実践我は「非我を自我によって制限されたものとして定立する」から、「障害」を超えていこうとする「努力」（Streben）である。この働きは「自我自身によって定立されていないものも自我のうちに存在しうる」[34]という可能性を、自我が反省を通して定立することであると、ジープは解釈している。つまり、自我の反省が自我の実在性の範囲を「障害」にまで拡大する働きとして「努力」が位置づけられるのである。もちろん、「努力」に基礎を与えているのが、「根源的理念」である「無限な自我」である。したがって、ジープは無限性という理念と自己反省への傾向が、「努力」の基礎になっていると解釈するのである。しかしながら、「自我が一切の実在性であるかどうか」は、「自我が制限されているという事実」、同じことではあるが「障害」の存在という事実の故に、実践的部門においても自我からは演繹されえないのである。結局、フィヒテにおける「最高の総合」は「当為」とならざるをえない。ヘーゲルは、ここに思弁の放棄の結末を見るのである。実践的知識学における「努力の演繹」については、次節で詳細に検討することになろう。

ジープは、こうした結末に終始する原因を、「第一原則と第二原則を反立するもの」となす表象に見ている。すなわち、まず自我と非我が反立するものとして立てられ、その両者の「交互作用」において初めて「意識」が形成される——これが第三原則である——という表象のうちに、「当為」という結末がセットされているのである。こうしてジープは、フィヒテにあっては「無意識」（筆者による。ジープは純粋自己の主観－客観の同一性と表現している）が「意識」（非同一性）の「実在根拠」として捉え切れていないと評価することになる。ジープの次の文章がその評価を示している。「自我と非我の交互作用のメカニズムは、対立を包括する総体性を説明しているのではなく、単に意識を説明しているだけなのである。それ故意識は絶対者の現象としては提示されないのである[35]」。

それではヘーゲルはフィヒテに対抗しつつ、いかにしてフィヒテを超えようとしたのであろうか。その点についてのジープの解釈は以下の点に尽くされているように思われる。「ヘーゲルは全体を絶対者の自己構成として理解し、全体がヘーゲルにとっては絶対者の分割（あるいは現象）において構成されるということである。ヘーゲルはこの点でもってフィヒテから離れるのである[36]」。しかし、この観点は、まさしくギルントが「ヘーゲルの要請[37]」として厳しく批判する論点を含んでいる。すなわち、フィヒテ及びフィヒテ主義者によるヘーゲルへの異議申し立ては、ヘーゲル哲学においては「絶対者の分割がいかにして可能か」が明示されないという点にあり、そうである以上「絶対者の分割」は常に「要請」にとどまるのである。この論点は以下で明らかになるであろう。

（3） ギルントのフィヒテ－ヘーゲル関係解釈

1 ギルントのヘーゲル批判の基本的視点

まず、ギルントの『差異論文』及びヘーゲル哲学についての基本的視点を明らかにしたい。ギルントは『差異論文』をシェリング哲学の正当化を試みつつも、それ以上にフィヒテ体系との「対決」を目指していると位置づける。この対決のなかで、ヘーゲルはフィヒテ哲学を「主観的観念論」あるいは「反省哲学」として位置づけ、それ以後この評価を点検し、訂正することはなかったと、ギルントは語っている[38]。この点では、ジープと同じ見解である。こうしてフィヒテ哲学はヘーゲルによって作られたこの枠のなかで理解されることとなり、お馴染みのフィヒテ－主観的観念論、シェリング－客観的観念論、ヘーゲル－絶対的観念論という図式が出来上がることになる。ギルントはこの図式が、フィヒテとヘーゲル関係の実態を隠してしまったと考えている[39]。つまり、ヘーゲル、シェリングとフィヒテの差異は、ヘーゲルが『差異論文』で述べた差異にすぎないのに、ヘーゲル学者のみならずフィヒテ学者も、この図式と対決することなく、この枠組みを黙認してきたというわけである。そういう経緯を踏まえて、ギルントはこの著作でこの枠組みの是非を問う。ヘーゲルのフィヒテ批判に対するギルントの基本的視点は以下の二点に纏めることができる。

①ヘーゲルのフィヒテ批判は正当化されない。この点でジープと意見を異にする。
②後期フィヒテの著作が無視されている。この点ではジープと同じ見解である。

我々が問題にしなければならないのは①の視点である。ギルントはヘーゲルのフィヒテ批判が正当化されないゆえんを、ヘーゲル哲学の抱える問題点のうちに見ている。では、その問題点とは何か。これをギルントの論述に従って見ていこう。

ヘーゲル哲学の原理は、絶対的同一性としての絶対者である。したがって、思弁の目標は絶対者である。しかし、哲学の道具は「反省としての思惟」である。絶対的同一性としての絶対者も反省によって定立されなければならないのである。この定立する働きが悟性的反省である。悟性的反省の定立は、同時に反立するものの定立を伴い、結局悟性はこの対立を二律背反としてしか示すことができない。それに対して、理性的反省は対立者の媒介を通じて、絶対者を総合的統一として把握する。ギルントは、かかる悟性と理性の区別がヘーゲル哲学の基底であると断定し、次のような問いを立てる。「悟性と理性の関係はいかなる仕方で存在するのか、それらの統一根拠と区別根拠はいかなるものか[40]」と。むろん、ヘーゲルは理性が悟性の根拠、統一の根拠であり、悟性と理性の区別の「分割根拠」(Teilgrund)であると主張している(vgl.,Diff., 17)。ギルントはそのことを踏まえながらもなお「悟性の固定化する活動と理性の媒介する活動は、いかにして統一としてのより高次の理性から導出されるのか[41]」と問い直している。ギルントのこのような問いかけは、なるほどヘーゲルは反省の根拠を理性のうちに求めるが、その反省自体の必然性はヘーゲル哲学のうちでは示されていないのではないかという疑問に基づいている。この点について以下で詳細に検討していきたい。

さて、こうしたヘーゲル批判の背後には、もちろんフィヒテによるシェリング批判の視点が控えている。この批判はこれまで「眼のないポリュペモス批判」として展開されてきたが、ここではそれに該当するフィヒテのシェリング宛書簡(一八〇一年十月十五日)を示しておきたい。「絶対的なものが現象する形式はどこから来るのか……一なるものがどのようにして初めて無限なものになり、次いで多様なものの総体になるのか[42]」。ギルントはこのような視点の下に以下の四つの問いかけを行なっている。すなわち、①「絶対者が現象の根拠であるべきであるなら、いかにして現象と絶対者は相互に区別されるのか」、②「いかなる仕方で現象は絶対者から透明に展開されるのか。絶対的弁証法的同一性は、いかにして何ものかを自分から展開できるのか」、③「絶対的理性は何故にこの限定された契機を展開し、他の契機を展開しないのか」、④「何が絶対的理性から弁証法的に展開されるのか」の四つの問いである[43]。これらの問いの中で①が最も根源的問いであるから、この問いに関するギルントの見解を以下で検討していこう。

ヘーゲルは確かに哲学の課題を「分裂を絶対者のうちにその現象として定立すること」(Diff.,16)として提起している。ギルントはこのことが含意している意味を問う。ギルントによると、「現象の領域」は「反省対立」の領域であるにも拘わらず、ヘーゲルにおいては絶対者と現象の関係が「反省的関係」(Reflexionsverhältniß)

として捉えられていない。もし、絶対者と現象の関係が「反省的関係」であるならば、ヘーゲルにおいても「弁証法的統一」としての絶対者と「反省対立」の領域である現象とが区別されているであろう。ヘーゲルがそれらを真に「反省的関係」として考えているのであれば、ヘーゲルは必ず絶対者と現象間に「より高次の反省対立(Reflexionsgegensatz)」を定立するであろうし、同時に両者を「より高次の統一根拠(Einheitsgrund)」において関係付けるであろう。しかし、ヘーゲルにおいてはそのような観点が見られない。ヘーゲルにおいては、絶対者が「弁証法的契機」(dialektisches Moment)として現象するのであれば、絶対者と現象の間には「実在的区別」(wesentlicher Unterschied)は廃棄されている、とギルントは解釈している。[44] そして次のように問う。「ヘーゲルの絶対者は自己自身を担っている根拠であるのだが、この絶対者は現象一般に対していかなる仕方で絶対者としての権能を与えるのか」[45]。ギルントの見解によれば、ヘーゲルにおいては一方に絶対者という対立項があり、もう一方に現象という対立項がある。本来なら両者を媒介する関係根拠として絶対者がおかれるべきであり、このような根拠によって現象にも絶対者の契機としての権能が与えられなければならないのである。しかしながら、対立項にすぎないヘーゲルの絶対者は、同じく対立項にすぎない現象と「実在的区別」がないのであるから、そのような権能などない。ギルントは、一八〇一年のヘーゲル哲学における絶対者の真相はここにあると考えている。すなわち、ギルントにとって絶対者と現象の関係は、フィヒテが主張するように、根拠と反省によるその帰結としての関係であるべきであるが、ヘーゲルにおいては「反省」が根拠としての絶対者のうちに必然的なものとして位置づけられていないのである。先述したように、ヘーゲルにおいてはまだ「反省としての思惟」が「哲学の道具」としてしか理解されていなかった。この点をフィヒテの第一原則に関連付けるとすれば、三位一体としての絶対我の、とりわけ「対して」の観点がヘーゲルには欠落しているということになるだろう。

絶対者と現象に関する考察を、ギルントは別のバージョンでも語っているのでそれを付け加えておきたい。ギルントによれば、絶対者のうちに「反省」が根拠付けられていないとすれば、基本的に絶対者と現象の「実在的区別」は存在しない。そうでありながらなお両者の区別が主張されうるとしたら、ヘーゲルにおける絶対者と現象の差異は、単なる「見方」(die Weise des Hinblicks)の違い、つまり悟性的に見れば現象の領域が生じ、理性的に見れば絶対者の直観に至るようなものではないかと揶揄している。

上述の如く、絶対者のうちに分裂の原理としての「反省」が位置づけられていないこと、すなわち「区別根拠」の不透明さは、先に述べた②、③、④の論点につながる絶対者からの現象の「展開」の原理をも欠くことになるわけであるが、ここではこの問題に深入りせず、ギルントの結論を要約しておこう。ギルントによると、絶対者が主観と客観の無差別であると同時に差別であるという洞察は、ヘーゲルの洞察であり、この点にシェリングとヘーゲルの違い[46]があるとしても、いかにして絶対者、同一性、理性、根拠から現象、非同一性、悟性、帰結への展開が踏み出されるべきであるかという点で問題が残るのは、シェリングもヘーゲルも同じであるとして、両者とも「発生的」(genetisch)原理を欠いていると批判している[47]。以上がギルントのヘーゲル批判の基本的視点である。

2　ギルントのフィヒテ三原則についての洞察

我々はこれまでも散発的に論じてきたギルントのフィヒテ三原則についての見解をここで集中的に検討し、その卓越した洞察をさらに明らかにしたい。以下の論述のなかで、これまで述べてきた、例えばヘーゲル哲学においては区別根拠が不透明であるという論点、あるいはヘーゲル哲学においては発生的原理が欠如しているという論点などが、ギルントのフィヒテ三原則についての洞察の観点を通して、より鮮明になるであろう。

ギルントはヘーゲルに対する反論を次のように纏めている。すなわち、ヘーゲルにおいては哲学的「発生」

(Genesis) が「事実」(Faktum) として想定されている[48]。つまり経験的意識と純粋意識の対立と統一が事実的前提として採用されているが、まさにこの事実として想定されるものが不透明 (uneinsichtig) であると。ギルントによると、ヘーゲルにおいては、純粋意識は哲学的反省によって構成される[49]。それに対して、発生的に意識の問題を考えるフィヒテにおいては、純粋意識は「再構成」(rekonstruieren) される。ギルントはここにフィヒテと『差異論文』のヘーゲルとの差異があると考えている。すなわち、自我と非我の定立と反立は、フィヒテの「発生的構成」の立場から見れば、「意識の超越論的構成」(transzendentale Konstitutiva des Bewußtseins[50]) である (例えば、第一原則や第二原則の導出過程を見れば、一目瞭然であろう) が、ヘーゲルにとっては「知性の産物」(Produkt der Intelligenz) である。ギルントは自我と非我の定立と反立を「知性の産物」となすところに、ヘーゲルの見落としている点があると考える。例えば、非我の問題に関して言えば、ヘーゲルの解釈は非我は自我に絶対的に反立されたものである。しかし、フィヒテの発生的立場から見ると次のようになる。非我の定立は反立であるから、自我の定立によって制約されている。その点で非我は相対的である。ただ、この非我の相対性は、フィヒテの場合「部分的相対性」であると、ギルントは言う。しかしそれはもう一方で、非我に「部分的絶対性」があるということを意味している。それでは、何処に非我の絶対性が認められるかと言えば、「反省と意識の可能性が非我の反立に基づいている[51]」ところである。つまり非我の反立は、「反省」と「意識成立」のための絶対条件なのである。ここに非我の絶対性がある。(しかしながら、まさにそうであるが故に、つまり同一は非同一を前提とするが故に、第三原則の総合の不可能性も生じるのではあるが。)

さて、ここに第一原則の絶対性にも拘わらず、第二原則の部分的絶対性 (無制約性) はいかにして可能かという問題が生じる。それを明らかにするためには三原則の導出過程が見られねばならない。この過程についてはすでに前節で詳しく論じられたから、ここで細かく述べることはできないが、少なくとも第一原則の導出過程は

A＝Aという事実的明証的原理から出発して、この原理がもつ超越論的制約をたずねる行程であった。その結果Ich＝Ich（Ich bin）がA＝Aを基礎づけていることが明らかになった。すなわち、自我の実存在からA＝Aの実存在も結果するのである。しかし、実存在する自我、超越論的自我もA＝Aという経験的意識なしには定立あるいは再構成されないのである。

ところで、A＝Aという「現象」、これをギルントは「意識」と呼ぶが、これは本質的に表象するものと表象されるものの区別がなければ成り立たない。AとAの同一はAとAを区別する働きなしには思惟不可能である。したがって、この反立する働きは同一性の原理、もしくは関係づける働きからは導かれない根源的働きと考えねばならない。すなわち、第二原則は端的に意識を構成するものとして前提されねばならない限り絶対的なのである。しかし、第二原則は反立として定立に関係づけられなければならない限り相対的なのである。[52]

以上のことを命題風に表現すれば、「非我は絶対的であり、自我からは導出できない。それにも拘わらず自我は非我の原理であるべきである」ということになろう。この命題の前半は、意識は自我に対する非我の反立を自我の内で前提にしているから、意識にとって非我は絶対的であり、導出不可能なものであるということであろう。それに対して、命題の後半は、非我は自我によって定立されている、あるいは自我の同一性において非我もありうるということを意味しているであろう。ギルントはこれらを総合して以下のように纏めている。「非我の原理を意識に対して発生的にすることの不可能性は、意識が自分自身にとって不透明な自我と非我の区別から構成されているという点にある」[53]。このように自我からの非我の発生は、意識にとっては不透明である。いやむしろ、意識自身が自我と非我の関係の不透明さの根拠であるのである。しかし、ギルントは「この不透明さこそ意識である意識自身の可能性の制約である」[54]と、積極的に評価している。

右のような意識論にフィヒテの超越論哲学の真骨頂があるのではなかろうか。ここにこのフィヒテの立脚点を鮮明にする一文がある。

我々は次のように言った。すなわち、有限的人間存在の意識は、有限的人間存在から独立に存在する力を想定するのでなければ説明されえないと。誰に対してそれは説明されえないのであろうか。また、誰に対してそれは説明されるべきものであろうか。そもそもそれを説明するのは一体誰であろうか。有限的人間存在自身である。説明すると言うやいなや、我々はすでに有限者の領域にいる。なぜなら、すべての説明作用、すなわち一挙に包括するのではなく、むしろ一から多へと上り行く作用は、ある有限なことであるからであり、限局したり限定したりする作用はまさに橋であって、その上で通行がなされるのであり、それを自我は自己自身の内にもっているのである。（WL.281）

我々人間はいかにしても有限者である。決して無限者である絶対者ではありえない。だが、その有限者が「絶対者」を思惟もし、「私の根拠である絶対者とは何か」とも問うのである。我々は我々の内に、絶対者との接点をもっていると言える。しかし、いつの場合でも、その絶対者は「反省」的に思惟される。したがって、「反省に対してのみ現象を絶対者から根拠づけることの問題が存在する[55]」のである。反省は、我々人間の運命である。

（4）小　括

フィヒテとヘーゲルは、スピノザ哲学における「実体」を「生なき実体」として批判する点において一致していた。しかし、この「生なき実体」に「生」と「能動性」を与える試みにおいて、両者は袂を分かつ。この点については、すでに本章1で述べておいた。節を締めくくるここでは、フィヒテが実際に「生なき実体」に「生」

と「能動性」をいかなる仕方で与えているかを、再確認するためにそれを『基礎』のなかに見てみよう。

フィヒテは『基礎』の「実践的知識学」において、「努力」の概念を明らかにし、それをさらに検証しつつ自我の内奥へと突き進んでいく。そこでフィヒテは第一原則をより具体的に表現している。

> 自我は自己自身を端的に定立する。その限りにおいて、自我の能動性は自己自身に還帰する。(WL.,273)

この文章は、自我の三位一体的構造、とりわけ「対して」のあり方が、具体的には「自己内還帰」であることを示している。(56) フィヒテはこのような「自己内還帰」が「数学的点」や「物体」(Körper)にはないから、それらを「生なく、魂なき」(leblos und seelenlos)ものとして、「自我」から区別している(vgl.,WL.,273f.)。そして「自己内還帰」こそ自我の「生」の原理であると同時に「自我」自身に他ならないことを、以下のように語っている。

> ……自我は自己自身によって定立されたものとして自己を定立すべきである。したがって、自我は自我である限り、生と意識の原理を全く自己自身のうちに持つべきである。したがって、自我は自我である限り、無制約的かつ一切の根拠なしに自己自身を反省するという原理を自己のうちに持たなければならない。……
> (WL.,274)

ここでは自我の存在の仕方が「として」構造において表現されている。すなわち、自我が「自己自身によって定立されたものとして」自己を定立するということは、「反省」が自我の「自己定立」の制約であるということ以外の何ものをも意味していない。この点に関してはこれまでさまざまなバージョンで語ってきたが、ここでは「反省」こそが、自我の「生と意識の原理」であることが高らかに宣言されている。自我は反省であり、反省なしには自我は存在しえない。自我の生は自己意識であり、それを支えている自我の働きが「反省」なのである。逆に言えば、自我は反省を通じて自己を意識し、自己の生へ至るのである。それ故、自我は「反省」を超えていくことはできない。

さて、他方ジープによれば、ヘーゲルは「全体を絶対者の分割において構成される」ものと考えた。一九七〇年のジープはヘーゲルのこの立論を評価しているのだが、その同じ立論をギルントは「ヘーゲルの要請」にすぎないものと批判していた。なぜなら、ヘーゲルにあっては「絶対者の分割がいかにして可能か」という論点が明示されないからである。先述したようにフィヒテにおいては、自我の区別根拠は「反省」であった。この点については次節で詳論されなければならないが、ともかくも自我は自己自身のうちに区別根拠を有していた。それに対して、ヘーゲルもなるほど哲学の課題を『差異論文』で「絶対者は意識に対して構成されるべきである」(Diff.,25) と宣言してはいる。しかしながら、フィヒテに依拠するギルントから見れば、本章ですでに述べておいたように、ヘーゲルの絶対者は「分割根拠」を自己自身のうちにもたなかった。「反省」は、ヘーゲルにおいてはむしろ「哲学的思惟の道具」(Instrument des Philosophierens) (Diff.,16) として、絶対者の「外」に置かれたと言うべきであろう。したがって、ヘーゲルにあっては「反省」は「絶対者」自身の制約ではなかった。この論点の内に「フィヒテとヘーゲルの差異」が明瞭になっていると思われる。もし、ヘーゲルが自らが立てた「意識に対して絶対者を構成する」という課題を真摯に深めて行くなら、このフィヒテの反省理論、あるいは意識論は避けては通れなかったはずである。イエナ期ヘーゲル哲学の発展は、この方向からのアプローチなしには解明できないであろう。

3　自我と「努力」(Streben)

(1)　アパゴーギッシュからゲネティッシュへ

『基礎』の第三部「実践の学の基礎」の中心をなすのは、第五章のいわゆる「努力の演繹」であろう。この第五章においてフィヒテにおける自我の存在構造がほぼ解明されることから、従来この章は『基礎』の最も中心的な部分とされてきた。

ところで、この「努力の演繹」を行なう第5章は、その演繹の方法によって大きく二つの部分に分けることができるであろう。二つの演繹とは、apagogisch「間接的」な演繹と、genetisch「発生的」な演繹である。分量的には前者が後者より若干多いが、内容的な重要度においては後者が前者を大きく上回っていると思われる。後者については、これまでの論述の中でしばしば取り上げてきたが、このことからも後者の、フィヒテ「自我」理論の解明における重要度を推測できるであろう。

さて、フィヒテは第五章六八段落から「知識学の実践的部門にとって最高に重要な努力の概念を完全に解明するために」(WL., 270)、努力の「間接的」演繹から、「発生的」演繹へと論述は移行していく。ということは、「間接的」演繹においては「努力」の概念が「完全には」解明されていないということである。それは演繹の「間接性」に由来する。すなわち、「努力の演繹」における係争問題は、有限我である知性我と無限我である絶対我との矛盾であり、これを解決するのが他ならぬ「努力の演繹」なのであるが、「間接的」演繹はこの矛盾を「絶対的因果性の要求」(die Forderung absoluter Kausalität) が「根源的に存在すること」を仮定することなしには解決できない。同じ事であるが、「間接的」演繹においては「人が絶対的因果性を仮定しようとしないならば、自我の同一性は廃棄されなければならないであろう」(WL.,271) という「間接的」仕方でしか矛盾の解決に至らないのである。

ここに「絶対的因果性の要求」が「直接的に」(direkt) 証明されなければならないことになるが、この直接的証明が「発生的」証明である。フィヒテにおいては当然のことながら、「本来的」証明は「より高次の原理」(das höhere Prinzip) から演繹されるものでなければならない。フィヒテによれば、「より高次の原理」から演繹されることによって初めて、「絶対的因果性の要求」が「人間精神の中でどのように生じるかが洞察される」(ebenda) ことになる。つまり、「発生的証明」とは「絶対的因果性」を「要求せざるをえないもの」として仮定的に証明するのではなく、それが「どのように生じるのかの洞察」であると言えよう。

ヤンケは間接的演繹から発生的演繹への移行を一方で「超越論主義とその基礎付けの思惟における転回」として位置づけ、他方で「間接的演繹の方法は捨てられる」と断定している。この転回は、超越論哲学における演繹の質的深化とも考えることができるであろう。すなわち、超越論哲学はもはや「こう考えるより他にはありえない」という「事実的明証」に止まりうるものではなく、「事象そのものの」の「直接的洞察」へと向かうのである(57)。

ところで、自我の「客観を超え出ていく能動性」(eine über das Objekt hinaus gehende Tätigkeit) が「努力」となるには、二つの条件が必要である。ひとつはもちろん実際に「自我が客観を超えていく」ということであるが、もうひとつは、超えていくべき「客観がすでに (schon) 存在している」ということである。前者においては自我の無限性が、後者においては自我の有限性が語られている。この二つの制約を踏まえて、「絶対的因果性の要求が、どのように生じるかを洞察する」という発生的証明の課題は、次のように具体化される。

> それを通じて初めて客観が可能となる自己自身からの自我の外出（Herausgehen）の根拠がはっきりと示されえなければならない。(ebenda)

ここではある予測が示されている。すなわち、まず「自我の外出」という自我の無限性が、それに対立し「抵抗する」客観成立の制約でもあるような可能性の「根拠」があるということ、そしてさらにその根拠を通じて、あるいはその根拠において「絶対的因果性の要求」が明確にされるという予測である。この予測の下に遂行される証明が、「発生的」演繹なのである。フィヒテによれば、このような演繹を通じて「絶対我と実践我と知性我の真の合一点（Vereinigungspunkt）」(ebenda) が解明されるに至る。

ただし、我々はまず次節で「間接的」演繹である「努力の演繹」をフィヒテの叙述に従って解読し、そこに介在する諸問題を検討しなければならない。しかるのちに、「発生的」演繹の検討を行ない、フィヒテ的な自我の存在構造を明確にしたい。

（2）「努力」の間接的演繹

1　問題の所在

「理論的知識学」の出発点においては、「非我の実在性」(die Realität des Nicht-Ich) は前提されるだけであって、その根拠は示されていない。だが、もし非我が実在性をもたないとすれば、第三原則の第二命題「自我は非我を限定するものとして自己を定立する」は成立しえない。なぜなら、「非我の実在性」は「非我の限定可能性」の前提であるからである。しかし、「理論的知識学」において「非我が自我に対して実在性をもつこと」が明らかになった。「非我が自我に対して実在性をもつ」ということは、フィヒテにあっては「自我が非我を実在的なものとして定立すること」と同義である。こうして、「非我が自我に対して実在性をもつ」ことが「実践的知識学」の端緒となる（vgl., WL., 246f.）。

ところで、理論的領域においては、自我は「知性」（eine Intelligenz）として「表象するもの」である。もちろん表象作用の「仕方」は自我によって限定されているが、表象作用自体は、「自我の外のなにものか」（etwas außer dem Ich）によって限定されている。すなわち、「表象一般の可能性」は無限な自我の能動性に「障害」（Anstoß）が生じるという前提によってしか考えることができない。したがって、自我は「知性一般」としては「非我」に依存している。しかし、自我は第一原則「自我の絶対的自己定立」が示すように、「端的に自己自身によって定立された絶対我」（das absolute, schlechthin durch sich selbst gesetzte Ich）であり、非我から全く独立している。ここに「絶対我」と「知性我」（das intelligente Ich）が反立されていることになる。この事態は「自我の絶対的同一性」に矛盾する（vgl., WL., 248f.）。

フィヒテはここで知性我と絶対我の矛盾を取り除く方向を与える。すなわち、この矛盾は廃棄されなければならない。だが、それはいかにして行なわれるべきか。それは知性我の非我への「依存性」を廃棄することによって行なわれる他ないであろう。

> しかし、知性としての自我の依存性は廃棄されるべきである。自我はそれを通じて自我が知性となる障害が帰されている、いまだ知られていないあの非我を自我自身によって限定するという制約のもとでのみ、このことは考えられうる。（WL., 249）

ここに言われている「いままで」とは、理論的知識学のことである。理論的知識学においては、知性我と非我は

「因果関係」(Kausal-Verhältnis) のうちにあり、知性我は「原因」(Ursache) としての非我の「結果」(Bewirktes) であった。それに対して「実践的知識学」においては、「非我を自我自身によって限定する」ことを通じて、自我の非我への依存性を廃棄することが目指されるのである。

ところで、知性我と非我の関係は、因果関係といっても「カテゴリーの演繹」で示されるように「交互限定」(Wechselbestimmung) の法則の下にある[58]。自我が知性我であるとき、交互限定の法則の下、自我は能動性の一部を廃棄し、その分の能動性を非我のうちに定立している。非我のうちに能動性を定立するということは、自我のうちにその分の受動性を定立するということである。そしてその逆も真である。すなわち、自我を限定する非我も、交互限定の下では受動的である。非我の受動性に応じて、自我のうちに能動性が定立されなければならない。このような交互限定の下では、自我の内に反立された非我に見合った受動性や能動性が定立されることになる。しかしながら、自我は絶対我としていかなる「受動的なもの」でもなかった。絶対我は「絶対的能動性であるべきであり、能動性以外のなにものでもあるべきでない」(WL., 250)。ここに知性我と絶対我は自我の同一性に矛盾することになる。このような立論を経て、フィヒテは知性我の依存性を廃棄し、絶対我と知性我の矛盾を解決する方向を以下のように定める。

したがって、絶対我は、非我が全ての表象の究極根拠であるかぎりにおいて、非我の原因であるべきである。そしてその限りにおいて非我は絶対我の結果である。(ebenda)

ここでフィヒテが提唱している矛盾解決の方途は、絶対我が非我の原因となり非我を限定し、それによって絶対我は非我を原因とする知性我を間接的に限定するという「因果関係」である[59]。

しかし、この矛盾解決の方途はたちまち新たな問題に逢着する。すなわち、先に示されたように「絶対我は非我そのものの原因（Ursache des Nicht-Ich an und für sich）であるべきである」（WL.,251）が、絶対我の定立作用は端的な自己定立であるから、「自我は非我の原因ではありえない」（ebenda）。このように絶対我と知性我の矛盾は、絶対我と非我の関係についての矛盾として収斂していく。こうしてこの問題を解明していく作業が始まる。これがいわゆる「努力の演繹」である。

2　問題の精錬

フィヒテは「努力の演繹」を始めるにあたって、上述の問題を新たにしつらえ直している。振り返ってみれば、絶対我と知性我（有限我）の矛盾を解決するために、絶対我の非我に対する「因果性」が考案された。この「要求された因果性」（die geforderte Kausalität）（WL., 254）に対しては直ちに上述の矛盾が明らかになったのであるが、フィヒテはこの矛盾を解決するように努めるしか進むべき道はないとして、この「要求された因果性」が抱える矛盾を深めていく。そして、その矛盾を「自我に非我が端的に反立されており、反立されつづけなければならない」（ebenda）ところに見て取る。すなわち、自我が自我であるためには、常に非我が自我に反立されていなければならないところに、「要求された因果性」の矛盾は基づいている。このような了解の下に、先の矛盾を自我の定立作用の矛盾へと収斂させていく。こうしてフィヒテは、自我の自己定立と非我定立という自我の異なる活動を以下のように二つの命題に定式化する。

①「自我は自己を端的に無限かつ無制限なものとして（als unendlich und unbeschränkt）定立する」（WL.,255）。

②「自我は自己を端的に有限かつ制限されたものとして（als endlich und beschränkt）定立する」。

①では自我の「純粋能動性」(die reine Tätigkeit)が、②では自我の「客観的能動性」(die objektive Tätigkeit)が語られている。①の純粋能動性としての自我においては、「産物と能動性と能動者」(Produkt und Tätigkeit, und Tuätiges)は同一である。したがって、この能動性はいかなる客観ももたず、ただ「自己自身へ還帰する(zurückgehen)」能動性である。すなわち、①は狭義の第一原則を表わしている。[60] ②の客観的能動性は「制限」(Schranken)を定立する能動性であり、それゆえ反立される非我に関わる。したがって、客観的能動性は客観としての「対象」(*Gegenstand*)を定立し、それに関わる能動性である。この能動性はまさしく「対象」という「逆らい対抗している」(wider-oder gegenstehend)客観に関わるが故に、この自我は「有限」である。したがって②は第二原則と第三原則に関わっている。我々は本章1で三原則を扱った際に、第二原則は第三原則に包摂されるものであり、そのようなものとしての第三原則は自我の自己定立の具体相を表現していることを先取り的に述べておいた。ここでの「客観的能動性」は自我の自己定立の具体相に関わるものである。

さて、以上二つの能動性は同一の自我の能動性であるから、二つの能動性の間には「結合帯」(Vereinigungsband)がなければならない。フィヒテはここでも「結合帯」という矛盾の解決を「要求された因果性」に求める。もちろん、先ほどより論点は進んでいるわけであるから、「要求された因果性」といってもここでは、「純粋能動性」が原因が結果に関わるように「客観的能動性」に関わることを意味している(vgl., WL.,257)。しかしながら、「純粋能動性」が「客観的能動性」へ「原因」として関わることは、いずれにせよ「自我の絶対的自己定立」(第一原則)と「非我の反立」(第二原則)とが結合されるのであるから矛盾であることに変わりはない。「なぜなら、その場合には自我は自己自身の定立によって、同時に非我を定立しなければならないであろうし、それゆえ自己を定立してはならないであろうから。そしてそのことは自我自身を廃棄することになるから」(ebenda)。このように二つの能動性の対立は、自我の内部に移され、自我自身の問題としてより深められていくのである。ここでフィヒテは第二原則「非我の反立」を「自我は端的にかつ一切の根拠なしに自己自身になにものかを反立する」[61]と換言しつつ、問題解決のためにひとまず第二原則の検討へと移っていく。

3　第二原則再考

それにしても、自己定立である純粋能動性と客観定立である客観的能動性は、すなわち第一原則と第二原則はいかなる仕方でなら矛盾なしに関わりあうことができるのであろうか。そのためにフィヒテは「非我の反立」である第二原則を再考するのである。フィヒテは『基礎』の少し前の箇所(WL., 252f.)でも第二原則に言及しているので、その部分から検討し、いくつかの点を確認しておかなければならない。

まず、「非我の反立」は「絶対的」であるが、その論拠は「アプリオリには」提示されない。なぜ絶対的であるかと言えば、自我と自我でないものとの区別こそ「一切の導出と一切の根拠付け(alle Ableitung und alle Begründung)の根底にある」からである。すなわち、区別あるいは反立なしには、いかなる知識も可能ではないからである。「自己定立以外のいかなる定立ももたない」、すなわち「神性」(Gottheit)ではない自我にとっては、区別こそ知識の根拠である。この意味で、反立は絶対的である。

では、なぜ反立はアプリオリには提示されえないのか。それは取りも直さず、反立が絶対的であり、あらゆる知識の根底にあるからである。したがって、「反立」があるということは、「意識の事実」(ein Faktum des Bewußtseins)によって以外には明らかにすることができない。すなわち、それは「経験」(Erfahrung)によって証明しうるだけである。ここにフィヒテの知識学の立場が明らかになっている。「知識学は経験において初めて実在性を獲得する」(WL., 253)。

さて、このように「非我の定立である反立活動」は自我の絶対的活動である。第二原則の再考とは、まさにこの自我の活動の再考である。フィヒテは自我のこの活動を次のように語っている。

自我は端的にある対象を〈対抗し反立された非我〉を定立する。（WL.,258）

ここで語られている自我が「端的に対象を定立する」働きは、いま述べたようにアプリオリには提示されえないが「絶対的」な自我の活動であった。したがって、この活動はただただ自我の「自発性」（Spontaneität）にのみ依存し、自我以外の何ものにも依存すべきではない。それ故、自我が対象定立、非我定立によって「限局されている」（begrenzt）といっても、客観によって制限されているのではなく、自我が自己自身を制限すると考えなければならないであろう。こうして、自我は客観によって限局されるから有限であるのではなく、自我が自己を限局するから有限であるのである。自我は客観の根拠であり、客観は自我の限局された姿である。したがって「自我はその有限性から見れば無限であり、その無限性から見れば有限である」（ebenda）と言える。非我客観によって自我が限局されるというような「絶対的制限」（die absolute Einschränkung）、すなわち本章でしばしば指摘してきたように「非我の完全な反立」（das ganze Entgegensetzen eines Nicht-Ich）は、フィヒテにあっては不可能であると言わなければならない。

フィヒテは自我の「対象定立」の活動をさらに深めていく。そもそも対象とは自我に対して、対抗して立つものであるから、自我が対象を定立するということは、自己定立の能動性に「反立された能動性」を定立するということである。この「反立された能動性」は自我に依存するものであるという点では「自我の中に」ある。しかし、別の観点からこれを見ると、「反立された能動性」は「対象の中に」なければならない。フィヒテはこの理由について深く言及せず、ただ「ある意味で」としか表現していない。したがって、「ある意味で」をこちらで勘案すれば、「反立された能動性」が「対象の中に」ないのであれば、区別自体が存在しなくなるからであろう。区別は絶対的である。だから、「反立された能動性」は「対象の中に」ある。このようにして矛盾はいっそう深まる。

しかしながら、フィヒテは一歩考察を進めて、先の「反立された能動性」に対して立つ能動性、すなわち「客観に抵抗する能動性」(die ihm (Objekt) widerstehende Tätigkeit) が、「反立された能動性」と独立的に並存しなければならないことを明らかにする。「客観に抵抗する能動性」は客観が定立されている限り、その客観に「抵抗する」能動性として構想されている。しかも、抵抗する能動性がなければ客観は客観ではないから、抵抗する能動性は「対象定立の可能性の制約」であるとも想定される。もちろん、この能動性は「定立する能動性」から区別されるべきであろうが、「反立を受ける能動性」として反立を可能にし、反立する対象それ自身を可能にするのである。

さて、この「客観に抵抗する能動性」は、もちろん「純粋能動性」からは区別されなければならない。しかし、前者とて「自我が自己自身をそれによって定立する自我の絶対的活動 (die absolute Handlung)」(WL., 259) である。いまここに自我の絶対的活動としての「純粋能動性」、そして「客観に抵抗する能動性」と「反立された能動性」という三つの能動性が立てられている。これら三つの能動性の関係をフィヒテは次のように纏めている。

この能動性（純粋能動性）は、可能性の根拠が根拠付けられるものに関わるように、自我の客観的能動性に関わるのである。対象は自我の能動性に抵抗がなされるかぎりにおいてのみ定立される。自我のそのような能動性がなければ、いかなる対象もない。(ebenda)

ここでは純粋能動性と客観的能動性が「根拠」と「根拠付けられるもの」との関係として語られている。本章1で純粋能動性は一切のものの根拠として「正立」であることに言及しておいたが、客観的能動性が働くのは、その根拠である純粋能動性が働くからである。客観的能動性は「反立された能動性」として客観定立へ到るが、それは同時に自我が「抵抗を受ける」ということであり、純粋能動性が「客観に抵抗する能動性」として自己を定立することである。したがって、これらの能動性なしには、いかなる客観定立も不可能である。ともあれ、このような自我の活動全体が自我の「絶対的活動」であると言えるだろう。

自我のこのような絶対的活動のなかで「客観に抵抗する自我の能動性」はどのように位置づけられているのであろうか。「客観に抵抗する自我の能動性は、それ自身無限へと一切の客観を超え出て（hinausgehen）いかなければならないし、またそれ自身無限でなければならない」（ebenda）。ここから、「客観に抵抗する自我の能動性」が「実践我」であることを想定することはそれほど難しいことではないであろう。たとえフィヒテがそのタームを使用していないとしても、「一切の客観を超え出ていく」主体は「実践我」であり、「超え出ていく働き」は「総合」の働きであることは容易に察しがつくことである。従来「客観に抵抗する能動性」についてはあまり注目して議論されることはなかったが、フィヒテはこのタームを通して「実践我」を予告していると想定できるであろう。

これまで論述してきたことを振り返ると、非我と自我とはやはり無限の相関者である。自我が自我であるかぎり、非我は存立しつづける。それと同様に、自我は非我がありつづけるかぎり、これを超え出ていかなければならない。この「超え出ていくこと」は非我が存立しつづける以上無限である。「無限」とは、フィヒテにあっては、無限のかなたへと続くという意味での時間的無限を意味している以上に、「超え出ていく働き」自体を無限と形容しているように思われる。ともあれ、この「超え出ていく働き」は、先述したようにまさしく「総合」の働きであろう。とすれば、我々は「第二原則再考」のなかで、本節冒頭で立てられた第一原則と第二原則との関係を、本章1で論じた「正立」と「反立」と「総合」の関係のなかで、より明瞭化できたのではなかろうか。

4 「努力」の導出

これまでの論述のなかで、敢えて言うならば「実践我」の活動を導出する概念装置は導来されている。実践我は「客観に抵抗する自我の能動性」そして「自我によって自我の内に定立された無限の能動性」である。非我の反立は以前には自我の定立を際立たせるために「客観的能動性」と呼ばれたが、実践我との対立を際立たせるために、新たに「対象の能動性」と呼ばれることになる。両者は独立的であり、かつ反立されている。しかし、「客観を定立する自我」（絶対我）によって両者は関係付けられてもいる。それどころか、自我に反立される非我といえども、自我の絶対的活動のうちに根拠付けられているかぎり、自我と等しい。しかし、非我客観の定立も絶対的であるから、両者の反立も絶対的である。したがって、「両者は端的に同一（gleich）であるべき（*sollen*）である」（WL., 260）。と言わざるをえない。だが、同一を求めるとして、自我と非我の両者のうちのいずれが他者に従うべきであるのか。フィヒテはこの問いを発した後で、「努力」の基礎となる自我の基本的存在構造を以下のように語っている。

> 自我が定立されるや否や、一切の実在性が定立されている。一切のものは自我の内に定立されているべきである。自我は端的に独立であるべきであるが、一切のものは自我に依存すべきである。それ故、客観の、自我との一致が要求される。絶対我はまさしくそれが絶対的存在であるが故に、この一致を要求するものであ

る。（ebenda）

この引用文を読み砕くと以下のようになる。自我が何ものかを定立し、そしてそのことを自覚（Für）するとき、何ものかは「ある」。自我の定立作用と自覚作用なしには何ものも実在性を持ちえない。一切のものは、自我によって存在する。あるいはギルント流に言えば、自我は現象し、根拠付けられる現象の根拠となる。このように現象は自我に依存しているが、自我は「純粋能動性」としてこれら現象から独立してもいる。すなわち自我は自己同一的絶対我である。この絶対我こそ絶対的存在であるから、客観（現象）は自我に一致すべきである。この「一致すべし」が絶対我の要求である。

ここでフィヒテはこの「要求」をカントの「定言命法」（kategorischer Imperativ）と比較している。フィヒテによるとカントの批判哲学にも知識学と同様の暗黙の前提がある。それは「自我が絶対的存在であるという前提」（die Voraussetzung eines absoluten Seins des Ich）であって、この前提があって初めて自我は経験我が「純粋我」（das reine Ich）に一致すべきであるという「絶対的要請（Postulat）」の権能をもつと、フィヒテは考えている（vgl., ebenda）。フィヒテは「一致すべし」という絶対我の「要求」（Forderung）を、その働きにおいてはカントの「定言命法」における「要請」（Postulat）と同一のものとして提示しているのである（vgl., WL., 260f.）。

さて、絶対我のこのような要求は、自己同一的絶対我の自己実現の要求と考えることができる。隈元忠敬は、この自己実現の要求を「自我化の要求」と捉え、ここに観念論の真髄を洞察する。[62] しかしながら、この「自我化の要求」は実現されない。なぜなら、これまでも述べてきたように、非我の反立、あるいは自我と非我の区別、より突き詰めて言えば絶対我と現象の区別は形式上は「無制約的」かつ「絶対的」であるからである（内容的には、非我は自我に完全に一致すべきであるようにも見えるとしても）。したがって、非我を「限定し」非我の自我化を試みる自我の限定は、完全な限定に至ることはないから、「限定への傾向、努力」（eine *Tendenz*, ein *Streben* zur Bestimmung）（WL., 261）である他ないであろう。ここに、「努力」が導出されている。実践我の非我限定作用は、非我の反立も絶対的であるから、不完全な限定に止まらざるをえない。しかしこの限定作用は絶対我の自己同一化の「要求」に基づくものであるから、止むことはない。したがって、実践我の限定作用は「限定」ではなく、「限定への傾向」である。すなわち「努力」たらざるをえない。

だが、このような「限定への傾向」だけが「努力」であるのではない。努力が努力であるためには、努力が限定する客観がなければならないであろう。ここにフィヒテにあっては、努力は客観の自己化の働きであるばかりでなく、その客観自体の成立の条件でもある。すなわち、「純粋能動性」である絶対我の客観への関係の総体が「努力」でなければならないのである。フィヒテは「この無限な努力は無限に全ての客観の可能性の制約である。努力なしには客観なし」（WL., 261f.）と語っている。「純粋能動性」はもとより、純粋な自己同一的能動性であって、客観に関わるものではない。しかし、それは「客観的能動性」の原因となって客観を定立し、その客観に「実践我」として限定的に関係するのであれば、「努力」は「客観の可能性の制約」である。

以上で展開された「努力」の二つの側面、すなわち「限定への傾向」と「全ての客観の可能性の制約」という側面は、「一切のものは自我と一致すべきであり、一切の実在性が自我によって端的に定立されているべきである」（WL., 263）という要求として換言されると同時に、これをフィヒテは「実践理性の要請」（die Forderung der praktischen Vernunft）と呼んでいる。ここでフィヒテが注意を喚起しようとしているのは、「実践理性の優位」である。すなわち、これまでの努力の演繹で「努力なしにはいかなる客観もまったく可能ではない」ということが明らかになった以上、「表象」の可能性も実践的能力に基づくのであり、よって実践的能力なしにはいかなる知性も不可能であることが帰結するからである。「実践理性の優位」も「努力の演繹」から導出されるのである。

5 「努力」概念の検証

「要求された因果性」は結局自我の「努力」として結実を見た。しかし、これまでに構築された全理論を覆しかねない問題がまだ残っている。それは「循環」(Zirkel) の問題である。それはどのような循環であろうか。

先述したように「努力なしにはいかなる客観もない」。だが、これとは逆に「客観なしにはいかなる努力もない」とも言えるのではなかろうか。すなわち、「客観の能動性」(die Tätigkeit des Objekts)(反立された能動性)に対して、純粋能動性がもっている「傾向」、すなわち客観を自己に関係付けようとする努力は、すでになんらかの仕方で客観の能動性が、関係付ける自我に与えられていなければ不可能であろう。そうであるなら、「客観なしには、努力なし」という命題も「努力なしには客観なし」という命題と同等の権利を有することになる。ここに「努力」と「客観」の「循環」がある。そしてこの循環があるとすれば、純粋能動性は「関係一般の第一根拠」ではなくなる (vgl., WL., 264)。

フィヒテはこの循環をいっそう深く追求し、さらに自我の内奥に迫っていく。フィヒテによれば「自我は一切 (Alles) であり、かつ無 (Nichts) である」(WL., 264)。「無」とは「無区別」の状態であり、その点では自我の根源的あり方であるが、それは同時に「自覚」なき状態であり、次のような表現が許されるとすれば「無明」の状態であると言えよう。フィヒテによれば、この状態は自我の一方の本質態であるから(これに対してこれまで幾度も論じてきたように「対して」のあり方が他方の本質態である)、自我はこの状態に止まろうとする「努力」である。これを私的に表現することを許してもらえるならば、この努力は「のっぺらぼう」の自我に止まろうとする「原努力」と言えるのではなかろうか[63]。しかしもちろん、自我はこのような自己同一性、無明のなかに止まることはできない。「なにかフレムトなもの」（etwas fremdartiges）が現われ、自我の内に「不等性」（Ungleichheit）が生じる。

さて、これまでも述べてきたように、フレムトなものの出現は「意識の事実」であり、「経験」のなかでのみ示すことができるがアプリオリには証明できなかった。しかし、自我の中に非同一性が生じることによって、自我は無明を脱し、「自覚」への道が開かれる。ここに、自己に止まろうとする自我のいわゆる「原努力」とフレムトなものとの「闘い」（Streit）が始まる。しかし、その「闘い」の実相は自我の内での「交互限定」（Wechselbestimmung）であることが明らかになる。例えば、「原努力」が、ある点Cで「障害」（Anstoß）を受ける。ここに自我に非我が反立され、両者の区別が生じるとともに、自我は自己を「意識」する。このように「原努力」が「障害」に出会い「阻止」（Hemmung）を受けるやいなや、その状態から同一性を「回復」（Wiederherstellung）する「努力」が始まる。この一連の動きを簡単に纏めると、「原努力」があるから、「阻止」がある。「阻止」があるから「原努力」を「回復」しようとする「努力」となる。「阻止」と「回復」の根底では常に「原努力」が働いている。ここまで意図的に、努力を「原努力」と「努力」に区別して論じてきたが、ここで明らかになっていることは「自我は努力である」ということに他ならない。したがって、フィヒテが「この阻止された能動性はただただ自我の内にそして自我によって定立されるべきであろう」（WL., 266）と語るとき、「この阻止された能動性」＝「阻止された原努力」＝「客観」、すなわちフレムトなものも、「自我によって自我の内に定立された努力の産物」であるということであろう。このような仕方で純粋能動性は「関係一般の第一根拠」である。フィヒテは「第一根拠」としての純粋能動性について次のように述べている。

それ故、合一さるべき状態がすでにそれ自体において総合的に合一されている。かかる合一以外の仕方では

両者（阻止と回復）とも全く定立されえないのである。（WL., 266）

純粋能動性としての根源的総合が一切のものの根底にある。この根源的総合（正立）があるから、「阻止」（反立）と「回復」（総合）が可能になるのである。「阻止」と「回復」は交互限定的であるが、それが可能であるのは「根源的総合」が控えているからに他ならない。そうであるのに、根源的総合と反立を同列に論じ、そこに「循環」を指摘するのは抽象にすぎない。このような抽象はヘーゲルのフィヒテ批判の論点に繋がる。

さきの循環に発した自我探求の結果は、「自我の無限な努力がないなら、自我の内に有限な客観は存在しない」（WL., 267）という成果をもたらした。「無限な努力」を通じて、「要求された因果性」が成就され、「実践的知識学」の冒頭で立てられた知性我と絶対我との矛盾も解決されたようにも思われる。しかし、まさしくここに高次の対立が招来されている。すなわち、「要求された因果性」が成就されているような自我の構造は、本来自己にのみ関わり客観と関わることのない純粋能動性が、客観的能動性の原因（フィヒテはしばしば「根拠」というタームを使用している）となるということであった。したがって「いまや自我の無限な能動性は純粋な自己定立にとどまらず、客観の能動性をも含むものとなっている」（ebenda）。これをより具体的に言えば、さきほどは努力を原努力と努力に分け、しかる後に「努力」に一本化したが、この一本化のうちには純粋な自己関係である原努力も、努力として客観に関係付けられているということに他ならない(64)。この事態をフィヒテは新たなる矛盾と捉え、この矛盾を「我々は一にして同一の自我のうちに、無限な客観的能動性と有限な客観的能動性をもつ」（ebenda）と表現する。

この矛盾を解決するのに、「有限な客観的能動性」は自我の「外」にあるフレムトな「現実的客観」に関わり、「無限な客観的能動性」は自我の「内」なる「構想された」（eingebildet）客観に関わるのだと考えても、この解決策は二つの異なる能動性を前提にしている。したがって、これは解決には到らない。それよりむしろ、一なる自我のうちに異なる能動性が存立せざるをえないところに、自我の自我たるゆえんがあるのではないか。自我の妙味があるのではないか。そのような想定の下で、フィヒテは二つの能動性をいっそう深く追求していく。

さて、有限な客観的能動性を語るとき、フィヒテは第二原則を念頭に置いている。この能動性は「依存的で制限」されているが、それはこの能動性が「客観という限定された一定の限界を定立する（非我の反立）」（WL., 268）限りにおいてである。そしてさらに、この能動性の定立が反立として限界定立であるのは、この能動性の根拠のみならず限定態の根拠までが、「この能動性の外（außer）」（ebenda）にあるからである。「外」というのは、限定されたものの「外」、いまだ限定されていないもの（非我）のことである。このように「外」に根拠をもつのが「現実的客観」であり、この点に「有限な」の意味がある。「有限な客観的能動性」とはこのように、客観が「外」に根拠をもつという観点から捉えられたときの能動性である。

それに対して、「無限な客観的能動性」（フィヒテはこれを「努力」と呼ぶ）は、これと同じ意味で有限なのではない。なぜなら、努力は限定された客観を「超え出ていく」から。すなわち、努力は「有限な客観的能動性」のように「非我の能動性」（die Tätigkeit des Nicht-Ich）（ebenda）に依存した「現実的世界」に関わるのではなく、非我によって定立されているのではなく、ただただ自我によってのみ定立されている世界、「理想的世界」（eine ideale Welt）（WL., 269）に関わり、これを限定し、これを超え出ていくからである。ここでフィヒテが何を主張しているのかは必ずしも明確ではないが、一切の実在性が自我の内にあるという自覚（観念論）の下では、自我が世界に関わるといっても自己に関わるのであるから、そういうところでは努力とは自己を変えていく努力となり、自己を変えることが世界を変えることになろう。努力とは自己をたゆまず超えつつ自己を変革し、それによって世界を形成していく自我の無限な働きではなかろうか。

しかしながら、努力は一切が自我の産物であるような理想的世界に安住することはできない。すなわち、努力はやはり客観に関わり限界を立てざるをえないから「有限」である。しかし同時に、努力はやはり無限であり、限界を立てはするが、これを超え出て行くのである。自我の制約とは「無限へと拡張（Erweiterung）することができるような限界を定立する」（ebenda）ことであるとフィヒテは語る。したがって、「有限な客観的能動性」とは客観が「外」の非我に依存するものであるという観点から捉えられた「客観的能動性」を意味し、「無限な客観的能動性」とはその客観を自我が「越え出ていく」ことが無限であることを意味しいてる「客観的能動性」のことである。ここでは努力の無限性たるゆえんが「拡張」として語られているのである。こうしてフィヒテはいよいよ自我の最内奥に踏み込み、自我における有限と無限の対立の解決が計られることになる。

6 小括

「理想」（das Ideal）は自我の産物である。しかし、理想は無限定なものではない。理想はその都度その都度限界を持つ。努力とはこの限界を「超え出ていく」努力である。すなわち、自我は理想、客観を定立し、それによって限界が定められる。そこにこの限界を超え出ていく努力が始まる。もし、理想とは無限であり、無限とは限界がないことであると想定されるとしたら、自我は、つまり努力はいかなる区別にも、いかなる客観にも、そして客観についてのいかなる「意識」にも到らないであろう。客観が自我の意識にのぼらない限り、いかなる限定も限界もそして努力も生まれない。フィヒテはここでついに、註（64）で指摘しておいた、自己の哲学の人間学的立場を明確に開陳する。「意識（Bewußtsein）は反省（Reflexion）によってのみ可能であるし、反省は限定によってのみ可能である」（WL., 269）。フィヒテの「意識の哲学」の立場では、自我はA＝Aの超越論的制約であるが、同時にA＝Aなしには存立しえない。人間学的立場とは、この意識の立場、反省の立場を超えない立場のことである。

この人間学的立場に立つ限り、「無限的」と「客観的」(有限的)とは矛盾している。したがって、「無限な客観的能動性」は言語矛盾である。「客観に関わるものは有限であり、有限であるものは客観に関わる」(ebenda)。自我はなるほど努力の客観を無限に拡張することができる。「無限」がこの意味に限定されるなら、「無限的」と「客観的」とは矛盾しないであろう。しかし、然る後に「無限性という理念」が実現され、客観が消失するという意味で「無限的」が使用されているのであれば、それは矛盾である。だが、

> それにも拘わらず、この実現されるべき無限性という理念は我々の念頭にあり、我々の本質の最内奥に包含されている。(WL., 270)

このように自我の絶対的自己同一性という理念は、あり、かつ我々に己の実現を「要請」する。たとえ、それが実現されないとしても、我々はそれを求めてひたすら進むしかない。これが「永遠に対する我々の使命」(unsere Bestimmung für die Ewigkeit) である。このように無限と有限との矛盾は決して完全に解決されたとは言えない。しかし、フィヒテはこれで矛盾は「解決される限りは解決されている」(ebenda) と語る。これが人間学的立場に立つ限り、最高の解決であるかのように。そして「努力のアパゴーギイッシュな演繹」を次のように締め括る。

自我は無限である。しかしそれはただその努力の点で。すなわち、自我は無限であろうと努力する。しかし、

努力の概念そのもののうちにすでに有限性がある。なぜなら、抵抗されないものは努力ではないからである。(ebenda)

これまでの論述で引用文の意味は充分に理解されるであろう。

(3)「努力」の発生的解明

我々はこれまで「努力」のアパゴーギッシュ(間接的)な演繹を通して、フィヒテの自我について考察を重ねてきた。この考察を通して我々はフィヒテの自我の存在構造をある程度解明しえたと同時に、初期知識学がよって立つ基本的立場を人間学的立場として位置づけることができた。すなわち、無限(絶対的自己同一)である絶対我は一切が自己であることを目指すが、「障害」あるいは「抵抗」に遭遇する。だが、この抵抗自体は絶対的なものである。したがって、無限な自我はこれに対して因果性を持ち得ない。ここに無限な自我は「抵抗を受ける自我」となり、「努力」となる。しかし、自我の内なる「因果性」の要求も絶対的であり、自我の努力は無限となる。こうした自我の構造のうちに、我々は初期フィヒテの人間学的立場を看取できた。

しかしながら、アパゴーギッシュな演繹は、「絶対的因果性の要求」が人間存在の根源に存するという仮定なしには、この結論に到らなかった。したがって、フィヒテは「努力の演繹」を再度「発生的」証明として行なわなければならなかった。この証明の過程をフィヒテの論述に従って解読し、フィヒテの自我の構造をさらに明瞭なものにすることが本節の課題である。

1 問題の所在

努力の間接的証明が「絶対的因果性の要求」を前提にするものであったのに対して、発生的証明においては「絶対的因果性の要求」が「人間精神の中でどのように生じるかが洞察される」ことになる。フィヒテはこの洞察に到るための具体的な方途を次のように立論する。

それによって初めて客観が可能となる自我の自己自身からの外出（Herausgehen）の根拠が提示されえなければならない。（WL., 271）

ここでは、洞察への具体的方途が「自己自身からの外出の根拠」を明らかにすることとして位置づけられている。我々はこれまでHinausgehenを主に「超え出ていく」（あるいは「飛び超え」）こととして訳出してきた。その場合、Hinausgehenはなんらかの客観を前提とし、これを「超え出ていく」働きとして理解されていることが多かった。ただし、「努力の演繹」においては、後述のHerausgehenに近い意味で使用されることもないではないが、かなり漠然と「超え出ていくこと」として使用されている。それに対して、Herausgehenはかなり明確な規定を持っている。すなわち、Herausgehen「外出」は「それによって客観が初めて可能になる」働きであるから、客観の可能性の根拠である。したがって、Hinausgehenとは異なる根源的働きを描写するときに使用されることが多いように思われる。フィヒテはこの「外出」の働きを「一切の抵抗する能動性に先行しつつ（vorausgehend）、自我に関するその抵抗する能動性の可能性を根拠付けている（begründend）」（ebenda）働きとしても規定しているが、反立された客観に「先行し」、反立された客観を「根拠付けている」ところに、Herausgehenの特質があると言えよう。ここにHerausgehenの根拠が明らかにされなければならない。

2 「努力」の発生的導出

フィヒテは「外出」の根拠の発生的証明が向かう先をあらかじめ予告している。自我は「端的に自己同一」である。したがって、「何か異種的なもの」(Etwas verschiedenes) が自我の内に現われるとすれば、それは非我によってでなければならない。しかし、このように非我が自我の内になにものかを定立(反立)しうるとしたら、「自我自身の内に、すなわち絶対我の内に」「フレムトな影響の可能性の制約」が、フレムトなものの作用に「先立って」(vorher) 根拠付けられていなければならない (vgl., WL., 271f.)。ここに「外出」の根拠の発生的証明が、「自己同一的自我の内に、いかにして非我の反立の可能性を根拠付けうるか」という、人間学的立場に立つ「知識学」固有の問題の解明にあることは明らかであろう。

フィヒテは問題解明のために、まず立論の整理を行う。「何か異質的なもの」(Etwas heterogenes) は、自我のなかで出会われるのであるから「自我の内に」あるべきであり、「自我の外に」あるべきではない。それはある種、自我と「同種的」である。しかし、それが異質的であるのは、自我定立の能動性とはその「方向」(Richtung) が異種的であるからである。もとより、自我の能動性は自我の外へと無限に進み、障害に出会い「押し戻され」(zurüchgetrieben)、自我の内へと還帰する。前者を自我本来の姿であるとすれば、後者は「異質的」である。

このような整理の後、上述の問いの系としてフィヒテは三つの問いを立てている。まず①「自我はいかにして無限に外へと向かう (*nach außen*) 自我の能動性の方向へ到るのか」(WL., 272) という第一の問いが立てられる。この問いへの答えのために、フィヒテはまず、より詳細に規定された第一原則「自我は自己自身を端的に定立する。そしてその限りにおいて自我の能動性は自己自身へ還帰する (zurückgehen)」(WL., 273) から出発する。ここでは第一原則の内に含まれている「対して」(Für) の観点が明瞭な表現を与えられている。[65] この「対して」

の方向は、一応自己還帰的であるから「求心的」(zentripetal) であろう。だが、二点が存在しないなら直線が存在しないように、二方向がなければ方向は存在し得ない。したがって求心的方向に対して「遠心的」(zentrifugal) 方向が予想される。自我はこの二つの方向の能動性から形成されているのである。したがって、自我は「物体」のようにただ対他的に存在するのではなく、自己に対して自己を定立すべきである。

自我は自己自身によって定立されたものとして、自己を定立すべきである。(WL., 274)

すでに本章2でも指摘しておいたように、この「として」は自我の反省的本性を示している。[66] 自我は自己自身のうちに「無制約的かつ一切の根拠なしに」「反省」の原理をもつのである。ヤンケは自我の「として」構造こそ自我の基礎構造であるとして、反省である「として」構造を「絶対的反省」(absolute Reflexion) と呼ぶ。そしてそのような「反省」理解の上に立って、次の二点を主張する。まず、超越論的自我に関わり、この自我を把握することは、従来の「外的」な哲学的思索、つまり単に客観的に自我に関わる方法では不可能であるということ。そこではそのような哲学的思索は「外的反省」(äußere Reflexion) と呼ばれている。つぎに、積極的意義として主張されているのが、哲学的思索は「自己省察」として行なわれるべきであるということ。[67] この二点からヘーゲルの「哲学的思索の道具としての反省」を勘案するならば、この反省が「外的反省」に他ならないことは明らかであろう。

このように反省が自我の存在の必然であるとき、我々は自我を常に「二種の観点」から捉えることができるであろう。すなわち、自我は「反省するもの」である限り、その能動性の方向は「求心的」である。また自我は「反省されるもの」である限り、その能動性の方向は「遠心的」である。これら二つの能動性は同一の自我の内にあるという点で「一にして同一」であるが、反省において区別される。
第一の問いは、以上のように「反省」が自我の必然であるとき、反省は求心的方向と遠心的方向という二方向への能動性でなければならない。この構造の中で遠心的能動性、すなわち「外へ向かう自我の能動性」も必然となるという仕方で解決を見る。しかも、反省が自我の必然である以上、この能動性は「無限」であると言わねばならない。

次に第二の問いは、②「内への方向から外への方向が、いかにして自我によって区別されるのか」である。この問いに対して、フィヒテは自我と比較するために「神の自己意識」についての考察から始めている。すなわち、神は一にして全、全にして一であるから、よしんば神が反省するとしても、神においては、「反省するものと反省されるもの、意識自身と意識の対象」とは区別されえない。だが、自我においてはそうではない。自我の外出する能動性は、ある点で「障害」を受け、自我へと「押し戻される」。ここに「反省」が起こり、「意識」が生じるのである。反省において二つの方向が区別されるということは、二つの方向が異なる方向として意識されるということに他ならない。自我は神の如くには無限性（自己同一性、自我＝自我）を満たすことなどできないのである。

だが、二つの方向はどのようにして、あるいはどのような基準で区別されるのであろうか。フィヒテによれば、二つの方向が二つのものとして存立しうるためには、両者を関係付ける「第三者」（ein Drittes）が存在しなければならない。ここに「第三者」というのは、フィヒテによれば「絶対我の要求」のことである。この要求は自己実現、自我化を目指して無限に「外出する」能動性であった。したがって、自我にとっては無限に外出する「遠心的方向」こそ「根源的要求」である。自我はこの「根源的要求」に適っているかどうかを基準にして二つの方向性を区別するのである。こうして、要求に適った方向が「遠心的方向」であり、それに抵抗する方向が「求心的方向」である。これによって第二の問いが解決される。

さて、ともかくも自我の内における二つの方向の区別が「絶対我の要求」によって生じるのであれば、「反省」とてもこの要求から生じるのであり、そこに「意識」も生まれることになるのである。無限に自己同一的絶対我は、反省においては、「無限性の要求」として現象すると言えるであろう(68)。

なお、フィヒテは第三の問い③「何故に内へと押し戻される方向が、異種的で自我の内に根拠付けられないものと見なされるのか」を立てている。この問いに対する解答はすでに②の解答の中に含まれている。すなわち、求心的方向は「自我の原理に反立された原理」から、「障害」によって生じるから、自我にとって異種的である。

さて、ここに「努力」は発生的に導出されている。高次の原理である「絶対我」の「絶対的反省」と「無限性の要求」として「努力」はある。

> 自我の自己自身へのあの必然的反省は、自己自身からの全ての外出の根拠であり、自我が因果性を満たすようにとの要求は、因果性一般への努力の根拠である。（WL.,276）

このように自我の「反省」こそが「外出」の根拠である。それは同時に自我（絶対我）が「無限性の要求」として現われ出ることである。このような要求があればこそ、自我は反省の対象の自我化を目指して「努力」することになるのである。

ところで、フィヒテはもう一つの問いを発していた。それは「絶対我のうちにフレムトな影響の可能性の制約」がフレムトなものの作用に先立って根拠付けられていなければならないという問いであった。ここではこの問いが、より直接的な表現に設えられて「自我への非我の影響の可能性」（ebenda）を絶対我のうちに根拠付ける問題として換言される。この問いは「非我の自我に対する影響」も自我の働きに制約されているということの証明に関わっている。したがって、これまで明らかになった自我の働きを想起してみると、もとより自我は絶対我として自己完結している。これは自我の絶対性の側面であり、この自我は外からの影響に「閉ざされている」(verschlossen)。と同時に自我はヤンケの言う「絶対的反省」としての側面を持つ。この反省は「自己自身によって定立されたものとして自己を定立する」という仕方で、絶対我の「根源的定立」にかかわる「新たな定立」であるとフィヒテは言う。反省に基づくこの「新たな」定立によって、自我は「外からの作用」に対して自己を「開き」(öffnen)、「自我によって定立されていないものも自我の内に存在しうる可能性」を定立する。だが、この新たな定立だけが非我の作用の制約なのではない。絶対我の絶対的自己定立、すなわち「根源的定立」と、反省に基づく「新たな定立」の両者が、「非我の自我への作用」の制約なのである。なぜなら、前者なくば「制限される能動性」がないのだから後者はないし、後者なくば前者は制限されずに無に止まる他ないからである。フィヒテは自我を「根源的定立」と「新たな定立」の「交互作用」であると語っているが、この作用を通じて「非我の自我への影響」も可能になるのである[69]。

3　三つの自我

これまでの論述を通じて、フィヒテは絶対我と実践我と知性我という三つの自我の関係を明瞭にしうる地平に到達する。

絶対我とは何か。これまでもしばしば論じられてきたが、ここで絶対我は「端的に定立された無限な自我」であり、それ故「理念」(Idee)として位置づけられることになる。絶対我は反省を通じて「無限性の要求」として現象し、自我化の働きによって「一切の実在性」である自己の実現を目指す。そのように絶対我は自我の内で自我のあるべき理念として働く。したがって、フィヒテは「自我は自己自身を端的に定立する」という第一原則も自我の「理念」を語っているのであると言う。

だが、自我はこうした理念の内に止まることはできない。なぜなら、自我の本質は反省性にあるから。自我は反省とともに理念から「外出」する。その様をフィヒテは「自我はあの理念をこの反省の根底に置き、それに従って理念とともに無限へと超え出ていく」(hinausgehen)(WL., 277)と形容している。この自我が実践我である。したがって、もちろん実践我は絶対我ではない。なぜなら、反省とともに絶対我から「外出する」(herausgehen)から。また同様に、実践我は理論我でもない。なぜなら、実践我の根底には「理念」以外の何ものもないから。フィヒテは実践我においては「可能的な障害(Anstoß)は完全に捨象され、したがっていかなる現実的反省(wirkliche Reflexion)も存在しない」(ebenda)と語る。現実的反省とは自我が非我の影響を受けるということであるが、理論我が障害によって非我の影響を受けるのに対して、実践我はこのような影響がないところに存立する自我である。したがって、実践我の根底には理念に支えられ、いささかも非我の影響を受けない「理想的なものの系列」(die Reihe des *Idealen*)がある。

一方、実践我がその「外出」において「障害」に遭遇するとき、「現実的なものの系列」(die Reihe des *Wirklichen*)が生まれる。この系列は「単なる自我とは別のもの」である非我の影響を受ける。「障害」とはこの意味で理解されなければならないのである。このように非我によって限定された自我が、「知性」であり、「理論我」である。

以上で見たように、自我の能動性が「障害」の点まで進むだけで、これを「超え出て」(hinausgehen)いかないのであれば、いかなる「障害」もないのであるから、理論我は存在しない。すなわち、実践我の「外出」(Herausgehen)がなければ、理論我はない。同時に「非我」も存在しない。だが、非我が存在しないなら、すなわち限定される理論我が存在しないなら、実践我も存在しない。つまり、「障害」の発生によって自我の内に異種的方向が生まれ、それによって自我の内に「意識」も「自己意識」も生じるのであり、そこに実践我の努力、「外出」も生まれるのである。

さて、我々は実践我と理論我のこのような相互関係を、どのように理解すべきであろうか。まず、構造的に見れば、自我の根底には理念としての絶対我がある。この絶対我はその反省性の故に、実践我とならざるをえないが、実践我の根底で「無限性の要求」として働く。そこに実践我の努力が働き、客観定立へと動く。それによって努力は客観を「超え出ていく」努力となり、「障害」が発生し、理論我が生まれる。構造的に見ればなるほどそうであるが、経験的、現実的にこれを見れば、フィヒテが括弧のなかで語っているように、「実践的能力は意識に到達するために、まず知性によって進み、表象の形式を採らなければならない」(WL., 278) であろう。なぜなら、それなしには実践我は意識(区別)に到達しえないからである。したがって、自我は以上の三つの自我によって形成されている不可分の全体であると言えるであろう。この三つの自我を少し図式化するきらいはあるが、本章1ですでに述べておいた、「正立」、「反立」、「総合」の三つの働きに置き換えることができるのではなかろうか。もちろん、絶対我は正立に、理論我は反立に、そして実践我は総合に関わるのである。

4　非我を巡って――小括に代えて――

これまでもしばしば自我との関係で非我に触れてきたわけであるが、フィヒテは『基礎』第五章の後半を非我の問題の考察に当てている。フィヒテによれば、「生と意識の原理」は自我の内に「絶対的反省」として存在するが、それだけでは「時間における現実的生も経験的生」(ein wirkliches Leben, ein empirisches Leben in der Zeit) も生じない。「現実的生、経験的生」とは、時間化、すなわち有限化された生のことであるが、無限な生が有限化されるためには、自我の反省作用ばかりでなく、「非我による自我への特殊な障害を必要とする」(WL.,

279）と、フィヒテは主張する。この論点についてはこれまで随所で触れてきたわけであるが、ここでフィヒテは明確に「非我」をも「現実的生、経験的生」の制約であると言明しているのである。したがってフィヒテは、「知識学をその真の視点において立て、知識学固有の教説を完全に明らかにする」ために、どうしてもこの「非我」の問題を明解にしておかなければならなかった（vgl., WL., 278f.）。

フィヒテは非我を非我と断定的に呼ぶことは意外に少ない。むしろ控えめに「自我の外の何かあるもの」（irgend ein Etwas außer Ich）ないしはそれに類する名辞で呼ぶことが多く見受けられる。このような所に、フィヒテの非我の消極的扱い方が反映されているように思われる。とはいえ、フィヒテによれば「現実性の究極根拠」は自我と「自我の外の何かあるもの」との「根源的交互作用」（eine ursprüngliche Wechselwirkung）にある。それはいかなる交互作用であるのか。自我は一切であり、自我自身で完結している。したがって、交互作用において、自我の内に異種的なものが入ってくるのではない。自我はただただ自分自身で自分自身の道をひたすら歩む。すなわち、自我は自分自身の法則に従って自己を展開する。それならば、「自我の外のなにかあるもの」、すなわち非我は自我に対してどのように作用するのであろうか。

自我はあの反立されたものによってただ動かされ、活動することになる。自我の外のそのような第一動者なしには、自我は決して活動しなかったであろう。また、自我の実存在はただ活動のうちにあるので、それなしにはやはり実存在しなかったであろう。しかし、あの動者には、それが動かすものであり、そのようなものとしてただ感じられるにすぎない反立された力であるという以上には、何も帰属しないのである。（WL.,279）

現実的生は自我と非我との交互作用であるといっても、その交互作用の中身は極めて貧しいものである。なぜなら、非我あるいは「自我の外の何かあるもの」は、自我の活動を惹き起こす動因としてしか考えられていないからである。先述したように、自我はその絶対的反省の働きによって、「外からの作用」に対して自己を「開く」ものであった。ここではこの「外からの作用」の「動者」として非我が語られはするが、それ以外の積極的な規定はなんら見受けられない。

しかしながら、自我は「現存在」(Dasein)するためには、「反立されたもの」、すなわち非我を必要とせざるをえない。したがって、自我は非我に「依存的」(abhängig)である。ただし、自我と非我とを媒介する能力は自我のうちにある「限定する法則」(この能力をフィヒテは「自由」とも呼んでいる)であるから、非我に「最初の一突き」さえしてもらえば、一切は自我に依存することになる(vgl.,ebenda)。こうして知識学は「実在論的」(realistisch)であると同時に「超越論的」(transzendental)である。知識学が実在論的であるというのは、「有限な人間」(endliche Natur)は経験的現存在に関しては非我に依存している点においてである。それ故に、有限な人間の意識は非我という「反立された力」なしには説明不可能である。他方、知識学が超越論的であるというのは、なるほど知識学は自我から独立の非我なくしてはいかなる知の産出も不可能であるとはいえ、知識学は一切を「自己固有の法則」に従って説明し、それどころか自我から独立した非我も「自己自身の思惟力の産物」(ein Produkt ihrer eigenen Denkkraft)となす点においてである。もちろん、自我がこのような意識に到達するためには、自我から独立の何ものかが前提とされ、それによって初めて可能になる現実的意識が前提とされることは言うまでもない。また「独立的なものがいつか廃棄されるであろうということもない」(WL., 280)。

以上のことを踏まえて、自我と非我との交互作用は次のように纏められる。

> 一切のものはその観念性においては自我に依存しているが、実在性に関しては自我自身が依存的である。しかし、自我に対しては観念的であることなしには何ものも実在的ではない。したがって、自我においては実在根拠と観念根拠は一にして同一である。かくて自我と非我とのあの交互作用は同時に自我と自我自身との交互作用である。（WL., 280f.）

なるほど、自我は実在性に関しては非我に依存している。自我は非我なしにはいかなる現実的意識ももち得ない。しかし、自我にとっては、自我に「対して」（Für）存在しないものは、いかなる実在性をも持っていない。逆に自我に「対して」存在するものは、実在性を持つ。自我においては観念根拠と実在根拠が同一であるということは、このように解釈できるであろう。そうであるなら、非我も自我に「対して」存在しないなら、実在性を持たないのではないか。また、「自我と非我の交互作用が同時に自我と自我自身との交互作用である」ということは、このような枠組みでなければ理解できないのではないか。

　この論点について考察を進めよう。

> 有限な精神は必然的にある絶対的なもの〈物自体〉を自己の外に定立しなければならない。しかしそれにも拘わらず他面では、この絶対的なものは有限な精神に対してのみ現存する〈必然的な可想体である〉ということを承認しなければならないということは、循環である。（WL., 281）

有限な精神である自我は、「物自体」を自己と異なる非我として定立する。しかし、自我と物自体は二元論的に対立しているのではない。すなわち、物自体が「可想体」（Noumen）として自我に「対して」あるのでなければ、つまり物自体、独立的非我がある種自我のうちに取り入れられているのでなければ、物自体も存在しない。［後にフィヒテはこの点に触れているが、自我が物自体を取り入れるということは、決して物自体が消失することを意味するものではない。物自体は取り入れられつつ、決して取り入れられることはないのである。（vgl., WL., 282f.）］このように見てくると、物自体は「自我の外に」定立されるから物自体であり、同時に物自体は「可想体」として「自我に対して」、つまり「自我の内に」なければなにものでもない。したがって、物自体がなければ自我はなく、自我がなければ物自体はないとも言える。これをフィヒテは「循環」と言う。しかし、フィヒテにあっては自我はこの循環から決して脱出できない。むしろ、循環こそ自我の自我たるゆえんである。そうであるのに、もし循環から脱却できるとすれば、それは「独断論」（Dogmatismus）であろう。なぜなら、循環からの脱出は、自我と物自体のいずれかを滅却する以外に道はないからである。もし、物自体を滅却すれば「独断的観念論」であるし、自我を滅却すれば「超越的実在論的独断論」であろう。知識学はこれら二つの独断論の間の「中間」（Mitte）を保つ体系であり、これをフィヒテは「批判的観念論」と呼ぶのである。

知識学はこのように実在性と観念性の「中間」を行く「批判的観念論」である。知識学がこうした批判的観念論の立場に徹する限り、先述した「自我と非我の交互作用は同時に自我と自我自身との交互作用である」という命題も成立すると言えよう。なお、フィヒテはこの命題を次のように換言する。

> 一切の意識の究極根拠は、異なった側面から考察されるべき非我を介しての自我の自己自身との交互作用である。（WL., 282）

自我は絶対的自己定立として自己に関わる。その関わり方は「対して」が表現している自己関係である。しかし、このような関係は「異なった側面から考察されるべき非我を介して」可能となる。では、「異なった側面」とは何を意味しているのか。ひとつは非我の物自体としての側面であり、もう一つは非我の可分的非我としての側面であろう。自我は非我の「障害」に遭遇し、もってこれを物自体として自我の外に想定し、同時に非我を可分的非我として自我に反立させつつ自己の内に取り込み、自我化していく。これが「非我を介しての自我の自己自身との交互作用」であり、この作用が「意識の究極根拠」として「意識」を可能にするのである。

このように見てくると、先述したように知識学においては「循環」は避けられない。だが、これまで幾度も述べてきたように、循環はむしろ自我の本質であり、自我の自我たるゆえんである。自我がなければ非我はなく、非我がなければ自我はない。観念性は実在性を前提とし、実在性は観念性を前提とする。自我の哲学を打ち立てたフィヒテは、それでもなお非我を「現実的生、経験的生」の制約となし、それによって非我をもう一方の原理として立て決して廃棄することはなかった。このことを積極的に評価する限元は「非我を介しての自我の自己自身との交互作用」において自我の「具体相」は極まると理解する。そして、もちろんそこには「循環」が見られるが、その点にこそ「対立の統一」としてのフィヒテ弁証法の本質があると主張する[70]。

このようにフィヒテはなるほど非我を決して廃棄することはない。だが、さきに触れておいたようにフィヒテの非我に対する消極的扱い方、あるいは単なる「第一動者」としての位置づけにフィヒテ哲学が抱える弱点も指摘できるのではなかろうか。この論点を以下で考察することを通じて本章を締めくくりたい。

ヘーゲルはフィヒテの観念論の本性を『精神現象学』で「空虚な観念論」(der leere Idealismus) として批判しているが、それは同時に次のような「絶対的経験論」(der absolute Empirismus) であるとも言う。

空虚な観念論はそれ故同時に絶対的経験論たらざるをえない。なぜなら、空虚な私のものを満たすために、すなわち空虚な私のものを区別し、一切を展開し、形態化するためにその理性はフレムトな障害を必要とするからである。その障害において初めて感覚と表象の多様性が存在するのである。（PdG.,136）

ここではフィヒテの観念論において、自我が「フレムトな障害」を必要とする理由が二つ掲げられている。理性（自我＝自我）である自我は、自己自身において「として」構造、すなわち「絶対的反省」という原理であった。「フレムトな障害」はまず第一にこの自我の内に区別を生み出し、もって自我の展開を可能にする働きとしてある。（もちろん、上述したように、フィヒテにあってはこの働きとて自我の「外出」の活動がなければいかなる現実性をももたないのであるが。）第二に「フレムトな障害」において自我は「感覚と表象の多様性」、すなわち経験の「内容」を獲得する。「内容」を与えられないフィヒテにおける自我の思惟法則は単なる「純粋な範疇」（die reine Kategorie）であって、「無」に他ならない。（vgl., ebenda）「フレムトな障害」なしにはいかなる経験も始まらないということを告知しているこの二点をもって、ヘーゲルはフィヒテの初期知識学を「絶対的経験論」と理解するのである。ただし、ここで我々が注意を払わなければならないのは、この「絶対的経験論」においては、非我は「第一動者」として自我にとってフレムトな「自我の外のあるもの」であり続ける点である。さきほど、「非我に対するフィヒテの消極的態度」と表現したが、「消極的」とはまさにこの点を指している。ヘーゲルによる「絶対的経験論」としてのフィヒテ観念論批判は、もちろん自我と非我の二元論批判である。

　ところで、ヘーゲルのこのようなフィヒテ批判をヤンケも正当なものと認めている。「超越論的観念論（フィヒテの知識学）は存在〈自己定立〉と無〈反立〉の対立を具体化しない。すなわち、非我である非在そして他在は理性の絶対的概念〈自我＝自我〉のうちに止揚されない」[71]。単なる第一動者として、「自我の外のあるもの」としての非我の消極的扱い方のうちに、すでに自我と非我との合一の不可能性がインプットされていると考えることができるであろう。しかしながら、最後に次のことだけは付け加えておかなければならない。自我が実在性を得るには確かに「フレムトな障害」を必要とするにしても[72]、それと同時にフィヒテにあっては自我の「絶対的自己定立」（同一）と「絶対的反省」（区別、差異）の活動なしには、いかなる経験も不可能であると言わなければならない。これがフィヒテである。フィヒテにあっては、ヘーゲルの指摘する「フレムトな障害」は、これまで述べてきたように自我の「外出」に由来するものである。しかしながら、イエナ後期ですら、ヘーゲルはこの「フレムトな障害」をまだ「非我」からの一方的作用としてしか理解しえていなかったのではなかろうか。

（1）J.G.Fichte, *Über die Würde des Menschen*, Fichtes Werke, Bd.,S.412.
（2）Ebenda,S. 413.
（3）ギルントは、ヘーゲルの対立者の総合は不透明な事実に基づいていると考える。フィヒテにおいては、まさにこの不透明な部分を「発生的に」明らかにすること、すなわち何故に総合が求められるのかを明らかにすることが課題であった。ギルントによれば、根底にある「純粋意識」を再構成していくことが、総合統一を発生的原理から洞察することであった。Vgl., Helmut Girndt, *Die Differenz des Fichteschen und Hegelschen Systems in der Hegelschen* 《*Differenzschrift*》, Bouvier, Bonn, 1965, S.55.
（4）周知のことではあるが、ヤンケも「自我の本質は根源的能動性である」と述べている。Wolfgang Janke, *Fichte Sein und Reflexion-Grundlagen der kritischen Vernunft*, de Gruyter, Berlin, 1970, S.71.
（5）ヤンケは、自我を実体性のカテゴリーにおいて捉えることは「独断的伝承」であって、デカルトもこの伝承を免れなかったと考えている。彼はまたそのような理解を一歩進めて、このような実体性としての自我を破壊するニーチェは正しいとして、その点におけるフィヒテとニーチェの親和性を認めている。Vgl., W.Janke, a.a.O., S.69ff.
（6）W.Janke, a.a.O., S.81.
（7）ヤンケは「絶対的自己定立という前提は正しい。その誤りは絶対的自己定立を現実に与えられたものとして想定することである。事行は現実的でも非現実的でもない。それはあるべきものとして無制約的に存在しつつ、最高度に実働的である」と述べているが、これは事行としての自我の特徴を見事に捉えていると思われる。また、ヤンケはこのような自我の存在構造は「努力」の基盤であることを指摘している。Vgl., W.Janke, a.a.O., S.77.

(8) ギルントはこの点について「現象（意識）は本質的に、ある区別、表象と表象されたもの、意識と存在の区別である。自我はなんらかのあるものを表象するのだが、その時自我はそれを表象していることに対立させなければならない」と述べている。ここに第二原則の問題は第一原則では隠されていた、「定立する働き」（表象する働き）「定立されたもの」（表象されたもの）との対立ということになろう。Vgl., H.Girndt, a.a.O., S.59.

(9) G.W.F.Hegel, *Üer die wissenschaftlichen Behandlungsarten des Naturrechts*, G.W.F.Hegel GW., hrsg.im *Auftrag der Deutschen Forschungsgemeinschaft*, Bd.4, Hamburg, 1968, S.443.

(10) Vgl., ebenda, S.448.

(11) Vgl., ebenda, S.446.

(12) Ebenda.

(13) Vgl., ebenda, S.447.

(14) Vgl., ebenda.

(15) ヘーゲルは『法の哲学』「市民社会」論冒頭で、市民社会がもつ二つの原理について述べている。第一の原理は具体的人格という特殊性の原理である。具体的人格とは「欲望」（Bedürfniß）の全体のことである。この場合、各人の欲望は各人の特殊な「恣意」（Willkür）であるが、これは自然必然性に基づくものとも考えられている。第二の原理は普遍性の原理である。特殊な欲望はこの原理によって「媒介されて」（vermittelt）実現される。普遍性の原理とは、まずある特殊な欲望に対する他の特殊な欲望であるが、もちろんこれは社会的連関を含意している。「主観的自由の原理」とは、上の第一の原理のことである。

(16) ヤンケは第二原則を「自我は自己に非我を端的に反立する」と読み替えている。Vgl., W.Janke, a.a.O., S.97.

(17) この点において、先述した三位一体的自我構造の、とりわけ「対して」の具体相が語られている。

(18) 隈元忠敬、『フィヒテ『全知識学の基礎』の研究』（渓水社、一九八六年）一一四頁以下参照。

(19) H.Girndt, a.a.O., S.60.
(20) Vgl., ebenda, S.60f.
(21) ギルントは第三原則導出の課題を以下のように述べている。「自我に対する反立がどのような仕方で思惟されるのかという問いがある。自我は絶対的であるが、このようなものとしての自我がいかにしてある何ものかとの関係に入ることができるのか。自我が自己を絶対的なものとして定立する限りにおいて、自我自身に対するいかなる反立も全く可能ではない。なぜなら、自我は絶対的実在性として実在性の領域を完全に汲み尽くしているから。しかるに、意識が定立されている限り、意識にとっての超越的区別が必ず定立されている。これによって、そのような区別の超越論的制約への問いばかりでなく、絶対我の定立する働きと反立する働きの合一への問いが必然的に立てられる」(H. Girndt, a.a.O., S.61f.)。このなかでまず、絶対我と意識との区別が、意識にとっては超越的区別とされている。他方で、絶対我がこの区別の超越論的制約であるとされている。ここにはギルントのフィヒテ解釈の基本線が貫かれている。
(22) 原語はThesisであり、一般的には「定立」と訳されることが多いが、Setzen も定立であるから、それと区別するために「正立」と訳す隈元訳に従った。
(23) H.Girndt, a.a.O., S.63.
(24) 隈元忠敬、前掲書、二八頁以下参照。
(25) 以下 Siep1 と略す。
(26) 以下 Girndt と略す。
(27) Vgl., Siep1, S.15ff.
(28) Ebenda.
(29) Siep1, S.16.
(30) Siep1, S.13.
(31) Siep1, S.21.
(32) Ebenda.
(33) Siep1, S.22.

(34) Siep1, S.23.
(35) Siep1, S.26.
(36) Siep1, S.27.
(37) Girndt, S.65.
(38) Girndt, X.
(39) Girndt, XI.
(40) Girndt, S.24.
(41) Ebenda.
(42) W. Schulz, a.a.O., S.143.
(43) Vgl., Girndt, S.27－30.
(44) Vgl., Girndt, S.27f.
(45) Girndt, S.28.
(46) Vgl., Girndt, S.30.
(47) Vgl., ebenda.
(48) Girndt, S.55.
(49) Ebenda.
(50) Girndt, S.57.
(51) Ebenda.
(52) Vgl., Girndt, S.61.
(53) Ebenda.
(54) Girndt, S.62.
(55) Girndt, S.65.
(56) 「自己内還帰」の運動を、フィヒテは二つの異なる方向をもった運動として理解している。すなわち、「求心的」

(zentripetal）と「遠心的」（zentrifugal）である。一般に「自己内還帰」と言うとき、自我が自我を取り戻す「求心的」方向が想定されるが、そのためには自我が自我を「解き放つ」「遠心的」方向が前提されなければならない。フィヒテにおいては両方向が相俟って自我の「自己内還帰」を形成するのである。（vgl., WL, 273ff.）

(57）Vgl., W.Janke, a.a.O., S.192.

(58）交互限定という概念は、第三原則の理論的命題「自我は非我によって限定されたものとして自己を定立する」の分析から得られる。すなわち、この命題は①「非我は自我を限定する」と②「自我は自己自身を限定する」という二つの矛盾する働きから構成されている。①では非我が能動的であり、自我が受動的である。②は自我の絶対的能動性を意味する。また、①は否定性を②は実在性を意味しているが、とりわけ②においては自我に「実在性の絶対的総体性」が与えられている。フィヒテは「全実在性」を「絶対的定量」（ein absolutes Quantum）とも語っているが、自我の自己限定とはこの「絶対的定量」の限定であり、実在性の限定である。したがって、絶対的定量の限定とは自我が自己自身を量として定立する（第三原則）ことであるが、それは取りも直さず自我の実在性がそれだけ廃棄されるということである。だが、それは同時に「廃棄された実在性の部分」を非我へ定立することである。非我のうちに実在性が存在するということは、逆に自我のうちで実在性がそれだけ廃棄されているということである。これが「交互限定」(Wechselbestimmung）である。（vgl., WL, 127－131）

隈元は交互限定について「フィヒテにあっては、自我と非我は両者がまず別々に存在していて、後からある関係に入っていくのではない。自我は自らの裏面に常に非我を伴なっている」（隈元忠敬、前掲書、一四〇頁）と述べている。ここには全実在性である自我が具体的に存在するありかたが、明確に提示されている。

(59）ヤンケはこのような因果関係における絶対我を「第一原因」（erste Ursache）と言っている。Vgl., W.Janke, a.a.O., S.168.

(60）本章1の註（23）でギルントの第一原則解釈を引用した。そこでギルントは絶対我の活動を「自己構成」的活動と「現象構成」的活動に類別していた。ここで「狭義の第一原則」としたのは前者のことである。

(61）ヤンケは註（16）で示したように第二原則を「自我は自己に非我を端的に反立する」と読み替えていたが、その読み替えが決して的外れでないことが、この新しい命題からも読み取ることができるであろう。

(62) 隈元忠敬、前掲書、二三〇頁参照。
なお、フィヒテのこのような自我理解のうちに、我々は近代主観性の哲学の真髄ないしは究極の成果を看取できる。だが、現代の地球環境問題を論じる環境哲学の視点からこれを捉えるとき、このような主観性の哲学が人間中心主義の理論的基盤を提供してきたことも事実であろう。
(63) 隈元はこの努力について、自我の同一性のうちには常にそこから堕落しようとするものが潜んでいるから、同一性を保つことも努力である、と解釈している。(隈元忠敬、前掲書、二三三頁参照。)
(64) ここで注意を呼び起こしておかなければならないことがある。それはフィヒテが常に自己の「自我」の立場と、スピノザの実体としての「神」の立場との違いに留意しつつ論述していることである。フィヒテはわざわざ註を施して、スピノザとの違いを鮮明にしている。フィヒテはその註でスピノザの立場を「叡智的決定論」(intelligibler Fatalismus)として特徴づけ、その主張の特質を「純粋能動性自体、そしてそのものが客観に関わり、関係付けるためのいかなる特殊な絶対的活動をそれ以上必要としない」(WL., 263) ところに見ている。すなわち、このように純粋能動性が直接「客観」に関わる場面では、いかなる「客観的能動性」も必要ないであろう。もちろん、フィヒテの自我の立場は、「関係付けるための特殊な絶対的活動」を必要とする。フィヒテの人間学的立場では、明確に「純粋能動性」と「客観的能動性」は区別されるのである。しかしながら、二つの能動性は区別されなければならないながらも、なお関係付けられなければならない。ここに人間学的立場に立つフィヒテの困難がある。
(65) ヤンケは「事行とその反省性の両者を合わせたものが、自我という絶対的存在を形成する。」と述べている。
Vgl., W.Janke, a.a.O., S.201.
(66) ジープはこれをはっきりと「反省法則」と呼んでいる。
(67) Vgl., W.Janke, a.a.O., S.193.
(68) 隈元はこれについて「無限な絶対我は反省の場面では無限性の要求としてみずからを現すことによって、反省を促すとともに、意識を成立させるのである。」と語っている。(隈元忠敬、前掲書、二四八頁以下参照。)
(69) 無限性のなかにいかにして有限性の視点が生じるかというこの問題を、フィヒテは本文のように無限性に対する「反省作用」に基づくと考えている。しかし隈元は、この論点は、自我が自己を単に省みるというだけではなく、もっと根源的問題を内蔵していると主張する。すなわち、この論点は、自我が自己を省みて自己を知るだけでなく、この反省作用が「有限の世界を成立せしめる」という拡がりを持つのである。その意味でフィヒテの主張の背後には「プラトンにおけるイデア界からの魂の堕落の観点や、プロティノスにおける一者からの流出の観点」があると指摘している。（同書、二五一頁以下。）

(70)　同書、二五七頁。

(71)　W.Janke,a.a.O., S.195.

(72)　フィヒテはこの点において、カントの「観念論論駁」の精神を受け継いでいる。カントは自己の超越論的観念論をバークリーの「独断的観念論」やデカルトの「蓋然的観念論」(der problematische Idealismus) から区別している。カントによると、前者は「空間」を「物」と不可分のものと捉え、空間をそれ自体では存在不可能なものとなすと同時に、物に帰属すべき単なる「性質」(Eigenschaft) と結論付ける。その結果、自然は単なる「観念」に引き下げられてしまう。これはまさしく「独断的観念論」であろう。しかし、カントの論駁の中心になるのは後者である。カントによれば、後者は「現存在」を経験によって証明することは不可能であり、「我あり」という経験のみを疑えないものとして主張するものである。このような主張に対する反駁が「観念論論駁」のテーマとなる。したがって、この論駁のために要求されるのは、我々の外にある事物は単なる「空想」ではないという証明である。カントはこの証明の条件として、「我あり」という「内的経験」も「外的経験の前提の許でのみ」可能であるという証明を提示している。フィヒテもこの思想は決して手離さない。(vgl.,Immanuel Kant, *Kritik der reinen Vernunft*, Philosophische Bibliothek 37a, Meiner,1956, S.272ff.)

ヘーゲルもまた「観念論論駁」の精神を高く評価する。ヘーゲルが『精神現象学』理性章で理性となった「自己意識は観念論として現実 (Wirklichkeit) に関わる」(PdG., 132) と語るとき、それは「世界の存立が自己意識には自分自身の真実である」(PdG., 133) ことを意味している。なお、ヘーゲルは「観念論論駁」の精神を、①直接的で純粋な自己認識の否定と、②「反省」の絶対性の主張として把握している。ヘーゲルは前者を肯定的に評価する反面、後者も承認するが、そこから「反省の克服」が観念論の至上命題となるのである。

第三章　フィヒテとヘーゲル

――ヘーゲル『差異論文』を中心にして――

序

我々は前章でフィヒテ哲学の原点である『基礎』を分析し、フィヒテにおける自我の存在構造、より詳細に言えば絶対我、実践我、知性我および非我の関係構造を解明してきた。本章では、一八〇一年のヘーゲル『差異論文』の分析を通して、ヘーゲルがフィヒテの『基礎』およびその周辺の著作に対して、いかなる立場を採っているのかを明確にしつつ、体系形成を目指す一八〇一年のヘーゲル哲学がいかなる問題点を抱えているかを解明したい。

1　シェリングとヘーゲル

シェリングは『叙述』において無限者と有限者の関係に関わる自己の哲学の基本的視点を、次のように述べていた。

あらゆる哲学の根本的誤りは、絶対的同一性が実際に自ら現われ出たという前提であり、また、この現出がいかなる仕方で生じるのかを明らかにしようとする努力である。……存在する一切のものは、それを自体的に考察すれば、やはり絶対的同一性の現象（Erscheinung）ではなく、絶対的同一性そのものである。（Dar.,§14）

このようにシェリングにおいては、有限者を無限者の「現象」と考えることが、「根本的誤り」であり、有限者は「むしろ絶対的同一性そのもの」であった。また、他方で絶対的同一性の認識は「絶対的同一性のその同一性における自己認識（Selbsterkennen）」（Dar.§19）として語られているから、ひとまず絶対者（無限者）による自己認識＝思惟と考えていいだろう。[1] 例えば、「存在する一切のもの」として表現される有限者は「本質（Wesen）から見れば、絶対的同一性そのものである。しかし存在の形式（Form）から見れば、絶対的同一性の認識である」（Dar.,§18）と、シェリングは語ってもいる。ここでは少なくとも同一性（Wesen、無限者）がForm（有限者）の実在根拠となり、Formが同一性（Wesen）の認識根拠であるかのように提示されている。しかし、自体的にはいかなる対立も存在しないのであれば、この区別は実在的とは言えないであろう。[2] しかも、上述の有限者と無限者の構造においてはシェリングは絶対的同一性から区別を排除するのであるから、「絶対的同一性の自己認識」といっても、思惟による認識というよりは直観であると考えるほうが適切であろう。フィヒテはその点をよく理解しており、シェリング哲学には「区別根拠の導出」がなく、したがって「有限性の原理」が欠けているから、「絶対的同一性の認識」など成立しないことを『叙述のために』の随所で指摘していた。また、認識論的必然性を欠いているというフィヒテのかかるシェリング批判を象徴しているのが「眼のないポリュペモス」でもあった。

さて、ここで我々にとって重要であるのは、これまで述べてきたフィヒテのシェリング批判の観点は、紛れもなく一八〇一年以降のヘーゲルの観点でもあったということである。ヘーゲルがこの観点を自覚し、自己の哲学体系形成に取り入れていったことを、我々が一八〇七年の『精神現象学』から読み取ることは決して難しいことではない。ヘーゲルは『精神現象学』の「序論」で、シェリング及び当時のロマンティカーを「単調無色の形式主義」(ein einfärbiger Formalismus)(PdG.,17)として批判した直後に、自己の哲学の原理である「実体－主体」論を表明している。そしてこの原理に基づいて、「FormはWesenに等しい」というシェリングの言説を取り上げ、これをフィヒテのシェリング批判に協働する形で厳しく批判している。以下では、ヘーゲルによるこのようなシェリング批判を『精神現象学』「序論」のコンテキストに従って検討していきたい。

ヘーゲルによると、シェリングの哲学体系は「一にして同一なるものの形態なき反復」(die gestaltlose Wiederhohlung)であり、「同一の公式」すなわちA＝Aの反復にすぎない(vgl.,PdG.,16f)。このように内容に関わることなく、内容を展開することもしない哲学体系、すなわち区別された内容、素材から屹立した絶対者の体系こそ、シェリング哲学の真実である。したがって、なるほどシェリングも「思弁」について語ってはいるが、シェリングの語る思弁は「区別されたもの」、「限定されたもの」、すなわち有限者をA＝Aという「空無の深淵のうちに投げ込むこと」(Hinunterwerfen)でもって満足する「形式主義」にすぎない。シェリングの思弁はまさにこの「投げ込む」ことなのである。かかる批判をヘーゲルはシェリングの『叙述』を意識しつつ次のように語っている。

なにかある定在が絶対者の内でいかなる仕方で存在するかを考察すれば、この定在はここ（シェリングの形式主義）では以下の仕方以外では存在しない。すなわち、確かにいまある定在について、何かあるものとして述べられているということによって語られはするが、絶対者、A＝Aの内では、そのような定在は全く存在するのではなく、絶対者の内では一切は一なのである。（PdG.,17）

この引用文の「絶対者の内では一切は一」という表現は、明らかに『叙述』のシェリングに対して向けられている。そしてこの表現は同時に、シェリングの絶対者が有限化の原理を欠いていること、またそれは取りも直さず「自己認識」の可能性を奪い去るものであることを照らし出していると解釈できる。

ヘーゲルは以上の論述を踏まえて、自らのうちに「有限化の原理」、「認識の原理」をもつ絶対者観を描出する段階に達する。ここに展開されるのが「真なるもの（das Whare）を実体（Substanz）としてばかりでなく、主体（Subjekt）としても把握し表現することが肝要である」（PdG.,18）という「実体‐主体」論である。ただ、ドイツ観念論の哲学史的形成過程、とりわけヘーゲル哲学に対するフィヒテ哲学の影響を重要なテーマとして追跡している我々が、ここで注目しなければならないのは、その直後に示される「実体‐主体」論の出自に関してである。ここでヘーゲルは実体でありかつ主体である自己の絶対者へ至る三つの段階を明確にしている。

〈第一段階〉「神を一なる実体」とするスピノザの哲学。この哲学は全く「自己意識」を欠いている。

〈第二段階〉「思惟としての思惟」（das Denken als Denken）を原理とするフィヒテの哲学。この哲学は自己意識を回復させるが、今度は逆にそれのみを実体となすから、第一段階の裏返しにすぎない。

〈第三段階〉「思惟がおのれを実体自身の存在と合一させる」から前二段階の総合ではあるが、「直接態」(Unmittelbarkeit) である「直観を思惟として」(das Anschauen als Denken) 把握しているシェリングの哲学。かかる把握の不十分性については本節の初め、とりわけ註を付した箇所で指摘しておいた。ここではヘーゲルは「知的直観」(das intellektuelle Anschauen) は「不活発な単純性」(die träge Einfachheit) へ逆戻りし、第一段階へと後退する可能性をもつことを指摘している。(vgl.,ebenda)

ヘーゲルはもちろん自己の哲学をこれら三段階の上に位置づけている。こうして自己の哲学の原理である「実体－主体」論の内実を展開し始める。

ヘーゲルは「実体－主体」としての絶対者を「生ける実体」(die lebendige Substanz) と換言し、かかる絶対者の特質を「自己定立の運動」(Bewegung des Sichselbstsetzens) に見ている。そしてさらに、この「自己定立の運動」の真相を「自己他化の自己自身との媒介」(Vermittlung des Sichanderswerdens mit sich selbst) として捉える。また、絶対者は徹底的にこのような自己媒介的な運動であるという観点から、ヘーゲルは「実体－主体」としての絶対者を「純粋で単純な否定性」(die reine einfache Negativität) と規定する。ヘーゲルによれば、この否定性は「単純なものの分裂」(Entzweiung des Einfachen) と、そこに生まれる「対立の否定」としての二重の否定を含むものである。したがって絶対者は決して「根源的統一」や「直接的統一」ではない。そうではなく、「自己を再興する同等性」(die sich wiederherstellende Gleichheit)、「他在における自己自身への還帰」(die Reflexion im Anderssein in sich selbst) の運動こそ、絶対者自身である。絶対者はまさしく「自己自身と成る働き」(Werden seiner selbst) に他ならない。ここにヘーゲル弁証法の道具立てが出揃っている。

ヘーゲルが絶対者をこのようにデザインするときに、彼にとって何が最も留意すべき事柄であったのか。それは先述したように、絶対者のうちにいかなる仕方で「認識の原理」と「有限化の原理」を導入するのかということであったことは間違いないであろう。そしてこの導入が先述した三段階のうちの第三段階、つまりシェリング批判を介してであることも言を俟たないであろう。このことを如実に示しているのが『精神現象学』「序論」の十九段落である。この段落は前後の段落に比して言及されることは少ないが、「実体－主体」論の出自を考察し、この概念を明瞭にするためには極めて重要な段落である。以下ではこの段落の展開を詳細に検討していきたい。

ヘーゲルはこの段落でWesenとFormという二つのタームを『叙述』と同じ意味で、かつシェリングを意識しながら使用している。この段落をヘーゲルはWesenとFormの同一性の立場に立つシェリング批判から開始し、そこでシェリングに欠けている二つのものを呈示する。

しかしこの自体は、対自的であるその本性が度外視され、したがって総じてFormの自己運動が度外視される抽象的普遍性にすぎない。(PdG.,18f.)

すなわち、シェリングの絶対者に欠けている二つのものとは、①「対自的であること」(für sich zu sein)と②「Formの自己運動」である。シェリングのようにWesenにFormを還元するような哲学ではこれら二つのものは必要ない。シェリング哲学においてはWesenはFormなしに自己直観が可能であるからである。しかし、ヘーゲルにとってそのような直観は、「知」に到る「忍耐や労苦」(die Geduld und Arbeit)を欠いた単なる「無味乾燥なお説教」にすぎなかった。ヘーゲルにとって、哲学は近代哲学が到達した「思惟」(Denken)の基盤の上に知の体系を構築しなければならなかった。なるほどシェリングはフィヒテの欠陥を自覚し、存在と思惟を一致させる実体を構想してはいる。しかし、それは先述したようにスピノザへの堕落でしかなかった。この隘路(あいろ)を乗り越えていくためには、もう一度第二段階、つまりフィヒテを潜り抜けなければならなかった。このようなコンテキストのなかで先の①と②を取り戻すことが要求されているのである。すなわち、①「反省」作用がもつ「対自的」性格を哲学の原理として正当に位置付け、②Form、すなわち有限な世界を救済しなければならなかった。これに関してヘーゲルは以下のように語っている。

Wesenが自分自身にとって本質的であるように、FormもWesenにとって本質的であるが故にこそ、Wesenは単にWesenとしてではなく、すなわち直接的実体あるいは神的なものの純粋な自己直観としてではなく、Formとしても、そして展開されたFormがもつ全ての富においても把握され表現されなければならない。これによってWesenは初めて現実的なものとして把握され、表現されるのである。(PdG.,19)

シェリングには基本的にWesenを「本質的」とみなし、Formを「非本質的」とみなす思想がある。無限者、実在、本質を本質的とみなし、有限者や現象形式を非本質的として捨象する性格がある。そのような性格を有する哲学においては、絶対者は「純粋な自己直観」として、言わば秘教的に捉えられるほかない。しかし、引用文においてヘーゲルが主張するところは「Wesenが自分自身にとって本質的であるように、FormもやはりWesenにとって本質的である」という点に集約される。そしてそのような理解を通じて、Wesenは「展開されたFormの全体」を通して把握され表現されるものとなる。ヘーゲルはかかる理解を、すぐ後の段落で「真理は全体」として提起する。ここには不変の「直接的実体」を真理と考える真理観から、「展開されたFormの全体」を「真理」となす真理観への転換が表明されているわけであるが、この転換は絶対者のうちに「対自性」を導入することと軌を一にしているのである。対自的であることが絶対者の存在様式でないとすれば、Formとして語られる「有限者」の展開は真理の契機とはなりえないであろう。したがって、これまで二つの事柄として述べてきた①と②は分離不可能な一つのセットとして把握されるべきであろう。

さて、以上の文脈の中に、我々はヘーゲルが一八〇一年のシェリングを対自化し、批判的に克服してきた痕跡を十分に窺うことができるであろう。そしてそれは同時に、ヘーゲルが「実体－主体」論へ至るための第二段階として位置づけていたフィヒテ的なるものを再導入する過程であったと言えるであろう。

2　『差異論文』[3]におけるヘーゲルの基本的フィヒテ理解

ラウトによれば、フィヒテとヘーゲルはシェリングに対して、「絶対的同一性における区別」を相互に影響しあうことなく「独立に」しかも「決定的に」発言している[4]。しかしながら、ヘーゲルは『差異論文』においてはまだ基本的には、シェリングの『叙述』の新しい理念を弁護する立場を貫いていると言える。だが、そういう基本姿勢でありながら、ヘーゲルはこの区別をすでに絶対者とその現象との区別として導入してもいる。しかし、その区別において現象が、上述の『精神現象学』「序論」のように、実在的本質的存在として捉えられているのかどうかに関しては疑問をもたざるをえない。この問題を問うことは、一八〇一年のヘーゲルの位置を見定めるために必要である。しかし、それを明らかにするためにはまず、ヘーゲルが『差異論文』のなかでフィヒテ哲学を基本的にはどのように理解していたかということを一瞥しておく必要があろう。ここでは、ヘーゲルのフィヒテ批判の立脚点を明らかにし、ヘーゲルのフィヒテ理解の原像に迫ってみよう。

さて、『基礎』の第一原則からもわかるように、フィヒテの自我は、「定立」（Setzen）と「存在」（Sein）と「自覚」（Für）が三位一体であるような存在であった。このような存在にとっては、自己を意識することが、自己を存在として定立することに他ならない。フィヒテにとっては、自覚と存在は同時的に定立されるのである。したがって、私がいかに豊かな内容を直観していても、その直観をわたしが意識しなければ、直観の対象どころか、わたし自身も存在しない。まさに「自我は一切」である。

しかしながら、フィヒテにおいては、意識に無意識を、そして自我に非我を同等のものとして立てることは、独断論に他ならなかった。もちろん、フィヒテにおいては非我は自体的存在ではない。むしろ、フィヒテにあっては「反立自体の可能性すら意識の同一性を前提にする」(WL.,102) のである。第二原則、非我の反立は「定立するものの意識と反立するものの意識との統一の条件の下において可能である」と言わねばならない。このように、フィヒテにおける非我は「意識の同一性」ないし「自我の同一性」において成立する概念である。したがって、フィヒテの非我は一なる反省統一の客観であるから、主観に他ならない。もちろん、実践的知識学において見たように、フィヒテは自我の「外なる」非我を想定せざるをえなかった。しかし、自我の「外なる」非我も、自我と交互作用の関係にある内なる非我との関係において、「外なるもの」として想定せざるをえないものであった。

とはいえ、まさにこの点こそヘーゲルによって、フィヒテの絶対者は「主観的な主観客観」にすぎないと批判されることになる周知の論点でもある。シェリングは先述したように、主観客観の絶対的同一性である無差別的理性から出発することによって、フィヒテの主観性の立場を克服しようと試みた。ヘーゲルも同じく、真の思弁は絶対的同一性から出発しなければならないと考える。ヘーゲルにとって「超越論的」とは、まさにこの絶対的同一性の立場に立つことに他ならない。ヘーゲルはここに立脚することによって、対立を絶対的同一性の主観と客観への「分裂」と捉えるとともに、それを絶対者の「産出」(Produktion) とする。ここに絶対者は自己の現象と対立することになる。問題は、この絶対者とその現象の関係であるが、過渡期のヘーゲルを象徴するかのように、これがなんとも微妙な関係と言わざるをえない。シェリングのように、絶対者においては、対立は自体的には存在しないのではない。対立は存在する。しかしヘーゲルにおいては、対立は絶対者と「絶対者ではない」現象との対立として存在することになる。

絶対的同一性の主観的なものと客観的なものへの分裂は絶対者の産出である。だから、根本原理は完全に超越論的であり、その原理に立てば、主観的なものと客観的なものの絶対的対立はいささかも存在しない。しかしそれだから、絶対者の現象はある種の対立である。絶対者は自分の現象の内には存在しない。両者はそれ自身対立しているのである。現象は（絶対者である）同一性ではないのだ。(Diff.,32)

ここではっきりと言えることは、ヘーゲルが絶対者とその現象との関係を「実体性の関係」(Substanzialitätsverhältnis)（Diff.,33）として理解しているということである。ヘーゲルは実体属性関係を、絶対者とその現象に適用している。それによって絶対者が実体として、現象が偶有性、単なる可能的存在として把握されることになる。現象はなるほど絶対者の産物ではあるが、単に可能的存在者として絶対者ではないのである。ただし、実体性の関係においては、一切は絶対者によって生じるのであるから、この関係は「総体性」の立場を表しており、それ故この関係を、ヘーゲルは「思弁の真の関係」(ebenda)と考えるのである。因みに、絶対者とその現象の関係についてのこの把握は、絶対的同一性の存在のFormを「絶対的同一性それ自身の属性（Attribut）」（Dar.,§17）と考える『叙述』におけるシェリングの把握と符合している。

このような立場からヘーゲルは、絶対者とその対立者との関係を「因果関係」として捉える考え方を一貫して批判している。まさにそのようなものとして批判の俎上に上がるのが、他ならぬフィヒテである。ヘーゲルはフィヒテ哲学が超越論哲学であることを認めつつも、本章1で既に述べたように、体系構成においては「独断論」に移行していることを、次のように指摘している。

超越論哲学は……因果関係を少しも正しいものとして認めないのだが、現象が（絶対者と）同時に存立すべきであり、よって現象を廃棄する関係とは別の絶対者の現象への関係が現存すべきであるかぎり、（超越論哲学は）因果関係を導入し、現象を従属的なものとする。したがって、この（フィヒテの）哲学は超越論的直観を主観的に定立するにすぎず、……同一性を現象のうちに定立することはない。……しかるに、この同一性は単なる当為ではない真の総合において提示されているのではないのである。(Diff.,33)

ヘーゲルはフィヒテが現象、可分性の領域を、絶対者と並存するものとして立て、しかるのちに両者の間に因果関係的な主従関係を設定していると理解している。そうすれば、同一性の直観である超越論的直観は、主観的であることを免れない。もちろん、このような理解は、右で述べた第一原則と第二原則を並立的に捉えるというヘーゲルの誤読に由来するものではある。しかし、いま論じているのは、絶対者と現象の関係を因果関係として捉えることを批判する、ヘーゲルのその立脚点である。その立脚点とは、既に述べた絶対者と現象の関係を「実体性の関係」として捉えるシェリング的な表象である。そうであるなら、一八〇一年のヘーゲルは、少なくともこのシェリング的理解を立脚点にしてフィヒテ哲学を描いていると言えよう。したがって、フィヒテのシェリングに対する「眼のないポリュペモス」批判はヘーゲルにも該当することになる。

3　『差異論文』におけるヘーゲルのフィヒテ批判

以上で、我々はヘーゲルのフィヒテ批判の枠組みについては明瞭にしえたと言えよう。周知のように、『差異論文』の第一部は「今日の哲学的営為に見られる種々の形式」というタイトルで、まだシェリング主義者であるヘーゲルが自己の哲学について語っている。ヘーゲルはもちろんそこでもフィヒテ批判を行なってはいるが、やはり体系的なフィヒテ批判が展開されるのは、第二部の「フィヒテ体系の叙述」においてであろう。その構成は以下のようになっている。①「フィヒテの哲学体系について」②「フィヒテ三原則の分析と評価」③「フィヒテの理論的知識学について」④「フィヒテの実践的知識学について」⑤「『道徳論の体系』批判、とりわけ衝動の演繹批判」⑥「『自然法の基礎』批判」⑦「『道徳論』批判とまとめ」。ここでは①から⑥までのヘーゲルのフィヒテ批判を、批判に対するフィヒテの側からの反批判の視点も提示しながら、以下で詳細に分析していきたい。

（1）　フィヒテの哲学体系について

ここでは『差異論文』第二部の一段落から八段落までに該当する①について論じることにする。この部分で、ヘーゲルの基本的フィヒテ解釈の方向が示される。それでは八段落で述べられる結論から見ていこう。この結論部はヘーゲルのフィヒテ批判として必ず引用される有名な箇所である。すなわち「フィヒテ体系は思弁の立場と反省の立場という二つの立場をもち、しかも反省の立場が思弁に従属するのではなく、両者が絶対的に必然的であり、また合一されることもない」（Diff., 37）とヘーゲルはフィヒテを批判している。これは先述したように、クローナーも採り上げるヘーゲルのフィヒテ批判の核心である。ヘーゲルはこの批判を、それぞれが連結している三つの相において語ってもいる。

（1）客観的自我は主観的自我と等しくならない。

（2）自我は自己の「現象」(Erscheinung)、自己定立のうちに自己を見出さない。

（3）自我の「本質」(Wesen) と、自我の「定立」(Setzen) とは一つにならない。

この三つのヘーゲルのフィヒテ批判は、つまるところ本質と現象が一つにならないという論点に集約されると考えられる。

ここでヘーゲルの思考過程に沿って、ヘーゲルの主張を分析していきたい。ヘーゲルは「(フィヒテにおいては) 絶対者は主観＝客観であり、だから自我は主観と客観の同一性である」(Diff., 34) というフィヒテ評価から始める。そしてそれに続いて、哲学の課題を「経験的意識において現われる主観と客観の対立を説明する (erkläinen) こと」と述べる。さらに、この課題は同一性に立つ哲学においては「対立を (本質である純粋意識の) 現象として証明する (erweisen)」ことと換言される。ヘーゲルはフィヒテ哲学の課題をこのように整理した後で、その課題の解決のための方向性を示している。

経験的意識が純粋意識のうちに完全に根拠づけられて (begründet) おり、そして単に純粋意識によって制約 (bedingt) されているのではないということが、経験的意識によって証明されるなら、それによって両者の対立は止揚されている。(ebenda)

この文章の「begründet」が表現しているのは、経験的意識と純粋意識が、そして現象と本質が「根拠付けられるもの」と「根拠」の関係にあるべきであるということである。フィヒテは「我あり」が「経験的意識のすべての事実の説明根拠」(WL.,95) であるとか、あるいは最高の根拠は「自己自身において根拠づけられるもの」であるというように、「事行」(Tathandlung) としての自我を語る。その点で、フィヒテには、現象と本質の同一性の哲学がある。この点をD・ヘンリッヒは『フィヒテの根源的洞察』で評価し、フィヒテはデカルトからカントに至る現象と本質の二元論に修正を加え、自己意識理論に新境地を開いたと位置づけるのである[5]。

しかし、先の引用文でヘーゲルがフィヒテを語っているのは、「bedingt」においてである。このことは『差異論文』の第一部の論証からも明らかである。すなわち、フィヒテにおいては純粋意識と経験的意識は制約しあう関係――これをヘーゲルは「交互関係」(Wechselverhuältnis)[6] と呼んでいる――にあり、そこには両者の「絶対的対立」が存在しており、よってフィヒテにおいては両者は根拠の関係にないと言うのである。

そうであるなら、ヘーゲルはいかなる立場に立ってこのように解釈しているのであろうか。そのためには、ヘーゲルが超越論哲学の演繹について語っている次の文章から始めなければならない。

> 超越論哲学は、経験的意識をその外にある原理からではなく、内在的原理から、原理の能動的流出 (Emanation) あるいは自己産出として構成する (konstruieren) ことを目指す。(Diff., 35)

前後のコンテキストからこの文章を理解すると、演繹とは経験的意識を純粋自己意識のうちに根拠付けることであるが、それは取りも直さず経験的意識（現象）を純粋自己意識（絶対者）からの「流出」として「構成すること」であると理解できる。もちろん、ヘーゲルがかく語るとき、彼は「構成の可能性」を確信していると解釈すべきであろう。

しかし、ヘーゲルのこの主張の背後には「超越論的意識と経験的意識の対立」を「見かけ上の対立」(die

異なるscheinbare Entgegensetzung）（ebenda）[7]、ないしはその両者は「本質的に」（dem Wesen nach）（ebenda）異なるものではなく、「形式」（Form）において異なるにすぎないという表象があると思われる。これは、シェリングが『叙述』で展開する同一哲学的表象に他ならない。ジープは、ヘーゲルがここで展開している「純粋自己意識」としての「絶対者」を「自分の外にいかなるものをも対立者としてもたないであろうときに、実際初めて絶対的であろう」[8]と解釈している。そうであるなら、ヘーゲルはフィヒテをシェリング的表象において理解していると言えるであろう。

フィヒテが、かかる同一哲学的観点から解釈されるとき、フィヒテの純粋意識と経験的意識が「制約」の関係にあるということは当然であろう。ヘーゲルは「制約」の関係にある純粋意識を「概念としての純粋意識」（reines Bewußtsein als Begriff）（ebenda）と呼んでいるが、概念とは客観を捨象して自己同一にとどまる「主観」である。こうして、フィヒテの「自我は自我である」は、無限な客観的世界に対立する主観として、主観的主観－客観に貶められることになるのである。

（2）フィヒテ三原則の分析と、それに基づくフィヒテ哲学の評価

ここでは先述の②が論じられている九段落から一五段落を取り上げる。ヘーゲルによれば、フィヒテの三原則は、自我の三つの「絶対的活動」（Akt）、「能動性」（Tätigkeit）を表わしている。すなわち、第一原則は自我の「絶対的自己定立作用」（Setzen）を表わし、第二原則は「絶対的反立作用」（Entgegensetzen）、つまり「無限な非我の定立」を表わし、第三原則は「自我と非我の絶対的分割作用を通じての両者の絶対的合一」を表わしている（vgl., Diff., 37）。そしてそれぞれの活動が絶対的であることが、第一原則の「被制約性」を決定的とする。ヘーゲルによれば、自我の相反する二つの活動は、合一をめざす「哲学的反省」を導出するための前提であり、ま

た仮構でもある。フィヒテ哲学はかかる構成に基づくものであるかぎり、自我と非我の総合は「アンチノミー」たらざるをえない。したがって、フィヒテの構想する同一性は、根源的たるべき同一性、すなわち「超越論的同一性」ではなく、「超越的同一性」(transzendente Identität) である。こうして、総合の原則である第三原則は、むしろ「総合の不完全性」を示すことになる (vgl., Diff., 38)。

さて、ヘーゲルは十一段落でフィヒテが行なった「ずらかし」について長々と語っている。ヘーゲルの語る「ずらかし」とはこうである。フィヒテはまず「総合の前」には、対立者を「実在性をもたない単なる思想(Gedanke)」として描いているのに、いざ総合となると対立者を「実体的なもの」として登場させ、総合を不可能にするのである。ヘーゲルによると、それは「対立者に基体 (Substrat) をこっそりと押し込み、それら対立者について思惟することを可能にする」(Diff.,39)「構想力」(Einbildungskraft) の仕業である。ところが、フィヒテにおいては、「産出的構想力」こそ絶対的同一性である。しかし、フィヒテにあっては構想力のかかる総合作用を導出するために、あらかじめ自我と非我、定立と反立という対立者が「二つの要素」として前提されているのである。ヘーゲルは「産出的構想力が対立によって制約されている総合的能力として現われる」フィヒテ哲学の地平を、「反省 (Reflexion) の立場」からの必然的帰結として批判的に描いている (ebenda)。

しかしながら、哲学は反省の立場、言うなれば経験的な認識の順序にしたがって思惟する立場ではなく、言わば存在の順序にしたがって思惟する「超越論的立場」、あるいは「哲学的反省」を回復しなければならない。すなわち、対立者の総合、合一こそ真の哲学である「思弁の唯一の関心事」(das einzige Interesse der Spekulation) である (vgl.,Diff.,40)。もちろんフィヒテも思弁の立場に立ってはいる。しかし「(フィヒテのように) 絶対的な対立者を前提にしたときには、いかなる合一が可能であるのか」(ebenda) とヘーゲルは問い、以下のように答えている。

そういう場合には、明らかにいかなる合一もありはしない。あるいは（あるとすれば）それらの対立がもっている絶対性が少なくとも一部分取り去られなければならない。（そうすると）第三原則が入り込んでくることが必然的とならざるをえない。（これがフィヒテのやり方なのであるが）対立が根底にあるので、それは部分的同一性でしかない。なるほど（フィヒテにとっても）絶対的同一性は思弁の原理ではあるが、（フィヒテにあっては）その原理は、自我は自我であるという表現と同様に、単に規則に留まっているにすぎない。（したがってフィヒテにおいてはこの規則を）無限に遂行すること（die unendliche Erfüllung）が要請（postulieren）されるのだが、（フィヒテの）体系においては（その遂行を通じての合一は）構成（konstruieren）されないのである。（ebenda）

ヘーゲルはフィヒテ哲学体系の工事現場に出向いて、その工事の様子を裏側から現場中継している。「家を建てること」（合一）が「要請」されるが、そもそも左側と右側は土台から柱まで規格がまったく異なっているのである。部分的にうまくいっても（相対的同一性）、もともと規格が違うのであるから、その部分もすぐに壊れてしまい、建築が無限に遂行されなければならないことになる。

ところで、独断論には「独断的観念論」（der dogmatische Idealismus）と「独断的実在論」（der dogmatische Realismus）がある。前者が「主観的なものを客観的なものの実在根拠として定立する」のに対して、後者は「客観的なものを主観的なものの実在根拠として定立する」（vgl., Diff.,41）。前者は「独我論」であり、世界を否定し、世界を主観の意識に還元する。後者は「唯物論」であり、「自己自身を定立する自立性としての意識を否認する」（ebenda）。ただし、ヘーゲルは、フィヒテ哲学をかかる独断的観念論として理解することはラインホールトの誤りであるとして斥ける。ヘーゲルは以下の理由によってフィヒテの観念論を独断的観念論から区別している。

フィヒテが立てる同一性は客観的なものを否認するのではなく、主観的なものと客観的なものを同一の実在性と確実性をもった等級の上に定立するのである。かくて純粋意識と経験的意識は一である。自我が自我を定立するのと同様に確実に自我の外に物を定立する。主観と客観は同一であるが故に、自我が存在するのが確実であるように物も確実に存在する。(ebenda)

ヘーゲルによれば、このようにフィヒテの観念論は自我と物とを区別しつつもそれらの同一性の意識である純粋意識と、非同一性の意識である経験的意識を同一のものとなす。この点において、フィヒテの観念論は独断的観念論から区別される。だが、ヘーゲルはフィヒテ哲学をこのように評価する視点をもちながらも、フィヒテは体系において思弁を放棄し、よって主観的なものと客観的なものの相対的同一性は提示しえても決して絶対的同一性にいたることはないというフィヒテ哲学評価の主軸にはいささかの動揺も見えない。

（3）　ラウトのヘーゲル批判

このようにヘーゲルは、フィヒテ的知を相対的同一性しか提示しえぬものとして批判していた。しかしながら、ラウトはむしろその点にヘーゲルのフィヒテに対する無理解を指摘している[9]。ここではしばらく『差異論文』第二部から離れて、ヘーゲルのフィヒテ的な知のあり方に対する批判と、その批判に対するラウトの反批判の視点を明らかにしておきたい。まず、ヘーゲルによるフィヒテ的知のあり方に対する批判を引用しておこう。

多くの個別的経験的知識が存在しうる。それらは経験の知としてその正当性を経験のうちに、すなわち概念と存在、主観と客観の同一性において示すのである。それらはまさしくそれ故に学的知ではない。なぜなら、それらはおのれの正当性を制限された相対的同一性のうちにもつにすぎないのであって、おのれを意識において有機化された認識の全体の必然的部分として正当化するのでもなく、絶対者への関係がそれらにおいて思弁によって認識されている絶対的同一性でもないのである。(Diff, 19)

ここでは、フィヒテ哲学は所詮主観的同一性を扱うにすぎない反省哲学であるというお馴染みの観点から、そこに生じる悟性的知が非学的知として斥けられ、思弁とされる理性的知が学的知として表明されている。ヘーゲルはこのフィヒテ批判を借りて自己の知の立場を照らし出している。もちろん、ヘーゲルにとって真理は一つないしは数個の命題によって表現される底のものではない。ヘーゲルにとって知が相対性を脱却し、絶対性を獲得するのは、個別的知が有機化され、「全体の必然的部分」となることによってである。これが学的知に他ならないが、この知は個別的な非学的知が、同一性の直観である超越論的直観によって、絶対者に関係づけられることによって成立するのである。

しかしながら、ここでは、絶対者がいかにして悟性によって産出される個別的知の根拠であるのか、あるいは絶対者はいかにしてかかる個別的知として現象するのかが少しも明確にされていない[10]。この論点はこれまで述べてきたように、絶対者と現象との関係を実体性の関係として把握することからの必然的帰結であるのだが、まさにこの点にラウトはヘーゲルの悟性理解の不十分さを見ている。すなわち、ラウトはヘーゲルが悟性を単なる制限作用としてしか捉えきれていないと判定する。それをもってラウトは、ヘーゲルがカントの「超越論的統覚」

のみならず、フィヒテの「事行」としての「絶対我」をも理解していないと論断する。[11] 我々はこのようなラウトの主張の論拠を、『差異論文』第一部でヘーゲルが展開している悟性知経験知の否定を導く反省の自己破棄、さらには「直観の要請」のうちに見ることができる。そこではたしかに、ヘーゲルは悟性に内在して働く「絶対者の否定的な力」としての理性を主張している。（この点については後に本章4でも触れられるであろう。）しかし、直観を要請せざるをえないところに、内在的理性把握の不十分さがはからずも表出していると言ってよいだろう。これがラウトのヘーゲル批判に繋がっているのである。ラウトから見れば、ヘーゲルにおいてはまだ、悟性の立てる反省諸規定が根拠である絶対者のうちに根拠付けられていないと言わねばならない。

　以下では、『差異論文』第一部の「絶対的原則の形式における哲学の原理」の節におけるヘーゲルのフィヒテ批判を取り上げ、それにラウトの反批判を対置することによって、ラウトがヘーゲルはカントの超越論的統覚やフィヒテの絶対我ないし事行を知らないと批判するゆえんをいま少し詳しく見てみたい。

　これまで、ヘーゲルはフィヒテの第一原則と第二原則とを並立的原則として理解しているが、それはヘーゲルの誤読であることを指摘しておいた。しかし、ヘーゲルはもちろんこの節でも、この理解に従って論を進めている。つまり、反省は絶対的総合、絶対的同一性を表現できないから、絶対的同一性のうちにある二つの部分、総合（同一性）と反立（非同一性）を別々の命題で表現せざるをえないのである。A＝Aとして印される前者は、確かに純粋思惟、理性を表現するものであるが、それが反省によって捉えられるときには、不等性、対立が捨象されるから、悟性的同一性あるいは純粋統一という意義しかもたない。この反省の不備を補うため、ここに前者において捨象された不等性の定立が「要請」される。これが後者、第二命題であり、A＝非AないしA＝Bとして印される。ここに二つの命題は、非矛盾と矛盾の命題として対立することになる。

両命題は逆の意味で矛盾の命題である。同一性の第一命題は矛盾が0であることを言表している。第二命題はそれが第一命題に関係づけられる限りにおいて、矛盾は非矛盾と同じように必然的であることを言表している。両命題は命題、つまりそれ自身で定立されたものとして同等のポテンツを有する。(Diff.,25)

ラウトはここで第二命題を矛盾の命題として捉えるヘーゲルの把握に対して、次のような疑問を投げかけている。すなわち、AとBはもちろん同一ではないが、そこから一挙にAとBは矛盾すると結論するのは飛躍ではないか、と言うのである。[12] そして、もしヘーゲルが対立を矛盾として捉えるのであれば、ヘーゲルはやはりフィヒテを理解していないとして、『全知識学の基礎』から次の文章を提出する。「A＝Bという命題は、両者がXであるかぎり妥当する」(WL.,111)。AとBはA＝X、B＝Xであるなら、Xにおいて同等である。ここではXはAとBの「根拠」(Grund)であり、AとBはXを根拠とする「可分性」(Teilbarkeit)である。したがって、ヘーゲルは「可分性」という概念を知らないか、あるいは意図的に埒外に置こうとしているかのいずれかであるように思われる。そしてこのことは、いずれにせよ、ヘーゲルがフィヒテの「絶対我」および「事行」を理解していないことを示していると言ってよいのではなかろうか。もちろん、ヘーゲルのこのような理解は、第一命題にも関わってくる。ヘーゲルは第一命題について「A＝Aは主観としてのAと客観としてのAの区別と同時にそれらの同一性を含んでいる」(Diff.,26)と語ってはいるが、これはヘーゲルによれば不等性、非同一性の抽象によって成立する命題であることから、ラウトはヘーゲルがA＝Aを「自我の反省統一に対する定式」[13]としてしか理解していないと批判する。すなわち、ヘーゲルのそのような把握のうちには、Aを定立し、Aを述語付ける「事行としての絶対我の働き」は、いささかも読み込まれていないと言わざるをえない。こうしてラウトは、ヘーゲルのフィヒテ批判に対する反批判を、あたかもそれがヘーゲルのフィヒテ批判を彷彿させるような仕方で、次のように総括する。

「ヘーゲルはなるほど悟性の理性を知っているが、しかし理性の悟性を知らない。たとえ彼はこれを必然的に自分で止揚しているとしても[14]」と。

（4）フィヒテの理論的知識学について

1　理論的知識学批判

ここでは先述の③が論じられている一六段落から一八段落を取り上げる。周知のように、理論的知識学は第三原則の第二命題「自我は非我によって限定されたものとして自己を定立する」を基本命題とする。かかる理論的能力としての自我は「知性」（Intelligenz）である。知性は非我との関係においては以下のように、アンビバレンツなものを抱えている。

（1）非我の各規定は知性の産物である。

（2）知性は非我を通じて自己を限定的に定立するのであるが、非我は「非限定的（無規定的）なもの」（ein Unbestimmtes）である。（vgl.,Diff.,42）

フィヒテ理論的知識学にあっては、客観的世界は知性の産物であるとはいえ、もともと自我は「非我によって限定されたものとして自己を定立する[15]」のである。したがって、知性に対する非我による限定が先行し、よって知性にとって客観的世界は同時に非限定的な「なにものか」（Etwas）でありつづけることになる。また、ヘーゲルは自我でないものとして自我に対立しつづける非我のこの「否定的な」（negativ）性格を「障害」（Anstoß）と名づけ、非限定性を「知性は障害によって制約されている。しかも障害はそれ自体徹頭徹尾非限定的である」（ebenda）と強調している。

しかしながら、非我をこのように非限定的なものとして定立するのは、他ならぬ知性である。

非我とは否定的なもの、非限定的なものの表現にすぎないので、非我自身にこの性格を付与するのは自我の定立作用だけである。すなわち、自我は自己を定立されないものとして定立する。反立作用一般、自我によって絶対に限定されないものを定立する働きは、それ自身自我の定立作用である。(ebenda)

ここでは明らかに、反立作用一般が自我の働きとして語られている。ヘーゲルはここに自我のうちへの相反する二つの作用、すなわち定立作用と反立作用の「内在」(Immanenz)を見る。そしてさらに、自我の自己定立作用と反立作用は「矛盾」しあっている以上、理論我はかかる矛盾から抜け出すことができないと結論する。[16]

さて、ヘーゲルによれば、理論我のかかる限界を如実に示しているのが「産出的構想力」である。この産出的構想力は定立と反立の間を漂う「動揺」(Schweben)[17]であり、「限界」(Grenze)のなかで対立者の総合を行なうことができるにすぎず、定立と反立の、自我と非我の真の合一に到ることはない。前節で述べたように、フィヒテにおいては相対的同一性しか提示されないのである。

ヘーゲルはこの後の一七、一八段落で、自我のうちにおける対立者を、まさに自我のうちにおける対立者であるから、「純粋意識」(das reine Bewußtsein)と「経験的意識」(das empirische Bewußtsein)として論じている。純粋意識とは「自我＝自我」という同一性の意識であり、経験的意識とは「自我＝自我＋非我」という非同一性の意識である。理論的知識学における「超越論的演繹」は、客観的世界を自我によって基礎付けようとする試みであるが、そのためには純粋意識が経験的意識のもつ多様性を「産出し」(produzieren)、もって客観全体の「実在根拠」とならなければならない。フィヒテ哲学は対立する作用を自我のうちに位置付けるのであるから、本来思弁の原理を有している。しかし、純粋意識を根源的同一性の意識としてではなく、客観性に対立する単なる「主観性」(Subjektivität) としてしか把握できなかったから、フィヒテは「産出」の立場に立つことができず、純粋意識を客観世界の実在根拠として提出できなかった。ヘーゲルの主張を纏めるとこうなる。だが、ヘーゲルは、自我に対して対立者Xが残りつづけるという結果から、フィヒテにあっては純粋意識と経験的意識の関係が、産出の関係ではなく、「交互に制約しあう」(gegenseitig sich bedingen) (Diff., 43) 関係にあると断定し、対立者Xが残りつづけるその原因として、単なる主観性としての純粋意識を導き出しているように思われる。こうして産出的であるはずの構想力も[18]、ヘーゲルから見れば、単なる主観性の枠の中に入れられてしまう。

2　ヘーゲルの構想と反批判

さて、ヘーゲルは上述のフィヒテ批判を踏まえて、一八段落の終わりから自己の哲学体系の輪郭を語り始める。

> 純粋意識と経験的意識を自己のうちに包括しているが、この二つの意識を交互に制約しあうような関係としては止揚しているような別の同一性が必要である。(ebenda)

ここでヘーゲルは自己の体系構想を「別の同一性」として語っているのであるが、それならばフィヒテの主観的同一性とは異なる「別の同一性」とは何なのか。ヘーゲルがそこで提出してくるのが、「客観的なものの産出が自由な能動性の純粋活動」(die Produktion des Objektiven ein reiner Akt der freien Tätigkeit) (ebenda) であるような「主観性」(Subjektivität) である。

ところで、フィヒテの第一原則である絶対我の「事行」(Tathandlung) は、ヘーゲルにとっても元々は自由な産出活動であった。しかし、フィヒテの体系においては、その活動がそのような自由な産出活動としては示されず、結局自我は非我に対立する主観としての地位に落ち着かざるをえなかった。これがヘーゲルのフィヒテ批判の基本であったが、フィヒテ理論哲学を扱うここでは、この批判が当然のことながらフィヒテの「産出的構想力」に対する批判として登場するのである。構想力はフィヒテにおいても本来は「自由な能動性の産出活動」なのであるが、かかる活動に基づく「障害」が自我に反立したままであるかぎり、フィヒテの構想力から「自由な産出活動」という資格は剥奪されるのである。ジープはこの事態を「阻止されることと限界を超え出て行くこと、すなわち構想力の動揺の法則は、実際に知識学の理論的部分では明らかにされていない。なぜなら、構想力を阻止する障害は知性によって産出されていないからである[19]」と、フィヒテ理論哲学の真相を極めて明瞭に語っている。

さて、「別の同一性」という表現で語られ始めたヘーゲル体系構想の輪郭の問題に戻ろう。ヘーゲルはフィヒテの超越論的演繹を次のように総括する。

(フィヒテの場合)自己意識は経験的意識によって制約されているので、経験的意識は絶対的自由の産物ではありえない。こうして、自我の自由な活動は客観的世界の直観を構成する場合のひとつの要素(ein Faktor)にすぎなくなるであろう。世界が知性の自由の産物であるということこそ、明確に表現された観念論の原理なのである。フィヒテの観念論がこの原理を体系へと構成しなかったとすれば、その理由は、自由がこの体系において登場する性格の中に見出される。(ebenda)

別の同一性とは、経験的意識に制約されない、すなわち反立作用に制約されない活動でなければならない。だが、フィヒテにおいては自我の自己定立作用が反立作用に制約されている。フィヒテにあっては世界が自我に対立したままである。したがって、本来自我の絶対的自由を表現していた自我の自己定立作用は、単なる「主観的自由」にすぎない。対立者Xを残しつづけるフィヒテ哲学体系は、自我のこのような性格を指示しているのである。このようにフィヒテ批判においては舌鋒鋭いヘーゲルであるが、「別の同一性」、「絶対的に自由な能動性」に基づくヘーゲル自身の体系を積極的かつ具体的に展開できているわけではない。ヘーゲルはフィヒテとの相違に留意しながら、フィヒテとは違うという消極的な仕方で自己を主張しているにすぎない。

ところで、ヘーゲルによれば、対立者の総合・統一をめざす「哲学的反省」(philosophische Reflexion) こそ「絶対的自由の活動」(ein Akt absoluter Freiheit) である。哲学的反省は、知性の「所与の領域」(die Sphäre des Gegebenseins) を「自覚的に」(mit Bewußtsein) わがものとしていく働きであるが、かかる働きを通じて哲学的反省は、知性によって「無意識的に」産出された客観的世界を「自由な活動」の産出となすのである (vgl.,Diff.,43)。ところが、ヘーゲルは「絶対的自由の活動」についてのこのような理解では、まだ不十分と考える。

> 哲学的反省に、必然的諸表象（所与）の多様性が自由によって産出された体系として生起するというこのような意味では、客観的世界の無意識的産出は、自由の活動として主張されない。なぜなら、そうである限り経験的意識と哲学的意識とは対立しているからである。(Diff.,43f.)

はじめに所与があり、それを総合していくという哲学体系は、結局対立を前提にし、対立に捕われ続ける。ヘーゲルが構想する哲学体系は、以下のような「能動性」にもとづかなければならない。

両者（経験的意識と哲学的意識）が自己定立作用の同一性であるかぎりにおいて、自己定立作用、すなわち主観と客観の同一性こそ、自由な能動性である。（Diff.,44）

ヘーゲルは先に「別の同一性」を「純粋意識と経験的意識を自己のうちに含んでいるが、そこにおいて二つの意識が制約しあう関係にない同一性」として語っていた。ここでは、自己定立作用が、同一性（純粋意識）と非同一性（経験的意識）の同一性としての基本的構成を獲得している。「自由な能動性」（freie Tätigkeit）は、かかる構成であることによって、「総体性」（Totalität）として登場することになる。[20]『差異論文』におけるヘーゲルのフィヒテ批判は的を得ていると考える一九七〇年のジープのこの部分についての解釈を以下で示しておこう。ジープは、自我と非我、定立作用と反立作用は、フィヒテにおいてはヘーゲルの言うように「観念的要素」にすぎないと認めたうえで、両者を「構想力」を説明するための「思想」であると断定する。しかし、以下の二つの条件をフィヒテの哲学体系が満たすのであれば、ヘーゲルもフィヒテを認めるであろうとして、次のように述べている。

第一の条件はこの構想力としての能動性が、そこにおいて対立する活動が、総体性（Totalität）の契機としてお互いに補完しあっている絶対者であるということを、フィヒテが表現しているような場合である。第二の条件は、フィヒテがこの能動性を完全な同一性として、すなわち主観と客観の統一、産出するものと産出されるものとの統一として把握しているような場合である。しかしながら、二つの条件はフィヒテにおいては満たされなかった。[21]

本章2で述べたように、ヘーゲルは真の思弁は絶対的同一性から出発しなければならないと考える。この立場においては、対立は同一性の主観と客観への「分裂」であると同時に、絶対者の「産出」でもあった。ジープはかかるヘーゲルの立場と比較しつつ、フィヒテに欠けているものを取り出しているのである。

以上のヘーゲル哲学の構成は基本的には同一哲学を下敷きにしていると言えるであろう。「現象」は絶対的同一性である絶対者の「産物」である。しかしフィヒテにおいては「絶対的同一性である自由は、現象に対立する」（ebenda）のである。もちろん、絶対者と現象の関係については一義的ではない。本章2で述べたように、シェリングにおいては、自体的には対立は存在しない。しかし、ヘーゲルは微妙な言い回しで、両者の関係を「対立でないような対立」と考えていた。もっとも、現象を絶対者の産物と考えるヘーゲル哲学の基本構成から見るとき、かかる対立は解消されるべきものであった。しかし、フィヒテの超越論的立場から見るとき、シェリングもヘーゲルも次のようなフィヒテの問いを無視していた。

> 絶対者がそのもとで現象する……形式は、そもそもどこから来るのか。……一体どのようにして一者はまず無限者になり、次に多様なものの総体性になるのか[22]。

これはシェリングの同一哲学に対してなされた問いかけとまったく同一である。この問いかけをラウトは次のように解釈している。

> 主観客観の現実的自己産出に対する哲学的反省の位置付けが、両哲学者（シェリングとヘーゲル）において洞察されないまま（uneingesehen）であるのは偶然ではない。誰も絶対的同一性から分裂を洞察的に

（einsichtig）展開することはできない。それ故、フィヒテが後に（一八〇七年）注意したように、この種の哲学において理性の分裂なり反省なりを実行するのは、その著者のなかにある差別化する理性である。[23]

ラウトはここで、シェリングとヘーゲルは自らを存在の創始者、絶対者になしていると判断している。人間にとって洞察不可能な絶対者の位置に自らを祭り上げていると考えている。フィヒテにとっては、人間が「総体性」の立場に立ちうることなど不可能なことなのである。もし、ある哲学がその立場に立つのであれば、その哲学はフィヒテにとっては独断論に他ならない。この点で、ラウトはヘンリッヒの「フィヒテの根源的洞察」（本章註（5））と共働している。

さて、ヘーゲルはフィヒテの理論的知識学を、知性にとっては「障害」が残りつづけるがゆえに、そこにこそフィヒテ哲学の欠陥が集約されていると批判していた。ヘーゲルから見て、かかる欠陥はフィヒテ哲学における「構想力の動揺」や「自由の主観性への制限」を表現するものでもあった。しかし、ラウトは「障害」概念に関するフィヒテとヘーゲルの把握の違いに着目し、そのことから両哲学の基本的構成の違いを推理している。彼によるとフィヒテにおいては、客観、すなわち障害の全体は「存在そのものであるのではなく、自我の内にのみある制限可能性（Beschränkbarkeit）である」のに、ヘーゲルは「客観者を誤認し」、「存在的」（ontisch）に捉えてしまった。フィヒテにおいては、客観はあくまでも自我の働きなのであり、自体的存在ではない。このことは、先述したフィヒテ三原則からも明らかなことである。次にラウトは、障害がもつ「阻止」（Hemmung）と理性による障害の「変容」（Verarbeitung）とを、フィヒテにおいては「感性的〈領域〉における叡智者の表現」（die Manifestation des Intelligibeln）として捉えている。ヘーゲルのように、分裂が絶対者による「産出」であるのではない。[24]

（5）フィヒテの実践的知識学について

ここでは先述の④が論じられている二一段落から二九段落を取り上げる。実践的知識学においては理論的部分で積み残されていたもの、すなわち「自己を自我＝自我として定立し、自己を主観＝客観として直観すること」が「実践的に」要請される。実践的知識学の原則は第三原則の第一命題「自我は非我を自我によって制限されたものとして定立する」ことであるが、ヘーゲルはこの実践的要請も、「因果関係」（Kausalitätsverhältniß）のうちに置かれていると、解釈する。すなわち、ヘーゲルから見れば、フィヒテの実践的知識学においても主観的なものと客観的なものの二項図式が前提とされているのである。いずれにせよ、非我、客観は自我に「限定されるもの」であり、かかる関係を通して実践的自我は「自我＝自我」の実現を目指すことになる。だが、理論的知識学と同様に因果関係が導入されると再び「主観＝客観の立場である理性を対立の一項として固定する」（Diff.,45）ことになるから真の総合は不可能になると、ヘーゲルは解釈するわけである。この結果以下のことが主張される。

> 自我が自己を、主観性と、無意識的産出において自我に対して生成してくるXとの対立から再構成し、自己の現象と一つになることは不可能である。かかる不可能性は体系が提示する最高の総合（die höchste Synthese）が*Sollen*であるということをおのずと表現しているのである。自我は自我であるが、自我は自我であるべきであるに変わる。（ebenda）

「無意識的産出において生成してくるX」とは、理論我の対象Xであるが、このXを実践的に自我として再構成していくプロセスが実践的知識学である。しかし、そのプロセスが目指す総合も自我と非我の間に因果関係が導入されている以上、その総合は「べし」にとどまらざるをえない。したがって、ヘーゲルによれば、フィヒテにおいては総合は「実践的要請」(das praktische Postulat) となり、自我の客観への能動性も「努力」(Streben) となる。ヘーゲルはここにフィヒテの第一原則と第二原則の「反立」(Antithese) が如実に表現されていると見なしている。

以上のヘーゲルによるフィヒテ実践的知識学の解釈の中心にあるのは、理論的知識学と同様に自我と非我とを因果関係としてのみ考察することである。この解釈についての疑義を前節の註 (15) で指摘しておいたが、この指摘は実践的知識学にも該当するように思われる。

さて、以上のことから実践我も理論我と同様に「絶対的な自己直観」(Diff.,46)、すなわち「自我＝自我」の直観には到りえない。したがって、「Sollen (当為) としての努力」の過程は、「アンチノミー」(Antinomie) とならざるをえない。アンチノミーこそが、実践我の努力にとっては、「最高の総合」(die höchste Synthese) (ebenda) となる。あるいは、「反省」(Reflexion) にとっては、アンチノミーこそが唯一の「絶対者の把握」様式となる。

次に、ヘーゲルはアンチノミーの内部構造に歩み入る。彼はアンチノミー内部にある対立をカント的な「無限性という理念」(die Idee der Unendlichkeit) と「直観」(Anschauung) の対立として捉える。そしてかかる理念と直観の総合はカントにとっては「自己自身を破壊する要求」(ebenda) であるが、まさしくこの総合こそ哲学の課題に他ならないとして、ヘーゲル哲学体系の目指すべき方向性をはっきりと打ち出してくる。さて、理念と直観の対立と総合の過程は、フィヒテにおいては終わりのないという意味で「無限の過程」たらざるをえないのであるが、ヘーゲルはこの対立を以下のように捉えている。まず、ヘーゲルはこの対立を理念と「時間」(Zeit)

の対立と読み替える。フィヒテにおいては「無限性は時間の外にある」（ebenda）。空間もまた、そうである。カントの直観の形式は周知のように時間と空間であるが、「無限な過程」は時間のうちで行なわれるという点で、空間よりは時間に優越権が与えられる。次に、「無限性という理念」は「一切の多様性」（alle Mannigfaltigkeit）を排除する。それに対して、時間は「対立と相互外在性（Außereinander）」を含むが故に、時間における「現存在」（Dasein）は「多様なもの」として現われる。（前章3の（3）の**3**では、フィヒテは絶対我を理念として主張していた。また同じく3の（3）の**4**では、「時間化」とはまさしく「現実的生、経験的生」に他ならず、かかる生の只中に理念は「努力」として現象するものであった。）ヘーゲルにおいては、理念と時間の対立は、言うなれば「一と多」の対立としても想定されている。この対立の総合を目指す「努力」は、当然「外的な感覚世界」に対立することになる。優れて時間的な働きである努力は、外的で多様な感覚世界に対立する主観の「内なるもの」（ein Inneres）である。かかる対立的主観を、ヘーゲルは「点である一性」（Einheit des Punkts）として位置付けることによってフィヒテの実践我の有限性を浮き彫りにしている。（vgl.,Diff.,47）

ヘーゲルは、フィヒテにおける実践我の努力を以上のように評定しているのだが、そこから自ずとヘーゲル哲学の課題も出現してくることになる。

> 時間が無限な時間としてであれ、総体性（Totalität）であるべきであるなら、時間自身は止揚されており、（そうであるならフィヒテのように）時間という名前に、そして引き延ばされた時間の進展の中に逃げ込む必要などなかった。時間の真の止揚は時間なき現在（zeitlose Gegenwart）、すなわち永遠（Ewigkeit）である。（ebenda）

時間を己のうちに止揚した「総体性」としての絶対者の体系がここに提示されている。これまで述べてきた同一哲学的カテゴリーで言えば、有限者を無限者のうちに止揚することによって総体性を回復するところに、絶対者の体系が求められている。だが、フィヒテにおいては、「時間の止揚」が逆に無限者の廃棄であることは前章の展開から容易に推測できるであろう。時間は「絶対的反省」である自我にとっては、自己実現を目指す「努力」の必然的相関者であった。

(6)『道徳論の体系』批判とフィヒテ

ヘーゲルの実践的知識学に対する批判は、つまるところフィヒテは「超越論的直観の主観性」に固執するから、自我の実践的活動も「主観的主観・客観」に止まらざるをえないという論点に尽きるであろう。ヘーゲルによれば、このようなフィヒテ哲学固有の欠陥は、「自我の自然（Natur）への関係」（Diff., 48）のうちに顕著に現われてくるとされている。フィヒテは『道徳論の体系』(*System der Sittenlehre nach den Principien der Wissenschaftslehre*,1798.)のなかで、私の（自我の）自然への関係を以下のように述べている。

私の自然は全自然ではない。やはり私の自然の外にも自然がある。そしてこの自然は、まさしく私の自然の規定を説明するために定立されるのである。いまや、私の自然は衝動（Trieb）として記述される。（SdS.,113）

この論述の基礎には前章3の（3）の**4**で論じられた自我と非我の関係が下敷きとしてある。私の「外に」自然はある。しかし、私の「内にも」自然はある。私の内にどうして自然が生じるのか。それを説明するために「外なる自然」がある。フィヒテの超越論的立場に立つとき、自我の対象となる自然は決して「私の外なる自然」ではなく、「私の内なる自然」「衝動」としての私自身に他ならない。フィヒテにおいては「自然自体など決して存在しない」（vgl.,SdS.,133）。それでは衝動とは何か。

自我の客観的性状はいささかも存在や存立ではない。なぜなら、そうであるなら自我は自己とは反対のもの、つまり物（Ding）になるであろうから。自我の本質は絶対的能動性（absolute Tätigkeit）であり、かつそれ以外のなにものでもない。しかし、能動性が客観的に受け取られるとき、それは衝動である。（SdS.,105）

『基礎』と同様に、フィヒテにあっては自我は「絶対的能動性」である。この絶対的能動性（周知のように『道徳論の体系』においては、頻繁に「自由」（Freiheit）と同義で使用される）が、自我に対して現実的に発現してくるとき、それは「衝動」である。すなわち『基礎』の論述の枠組みを使用して述べるなら、絶対我が自我の客観的対象になったのが「衝動」である。ここに「衝動」が絶対的能動性の働きと関わっていることは明らかであろう。だが、衝動は「私の自然」でもあった。絶対的能動性の発現である衝動が「自然」であるとは、いかなる意味においてであるのか。

しかし、知性の自由や自己能動性の関与を一切欠いている知性の単なる規定性が感情（Gefühl）と呼ばれる。……自我の存在はその意識に直接的かつ必然的に関係する。存在と自我性とのうちにあるこの単なる規定が感情と呼ばれる。したがって、自我が根源的に自我の客観的規定としての衝動とともに定立されているのであれば、自我は必然的にやはりこの衝動の感情とともに定立されている。（SdS.,106）

フィヒテは『道徳論の体系』においては、実践的な個別的具体的自我に目を向け、これを論じている。この場面は『基礎』の「実践的知識学」で語られていた「現実的生、経験的生」に他ならない。この場面で、純粋我（絶対我）は非我（物自体）を介して経験我（実践我）として現象するのであるが、ここに自我の自己自身との交互作用がはじまるわけである。「衝動としての自我」は自我の客観である自我である。ところで、フィヒテにおいては、自我は「定立」と「存在」と「自覚」が三位一体となった存在構造を有していた。『道徳論の体系』においても、それは当然のことながら踏襲されている。すなわち、「存在と意識」は必然的に結合している。自我は衝動として定立されるとき、存在（実在性）を獲得するが、それは自我が自己を衝動として「意識する」（ここでは感じること、感情である）からに他ならない。また、自我は自己を意識する（感じる）から、存在（実在性）を獲得すると言ってよい。ただし、衝動の意識である「感情」は、「知性の自由や自己能動性の関与を一切欠いている」ところの最も低い意識である。したがって、かかる意識である「衝動」は、非我に制約されていると言わねばならない。このような意味で衝動は「自然」である。

さて、ここに「衝動としての自我」と「絶対的能動性としての自我」の対立が存する[25]。ヘーゲルによれば、この対立は「媒介」（Vermittlung）されなければならないが、この媒介には二つの仕方がある。ひとつは「超越論的立場」からの媒介であり、もうひとつは「反省の立場」からの媒介である。結論から言えば、フィヒテにおいてはこの媒介が成功しない。ヘーゲルによれば、「（フィヒテの）体系の結末がその始まりに忠実でないのと同様に、結果はその原理に忠実ではない。（フィヒテ体系の）原理は自我＝自我であった。結果は自我≠自我である」（Diff.,50）となる。すなわち、フィヒテ哲学の原理は「超越論的立場」に立っているのに、結果は「反省の立場」に終始しているということである。この批判はまさに『基礎』に対する批判と重なる。

ヘーゲルは、「根源的に制約されたもの」である「衝動」ないし「自然」と、根源的に制約されないもの」である「自由」との「媒介」を、対立者の「総合」とも呼び変えているが、かかる媒介、総合の過程をフィヒテの論述に従って述べている。以下では、ヘーゲルの分析を追跡していこう。

ヘーゲルによれば、フィヒテは議論の出発点において、超越論的立場に立っている。すなわち、

自我＝自我であり、自由と衝動は一にして同一である。……両者が所属している実体（Substanz）はまったく一にして同一であり、一にして同一なものとして定立されている。感じる私と思惟する私、駆り立てられている私と自由意志でもって決心する私はひとつである。自然存在としての私の衝動と純粋精神としての私の傾向は、超越論的立場に立てば一にして同一の原衝動（Urtrieb）であり、これこそが私の本質を構成しているのであり、二つの異なった側面から見られたにすぎないのである。それらの相違は現象のうちにあるだけである。（Diff.,49）

この文章の後半は、そっくりそのままフィヒテから引用されている（vgl.,SdS.,130）。ヘーゲルは自我を実体と解し、衝動と自由を実体（原衝動）の現象として押さえている。さらに、このような枠組みで捉えられたフィヒテの自我の存在構造を「実体性の関係」（Substanzialitäts-Verhältnis）として高く評価するのである。だが、ヘーゲルによるこのような解釈は、ヘーゲル自身の体系構想のなかにフィヒテを強引に引き入れて理解したものであると言わなければならない。フィヒテにおいては、自由は絶対的能動性であり、衝動と同列の「現象」ではない。むしろ、絶対的能動性こそ、原衝動であろう。

さて、ヘーゲルは、フィヒテを上述の枠組みで理解することによって、フィヒテは原理においては超越論的立場に立ちえていると評価する。しかし、それと同時に体系においては反省の立場に堕落するというお馴染みの論

点を提起してくる。ヘーゲルは次のようなフィヒテの論述に異議を唱える。

> 反省の直観によれば、反省するものは反省されるものより高い。前者は後者を超えて高まり、これを包括する。したがって、反省するものの衝動、つまり意識の主体の衝動は正しくもより高次の衝動を意味している。(SdS.,131)

ヘーゲルは、反省するものと反省されるもの、自由と衝動を「支配」(Botmäßigkeit) と被支配の関係として捉える。ヘーゲルによれば、フィヒテにおいては自然と自由は、衝動が「自覚される」(zum Bewußtsein kommen) ときに総合される。このことが何を意味するかを、ヘーゲルは次のように語っている。

> その(衝動が自覚される)限りにおいて、衝動は自我の威力 (Gewalt) のうちにある。衝動はこの(自我の)領域においては全く働かない (wirken)。自我だけが働くのである、すなわち自我は衝動に従って働くのではない。(Diff.,ebenda)

ヘーゲルは、フィヒテにおける対立者の総合を、より低次の衝動(自然)がより高次の衝動の支配下に入ることであると理解している。この理解の許で、対立者の関係は、自然(必然性)が自由に従属させられている関係として、すなわち「因果関係」(Kausalitäts-Verhältniß) として押さえられている。

ところで、ヘーゲルは、自由(ヘーゲルは「純粋衝動」とも呼んでいる)と自然衝動(ヘーゲルは「客観的衝動」とも呼んでいる)とが、支配－被支配の因果関係にあるがゆえに、両者の総合は自我の到達しえない「究極目的」（Endzweck）になると考えている。すなわち「自我は客観自身としての自己を止揚し、それでもって主観としての自己をも止揚する。だが、（自我は衝動に対して支配－被支配の関係にあるから）自我は自己を止揚すべきでない」（Diff.,50）。このようにフィヒテにおいては、総合を目指す原理とそれを阻害する原理がある。この点に関してフィヒテは以下のように語っている。

反省されたものだけが、自然である。つまり反省するものは反省されたものに対立しており、したがっていささかも自然ではないし、また一切の自然を超えている。純粋に精神的なものである衝動としての高次の衝動は、能動性のために、能動性へ向けて絶対的に自己を限定することを目指すのである。したがって、かかる衝動は一切の享楽（Genusse）に矛盾する。……ふたつの衝動は意識の範囲のなかで合一されなければならない。この合一において高次の衝動からは、能動性の純粋さ〈客観によって限定されていないこと〉が課され、低次の衝動からは、享楽が目的として課されねばならないということが、明らかになるであろう。かくして、合一の結果として、その究極目的が絶対的自由であり、すべての自然からの絶対的独立であるような客観的能動性が見出される。それは決して到達されることのない無限な目的である。（SdS.,131）

自我は一方で、低次の衝動、自然なしには自我でありえない。言うなれば、衝動や欲望の享受は自我の定めである。それなしには、自我の生はありえない。しかし、他方で自我はそれからの一切の独立、絶対の自由を求める。なぜなら、それこそが自我の本質であるからである。こうして、自然必然性と自由との戦いは、無限累進となる。このような結果に陥らざるをえない原因として、ヘーゲルは『基礎』の第二・第三原則を挙げている。「自我は絶対的に非我によって触発されている。だから自我は自己を自我の一定量として定立しうるにすぎない」(Diff.,49)。

さて、ヘーゲルは上述のフィヒテ批判を支える自己の絶対者観も同時に披露している。

自我＝自我は絶対者であり、総体性（Totalität）である。（このような総体性としての絶対者である）自我の外には何も存在しない。(Diff.,50)

フィヒテにおいても、「自我が一切」である。しかし、ヘーゲルはフィヒテにおいてこのように主張される自我の真相を、常に客観との対立を残し続ける主観にすぎず、またその総合は無限に「延長された時間」に委ねられざるをえないことを見抜いている。このようなフィヒテの自我にヘーゲルが対置しているのは、「総体性」としての絶対者である。衝動と自由、自然と精神をおのれの属性として担っている実体としての絶対者である。フィヒテの自我を「主観性」にすぎぬものとして批判するヘーゲルの論点は、多くの研究者がつとに指摘してきたわけであるから、適切なものであるかもしれない[26]。しかしそうであるからといってヘーゲルがここで提起している「総体性」としての絶対者が、フィヒテ的問題を全面的に解決しているわけではない。「総体性としての絶対者」が「主観性としての自我」に対置させられているにすぎない。すなわち、「総体性としての絶対者」を主張したからといって、一である絶対者はいかにして二性となるのか、そして二性はいかにして一でありうるのか、という問いに答えているわけではないのである。恐らくヘーゲルはフィヒテの次のような問いかけについて一度真摯に思索しなければならなかった。

一番先に（言わなければならないのは）、反省が生じるということ、すなわち反省の形式は絶対的である

（ということである）。反省は決して自然の産物ではない。反省は、反省が生じるが故に、私が自我であるが故に端的に生じる。（SdS.,132）

「総体性としての絶対者」が、かかる反省をいかにしておのれの総体性の必然的契機として有機化するのかについての思索は、一八〇一年のヘーゲルにおいてはなお無明のなかにあったのではなかろうか。

（7）『自然法の基礎』批判

ヘーゲルはフィヒテの『自然法の基礎』を批判するのに先立って、これまでの論述を踏まえて、フィヒテにおける自然の位置を総括的に論じている。それによると、フィヒテにおいては自然は理論的にも実践的にも「本質的に限定された死せるもの」（ein wesentlich Bestimmtes und Totes）である。たとえば、自然は理論的には自己意識の客観的側面でしかなく、自己意識の制約として自己意識の説明のために定立されるにすぎない。したがって、自然は「説明のために反省によって定立されたもの」（ein zum Behuf der Erklärung durch Reflexion gesetztes）（Diff.,50）である。ただ、自己意識は自然を通じて証明されるのであるから、自然は自己意識と同等の「威厳」、すなわち「自立性」をもっているとも言えようが、自然は反省によって定立されたものであるから、フィヒテにあってはその自立性は本来否定されるべきものであり、単に自己意識に反立するという性格をもつにすぎない。

また、事情は実践的場面においても同じである。前章でも示されたように、「自然衝動」と「自由の衝動」の総合は、結局「概念は自然に対して因果性をもつべきであり、自然は絶対的に限定されたものとして定立されるべきである」（Diff.,51）ということになる。フィヒテの実践哲学における自然と自由（自我）の総合は、このように「であるべきである」理念として提示されざるをえないわけであるが、ヘーゲルはこれを捉えさらに一歩踏み込んで、フィヒテにおける総合への努力、あるいは「媒介」（Vermittlung）は、「みかけ」（Schein）にすぎないと論難する。というのも、「自我の独立性」と「自然の絶対的限定性」が絶対的な対立者として前提されている以上、それらを媒介し総合をめざすことは「みかけ」でしかないからである。しかし、同時にフィヒテにあっては、「原衝動」を絶対的主観性となし、それに「衝動の制限」（客観的に定立された自然）を絶対的客観性として対置するフィヒテ道徳哲学の基本構造こそ、「実践」を可能にするものであることを、ヘーゲルは洞察していた。

かかる対立こそ、自我がそれによって実践的になる制約である。（Diff.,52）

したがって、フィヒテ哲学における実践的領域の存在根拠は、まさしく「反省」の立場にあることになる。ヘーゲルはフィヒテ実践哲学を総括して、実践哲学の基本を以下のように纏めている。

理性は実践的立場でも、……反省の手に委ねられたままである。反省は、主観と客観を一方のものの他方のものへの依存性の関係、すなわち因果性のうちに定立し、こうして思弁の原理、すなわち同一性を取り除いてしまうのである。（Diff.,52f.）

それでは、このような「反省の支配」（die Herrschaft der Reflexion）がフィヒテ『自然法の基礎』（*Grundlage des Naturrechts nach Principien der Wissenschaftslehre*,1796）では、どのように現象してくるのであろうか。また、ヘーゲル

はそれをどのように批判しているのであろうか。そしてその批判は妥当なものであるのかどうかについて、以下で見ていきたい。

1　ヘーゲルの『自然法の基礎』批判の視点

フィヒテにおいては、もちろん理性的存在者（das Vernunftwesen）は自由であり、またかかる自由な存在として自己を定立しなければならない。理性的存在者の自己定立とは「自己の自由のための領域を形成すること」に他ならない。この領域は自我に対立するものとしての自然であり、自我がこれを占有的に「所有」（Haben）することが自由であることの証明となる。もちろん、この自然は「物質」（Materie）であるが、そうでありながらも自我によって定立されることなしには存在しえないのであるから、基本的には「（自我によって）つくりだされたもの、また死せるもの（ein bewirktes und todtes）」（Diff.,53）である。このように理性的存在者はそれ自身において自由であり、かつ自我（自由）と自然の対立であるが、「概念」としての自我が自然を支配し、自然が概念に従属するとき理性的存在者の自由は実現する。ただし、このような理性的存在者といえども、同じ理性的存在者（他者）から見られるときには、「自由な理性的存在」であると同時に「単なる物件として扱われうる変様可能な物質（eine modifikable Materie,ein fähiges als blosse Sache behandelt zu werden）」（Diff.,54）という二つの相をもって現われる。フィヒテにおいては、このような分離が他者との「共同」（Gemeinschaft）の前提として置かれていると、ヘーゲルは理解している。

さて、理性的存在者の他者との共同は、周知のようにフィヒテにあっては、各人の自由の制限として考えられている。

（フィヒテにおいては）理性的存在者の共同は自由の必然的制限によって制約されたものとして現われる。……制限という概念が自由の国を構成するのである。……（したがって）自由は自由であるために自己自身を廃棄しなければならない。（ebenda）

理性的存在者の本質は自由である。したがって、理性的存在者はあらゆる制限（不自由）の廃棄をめざす。かかる自由がフィヒテの体系において最高のものである。しかし、理性的存在者の自由は共同体の他の成員の自由を可能にするために廃棄されなければならない。ヘーゲルはこのように他者との共同が自由の制限としてしか実現しえないフィヒテの自由観を、「反省の立場から」構想されたものにすぎないと批判する。ヘーゲルは「反省の立場」から構想された自由を「純粋に観念的要素」（ein reiner ideeller Faktor）と規定してもいるが、このように規定されるとき自由は単なる主観的自由となり、理性は単なる「個別者」（ein Einzelnes）となる。すなわち、自我は個別的主観を超えていく理性の能力を剥奪され、そこにとどまらざるをえぬ存在へと矮小化される。ヘーゲルはフィヒテの自我を、共同性に欠ける矮小化された自我として捉えている。

このように諸個人が単なる個別的主観として捉えられるとき、諸個人の共同は自由の制限とならざるをえない。自然法の境地における制限とはいかなるものであるかを、ヘーゲルは少し後の部分で（Diff.,58）道徳の境地と比較しながら語っている。道徳論では「一なる人格」のうちでの概念と自然の関係が問題となり、そこでは制限は概念に対立している自然によってもたらされる。それに対して、自然法の境地における制限は以下のように語られている。

自然法においては、共通意志という固定化された抽象物が個人の外にも存し、個人に対して威力をもつとい

うように、自由な存在の概念のもとへの支配が総じて自己目的である。（ebenda）

このように自然法の境地における理性的存在者の制限を、「共通意志」という概念のもとに自由な存在を包摂支配することとして、ヘーゲルは捉えている。しかもこの支配が、フィヒテにおいては共通意志の自己目的であるとされる。とするなら、ヘーゲルはフィヒテの主張する「共通意志」をいかなるものとして理解していたのであろうか。ヘーゲルが国家における共通意志を、いかなるコンテキストで考えていたかを窺うためには後年（一八二一年）の『法の哲学』における「国家論」の二五八節が参考になる。以下でこれを検討したい。

2　ヘーゲル『法の哲学』とカント『永遠平和のために』における共通意志

ヘーゲルによると、ルソーは「意志（Wille）を国家の原理」として確立したことによって、国家の理念の哲学的考察に大きな貢献をなした。ヘーゲルはルソーをこのように評価した後で、ルソーに対するマイナス評価を以下のように述べている。

> しかしながら、ルソーは意志を個別的意志の限定された形式においてのみ把握し〈後にフィヒテもそのように把握したのだが〉、こうして普遍意志を意志が本来そうである理性的なものとして把握したのではなく、この個別意志からそれに意識されたものとして生じてくる共通のものとしてのみ把握した。それによって国家における諸個別者の合一は、彼らの恣意、思い込み、そして任意に表明された同意を基礎にもつ契約（Vertrag）となる。その結果、絶対的に存在する神的なものおよびその権威や尊厳を破壊する単に悟性的な帰結が生じる。（PdR.,§258）

ここでまず注意しておかなければならないのは、ルソー自身は共通意志と普遍意志（一般意志）とを明確に区別し、普遍意志を共通意志に対する否定的な高位概念として位置付けている、ということである。しかしながら、ヘーゲルはルソーの普遍意志を単なる共通意志としてしか扱っていない。それは、ルソーが、そして同様にフィヒテが、個別意志を個別的主観に限定していると同時に、普遍意志をそのような個別意志の恣意や思い込みから生じる「共通のもの」として想定しているからである。ヘーゲルの見るところ、ルソーにおいてもフィヒテにおいても、個別意志の単なる総和が共通意志であり、個別意志が個別的主観の範囲に限定されている以上そこには個別意志を真に否定する原理は存在しない。したがって、諸個人が合一されるあり方、すなわち国家形成の原理は、諸個人間の共通意志に基づく「契約」となる。ヘーゲルはこの契約が個別意志の恣意に基づくものであるが故に、つまり「理念なき」合一であるが故に、そのような合一がいかなる結果をもたらすことになるのかを冷徹に見据えていた。

（このような国家の抽象的捉え方が）威力を得るにいたると、この抽象はその故に、一方で我々が人類について知って以来最初のおぞましい光景をもたらした。すなわち偉大な現実の国家の体制を、すべての存立しているものと与えられているものの転覆によって、いまや全く最初から、そして思想のレベルから始め、この国家体制にたんに間違って考えられたにすぎない理性的なものを基礎として与えようとしたのである。他方でこの抽象は、理念なき抽象にすぎないが故に、最も恐ろしい強烈な事件を試みてしまったのである。(ebenda)

ヘーゲルはここで、偉大な啓蒙的理性の勝利であるフランス革命が辿らざるをえなかった運命について語っている。個別意志の恣意や思い込みに基づいて形成された共通意志が、おのれを実現するほど強力な威力を獲得すると、この威力は必然的に国家の根源的な再構築を目指す。しかし、その再構築は現に存在するもの一切の破壊を伴う。なぜなら、革命の理念は「間違って考えられた理性的なもの」であるにもかかわらず、それこそが絶対的な善であり、それ以外のものは否定されるべきものであるからである。したがって結局、このような悟性的善悪二元論はジャコバンのテロをその内的必然性でもって生み出すことになるのである。

ところで、「共通意志」の理解に関しては、『永遠平和のために』のカントも『法の哲学』におけるヘーゲルにきわめて近い認識に到達していたように思われる。カントの立論は、「永遠平和」に向けた国家体制は執行権（行政権）と立法権とを分離した「統治形態」である「共和制」（Republikanism）を国家原理にしなければならないという視点を基礎にして展開されている[27]。その中でカントは、「民主制」（Demokratie）は、共和制にもっともそぐわない「支配形態」であると考え、その理由を以下のように語っている。

三つの国家形式[28]のなかで、民主制の形式は言葉の本来の意味で必然的に専制（Despotism）である。なぜなら、全員が一人を無視して決議し、したがって全員ではないにもかかわらず全員が決議するという根拠から、民主制は執行権を基礎付けているからである。そのことは普遍意志の自分自身および自由との矛盾である[29]。

カントによれば、民主制は国民が一つの共通意志において結合している国家形態である。したがって、名目上は執行権と立法権が分離していても、実質的にはそれらは一つである。しかもそこでは全員が一つであるという名目から、少数者の意見は排除されるのが常である。このようにカントにおいては、民主制は形式的な多数者による少数者の支配であり、多数者の専制である。その理由は、カントが普遍意志と呼ぶ共通意志のもとに、換言すれば共通意志である「概念」のもとに諸個人の「自由」を隷属させるところに民主制の本領があるからである。このようにカントとヘーゲルは共通意志の評価においては一致している。とはいえ、カントとヘーゲルとの間には大きな相違点があることも見逃すことはできないであろう。例えば、カントは社会契約を「根源的契約」(ursprünglicher Vertrag)[30]と捉え、国家形成の理念として置いた。それに対して、ヘーゲルは先述の引用文章で述べたように、社会契約を「本来の理性的なもの」に基づくのではなく、「恣意や思い込み」に基づく共通意志に由来するものとして否定した。また、カントは権力の分立を永遠平和のための国家体制形成において必要不可欠のものと考えた。それに対して、ヘーゲルは三権分立を認めてはいるが、それらが有機的に結合し、一体化されることを理想とした(vgl.,PdR.,§270)。しかしながら、共通意志に基づく国家体制が「恣意や思い込み」に由来するが故に、その改革においては暴力を伴わざるをえないということを両者とも洞察していたのである。[31]

我々はこれまでヘーゲルが共通意志をどのように理解していたかを論述してきた。ヘーゲルによると、フィヒテは人間を「個別的意志の限定された形式」に矮小化して理解した点でルソーの系列に所属する。かかる人間から出発するとき共同体は共通意志に基づく「契約」によって成立するものとならざるをえない。そのことをフィヒテの『自然法の基礎』は如実に示している。以下では、フィヒテが「契約」をどのように理解していたかを『自然法の基礎』を通して一瞥しておこう。

3　フィヒテ『自然法の基礎』における契約と共通意志

フィヒテはまず「物件」(Sache)を介しての契約から論じ始める。契約が結ばれるためには、まず物件の「占有」を欲する「二つの私的意志」(zwei Privatwillen)がなければならない。この意志は客観を目指す意志であるから、「質料的意志」（materieller Wille）と呼ばれる。次に、双方に契約したいという意志がなければならない。この意志が「形相的共通意志」（formaliter gemeinsamer Wille）と呼ばれる。最後に、双方に争いに巻き込まれないように自己を制限し、譲歩しようとする意志がなければならない。この意志が「質料的共通意志」（materialiter gemeinsamer Wille）と呼ばれる。しかしこの共通意志は、「各人は他者が欲するものを欲しないだけ」の「消極的意志」（negativer Wille）にすぎない。フィヒテは物件を所有したいという質料的意志が形成しうる共通意志は、せいぜいこのような消極的意志にとどまらざるをえないことを見抜いていた（vgl.,GdN.,191ff.）。

さて、契約がこのような消極的意志しかもちえないとすれば、物件の所有も契約自体も脆弱なものにとどまるであろう。第三者による所有の侵害は、侵害されない当事者にとっては「どうでもよい」（gleichgültig）ことであるから、それはたちまち契約の解除につながる。共通意志によって獲得された権利の基盤ははなはだ弱い。したがって、契約には本来それ以上のものが含まれていなければならない。フィヒテはあるべき契約の概念を次のように語っている。

この（契約において形成された）共通意志は当事者の将来のあらゆる自由な活動を導く持続的な意志として、また当事者相互の法的関係がそれを通じて限定される双方の権利法則として確定されるということ（である）。（GdN.,194）

このように共通意志が持続的意志として、そして法的権利として確定されることなしには、所有権はおろか全ての他の権利も確固としたものになりえないのである。契約によって「財産、権利と自由」（das Eigentum,Recht-und Freiheit）が確固としたものとなるためには、契約は「公民契約」（Staatsbürgervertrag）でなければならない。すなわち、「万人」（Alle）との契約、万人の承認によって、諸権利は確固たる基盤を得る。ただし注意しておかなければならないのは、フィヒテが「万人」というとき、それは「単なる個人」、「個別的なそれ自身で存立している存在」の集合としての万人である。

以下では公民契約について述べていくが、まず公民契約は自己の所有にだけ積極的であり、他者の所有には消極的であってはならない。つまり、公民契約は他者の所有に対しても積極的に関わらなければならない。このような立場から、フィヒテは「財産契約」には「保護契約」（Schuzvertrag）が必然的に伴うものと考えている。すなわち、保護契約とは「他者の所有を第三者の可能な攻撃から保護することを助ける」（GdN.,198）積極的なものである。そのためには、各人に他者の保護のための積極的「実行」（Leistung）が課されなければならないであろう。したがって、保護契約には各人に積極的に他者の保護を実行するように強いる「物理的威力を伴った強制」（Zwang mit physischer Gewalt）がどうしても必要になってくる。すなわち、保護契約においてはなんらかの「強制権」（zwingende Macht）が要請される。かくして、各人の国家への参加が求められる。

> 国家契約が締結されるに至るときには、この契約と同時にそしてこの契約を通じて保護権力が一緒に作り出されるのである。この契約に参加する各人は、この保護権力に対して各自の寄与をするのである。各人は国家への参加とともに始まるこの各自の寄与を通じて即座に、すべての人に対する保護契約を実際に履行するのである。（GdN.,201）

フィヒテにおいては、所有権を含む各人の諸権利を保護するために国家契約が求められていることは明らかであろう。フィヒテはこの引用文の後で、各人と国家の関係を「樹木の各部分」と「樹木全体」の関係と類比させて論じている。「各部分が自分の自己保存（Selbsterhaltung）を確実なものにしようとするのならば、各部分は樹木（全体）の保存を欲しなければならない」（GdN.,203）。各人は自己保存のために国家契約を必要とする。国家が必要とされるのは、それなしには各人の権利が保護されないからである。この点において、フィヒテの契約思想は、近代の社会契約論の系譜のなかに位置付けられることになる。

ここでは自己保存が「共通意志」であることは明らかであろう。フィヒテの法哲学にあっては、共同とは「共通意志」という概念のもとに各人の自由を包摂支配することであるから、フィヒテにおいては共同即自由の制限とならざるをえないというのが、ヘーゲルのフィヒテ批判の骨子であった。我々はこれまで、共通意志が各々の哲学者においていかなるコンテキストで語られているかを明らかにしてきた。その結果、共通意志を「恣意や思い込み」に基づくものと考えるヘーゲルの立場に立てば、権利の保護のために要請されるフィヒテの国家契約は個別的意志の単なる総和にすぎない。

4　フィヒテの国家像とヘーゲルの国家像の簡単なスケッチ

さて、以上のような国家契約のうちに含まれているフィヒテの国家像は、いわば経済社会である市民社会の延長線上に位置づけられるであろう。フィヒテの描く国家は、むしろ市民社会そのものと言ってもいいかもしれない。それに対して、ヘーゲルの国家観はフィヒテのそれとは一貫して異なるものであった。ヘーゲルは『法の哲学』で「国家」（Staat）と「市民社会」（bürgerliche Gesellschaft）を峻別して以下のように語っている。

国家が市民社会と取り違えられ、国家の使命が財産や個人の自由の安全性と保護にあると想定されるなら、個人自身の利益こそが、個人が結合される究極目的になる。だから、この考え方から、国家の成員であることがなにか任意のものであるということが結果する。しかし、国家は個人に対して全く別の関係をもっている。国家は客観的精神であるが故に、個人自身は国家の成員であるときにのみ客観性、真理および人倫をもつ。結合自体がそれ自身（個人の）真の内容であり、目的である。だから諸個人の使命は普遍的生活を送ることである。諸個人のより拡大した特殊な満足、活動、ふるまいの様式は（国家という）この実体的なものそして普遍妥当的なものを、その出発点と結果としてもっている。（PdR.,§258）

この引用文の前半は、ピタリとフィヒテ批判に重なる。フィヒテにおいては、個人の利益こそが究極目的であり、この目的に従って国家も成立するのである。個人の利益が各人の目的であるから、諸個人は自己の利益に合致しなかったら、国家の成員である必要はない。それに対して、ヘーゲルにおいては国家は「客観的（になった）精神」であるから、国家はその成員にとって自己自身である。したがって、各人は国家をおのれの目的とし、国家のうちにこそおのれの「棲家（人倫）」をもつ。個人の使命は、市民社会のような自己の利益と権利と自由の確保にあるのではなく、国家のうちに示されているおのれの目的に従って「普遍的生活」を営むことである。この結果、フィヒテにあっては共通意志に従って国家に参加することは、自由の制限とならざるをえなかったが、ヘーゲルにあっては「実体的統一」（Einheit）である国家においてこそ「自由はおのれの最高の権利に至る」（ebenda）のである。したがって、ヘーゲルにおいては「国家の成員であることが個人の最高の義務である」（ebenda）から、それはフィヒテのように決して「任意のもの」ではなかったのである。

5　自由と共同

我々はこれまで少し回り道をしてきた。ここで『差異論文』におけるヘーゲルの論述に戻らなければならない。

ヘーゲルによれば、フィヒテにあっては他者との共同は自由の制限であった。このように共同が本質的に自由の制限であるならば、共同は「専制」(Tirannei)(Diff.,55)とならざるをえない、とヘーゲルは考えている。フィヒテにおいては、自由は常に共同に対立するものであり続ける。フィヒテのこのような自由と共同との関係把握に、ヘーゲルが対置している構想こそ、以下に引用するあの周知の命題である。

人と人との共同は、それ故本質的に個人の真の自由の制限としてではなく、自由の拡張(Erweiterung)として考えられなければならない。最高の共同は最高の自由である。権力からみても、その執行からみてもそうである。しかるにかかる最高の共同においてはまさしく、観念的要素としての自由も、自然に対立するものとしての理性もまったく存在しない。(Diff.,54f.)

「最高の共同は最高の自由である」とヘーゲルは語る。しかし、そうであるからといって、ヘーゲルは「最高の共同が最高の自由」たりうる具体的な回路を、捉えきっているのではない。その回路は『差異論文』においてはさしあたり、フィヒテ的なるものの否定として語られる。

生ける関係(lebendige Beziehung)という真に自由な共同によって、個人はおのれの無規定性、すなわち自由を断念したのである。自由は、以下のかぎりにおいてのみ生ける関係のうちにある。すなわち、自由は自己自身を止揚し、(他者と)別の関係を結ぶ可能性を自己のうちに含んでいるかぎりにおいてのみ、すなわち自由が観念的要素として、無規定性として存在しないかぎりにおいてのみ生ける関係のうちにある。(Diff.,55)

ここで語られている「自由が自己自身を止揚する」ことは、「観念的要素、無規定性としての自由」を断念することと同義である。我々はフィヒテの自我をこれまで「矮小化された自我」として規定してきたが、この自我こそ「観念的要素、無規定性としての自由」の主体であろう。この自我は自己自身にのみ関係し、自己自身のうちでのみ自己の自由を考える、いわば「離れ小島」の自我であると言ってよい（観念的要素としての自由、純粋自我）。また、この自我にとっておのれの自由は無限であり、この自由はなにものにも妨げげられるべきではない一切の制限を廃棄する自由である（無規定性としての自由）。かかる絶対的自由からは、「自由の止揚」、あるいは「自己の自由の自由な制限」など起こりうるはずがない。したがって、このような絶対的自由から出発するフィヒテの『自然法の基礎』は、自由を制限することなしには共通意志を形成しえない。こうして自由の制限である共通意志が「法」へ高められ、「概念」（絶対的なもの）となるとき、真の自由、すなわち「自己の自由の自由な制限の可能性」は否定されるのである。もちろんヘーゲルは「自由の止揚」、「自己の自由の自由な制限」を国家形成の原理と考えているわけであるが、この原理を欠いたフィヒテの国家を、ヘーゲルは「悟性の支配に基づく共同体」（die Gemeinschaft unter der Herrschaft des Verstands）（ebenda）と名づける。そしてこのような共同体へと導くフィヒテの自由観の基底に、理論哲学と同様の「反省の支配」を洞察している。こうして、この「反省の支配」が道徳論の領域においては、「純粋衝動と自然衝動との絶対的対立」（Diff.,58）として現象し、自然法の領域ではいましがた述べたように、共通意志という概念への自由の隷属として現象しているのだと言えるであろう。

さて、ヘーゲルはフィヒテの悟性国家は「果てしのない」制限に陥ると言う。ヘーゲルの描く悟性国家のキーワードは、「予防」(Vorbeugen) と「禁止」(Untersagen) である。権利の侵害を犯す行為は、もちろん禁止される。また、もしそれが起こったら罰せられなければならない。さらに、そのような侵害行為が起こらないように予防が講じられなければならないが、予防のために直接は関係のない間接的なことまで禁止されなければならなくなる。このようにして、悟性国家においては果てしのない制限が続くことになるのである。ここで大きな役割をはたすのが「警察」(die Polizei) であり、この警察による「監視」(die Aufsicht) ということになる。ヘーゲルはこのように『自然法の基礎』におけるフィヒテの国家を「専制的警察国家」として描き出している (vgl.,Diff.,56)。このようなヘーゲルの論述にその論拠を与えているのは、例えば『自然法の基礎』①一四章の「強制法」(das Zwangsgesetz) や②二一章の「警察」に関するフィヒテの記述であろう。以下ではまず、この二つの章を簡単に検討しておこう。

①フィヒテにおいては、市民社会における諸個人の安全や権利の保障は、権利の「相互承認」によっては不十分であると考えられている。なぜなら、相互承認は双方の「信頼」(das Vertrauen) を前提にしており、信頼が失われると権利の保障や安全は不安定なものになるからである。したがって、市民の安全が確実なものとなるためには、それは「信頼」のような偶然的なものに委ねられるべきではなく、「一つの例外も全く可能ではないような、機械的必然性 (die mechanische Notwendigkeit) と同じような必然性」(GdN.,138) に委ねられなければならない。そうであるなら、このような必然性を伴っている「協定」(die Verabredung) とは、各人の意志を強制的に従わせるような効力をもつものでなければならないであろう。

しかしながら、フィヒテにあっては「人格間の権利関係の可能性は、自然法の領域では相互の誠実と信頼 (gegenseitige Treue und Glauben) によって制約されている」(GdN.,139)。すなわち、まず自然法の領域では、人間を拘束するいかなる外的な法的規制も存在すべきではないし、また存在することもない。したがって、そのような領域では誠実や信頼という言わば自発的偶然的拘束だけが、人格間の安全と権利保障のための制約となりうるのである。しかし、フィヒテによると、人間は本性上道徳的であるのではなく、道徳的にならなければならない存在である。

人間はこの類（完全に道徳的存在）ではありえないということは、すでに以下の理由から明らかである。すなわち、人間は道徳性へと教育されなければならず、またそれへと自己自身を教育しなければならないからである。そして人間はもともと（von Natur）道徳的であるのではなく、己の労苦によって初めて道徳的になるべきであるからである。（GdN.,148）

人間の社会生活での安全を、人間の内なる道徳性に仮託するほどには、人間性はまだ強固なものではない。むしろ、脆弱であると言ってよい。したがって、この脆弱性に依拠して法体系を構築するわけにはいかない。法は強制力をもった強固な権力に裏打ちされたものでなければならない。

したがって、自然法という言葉はそれがしばしば理解されていたような意味では、まったく存在しない。すなわち、人間間の法的関係は、公共体において以外には、そして実定法のもと以外では不可能である。（ebenda）

自然法は実定法のもとでのみ存在することができる。自然法は実定法と公権力がもつ強制力によって補強されることなしには存在しえないのである。それでは、実定法は、すなわちここでは「強制法」[32]は、いかなる方向性に従って構築されるべきであろうか。もとより、強制法は権利侵犯によって生じる権利の不平等を是正し、各人の権利の平衡を回復せんとするものであるが、これが各人のうちで実際にどのように働くのかが見られなければならない。

実定法のもとでは、各人が他者に要求するのは、「道徳性」ではなく「合法性」（Legalität）である。したがって、実定法のもとでは合法的であることが各人に求められるのである。もちろん、各人の行為は合法的行為であれ、非合法的行為であれ、各人の意志に基づいて行なわれるものである以上、強制とは根源的必然的に「意志」の強制でなければならない。したがって、「強制法」の目的は各人の意志を「合法性」へ向けて強制するものでなければならない。

したがって、何をなすことが適切であるかと言えば、それは意志自身に向けられなければならないということであろう。すなわち意志が自己を自己自身によって規定し、法に適った自由と両立しうるもの以外は欲しないようにでき、またそのように強要しなければならないということであろう。（GdN.,140）

フィヒテはここでは明らかに、実定法、そう呼んでいいなら共通意志に従うべく、各人の意志を訓育することを説いている。このような意志の訓育が目指すところは、とりあえず「人格はAを欲することができなかった。それはまさしく人格がAを欲しないということを欲するからである」（GdN.,141）というレベルである。我々がいま問題にしているのは法の領域であり、道徳の領域ではない。道徳の領域なら、先述したように人格の完成の義務が課されるであろうが、法の領域では人格相互間の相互的制限が問題なのである。とはいえ、法の領域でフィヒテが要求している拘束の水準は決して高いものではない[33]。すなわち人格の訓育とは、Aを欲することは他者の権利の侵害を惹き起こすから不法であるとして法的に規制することを通じて、人格のなかにAを欲求することを否定する経験的意志を育むことにすぎない。そうであるとはいえ、フィヒテはAを欲することを否定する最終の根拠を各人の「意志」のうちに置いているのである。したがって、フィヒテは国家が「機械的な剥き出しの暴力」(mechanische Naturgewalt) によって人間の行為を抑止できるなどとは毛頭から考えていない。いかなる外的な強制力も、それだけでは人間の行為を抑止することはできない。強制法といえども、然りである。あらゆる行為の規定根拠は、自由な意志である。強制法は、各人がAを欲しないように枠の如きものを設定する作用をもっていると考えることができるのではなかろうか。そして、強制法の位置付けをこのように設定できるとすれば、意志のかかる訓育をヘーゲルのように共通意志という概念への自由の隷属と捉えたり、強制法をもつ国家を「専制的警察国家」と理解することは、少し行き過ぎではなかろうか。

上述のことから理解できるように、フィヒテが自然法で要求しているレベルは、道徳論と比べるとき決して高いものであるとは言えないであろう。フィヒテは人間が決してそれほどに強い意志をもちえないこと、むしろ脆弱であることを知りつつも、彼はなおその道徳性の高まりに強い期待を持っていたと言えよう。フィヒテにおいては、法よりも道徳のほうが高い。

それに対してヘーゲルは、自然法と道徳の関係についてどのように理解していたのであろうか。ヘーゲルは一八〇二年十一月に出版された『哲学批評雑誌』に掲載された『自然法論文』において、両者の関係についてフィヒテとは正反対の立場を打ち出している。すなわち、ヘーゲルは道徳論の対象である「勇気」(Mut)、「節制」(Mäßigkeit)、「倹約」(Sparsamkeit)、「気前のよさ」(Freigebigkeit) などの諸徳を「否定的人倫」(negative

Sittlichkeit）と位置付けている。ここに言う「否定的」とは、これらの諸徳および「道徳法則」（Sittengesetz）、そしてそれらが所属する「純粋意志」「個人の意志」が人倫にとっては「外的なもの」にすぎないということ、つまりそれらはあくまでも「個人」という特殊性に属する事柄であり、人倫にとっては偶然にすぎないものであるということを意味している。したがって、この否定的人倫は、決して人倫がその実現を目的として目指すべきものではない。もし、これが目的として目指されたとすれば、自然法は「強制」（Zwang）や「普遍的自由の概念による個人の自由の制限」（die Beschränkung der Freiheit des einzelnen durch den Begriff der allgemeinen Freiheit）を表現せざるをえない[34]。ヘーゲルがこのように結論付けるとき、我々はこの道徳と自然法の関係についてのヘーゲルの考察が明らかにフィヒテに対して向けられたものであることを看取できるのである。このようにヘーゲルにとっては、道徳論の対象が否定的人倫であるのに対して、自然法の対象こそ普遍的肯定的人倫であった。

我々は以下のことを理解する。こうして自然法と道徳の関係が逆転したということ、すなわち道徳には自体的に否定的なものの領域だけが所属するが、自然法には真に肯定的なものが所属し、その名のとおり、人倫的自然がいかにしてその真の法へ至るかを自然法が構成すべきであるということを[35]。

ヘーゲルにおいては道徳より法が高い。この構造はこの時代以降ヘーゲルが生涯に亘って維持しつづけた図式である。しかしながら、この図式を破壊しない範囲で、ヘーゲルは道徳性のより肯定的取り扱いに苦慮しなければならなかった。というのは、「反省哲学」という名前の下に、個別性や特殊性を一刀両断に否定的なものとして切り捨てる方法には修正が加えられなければならないであろう。それなしには、近代市民社会も単なる否定的なものに止まりつづけるであろう。このことは次の②の問題でもある。

②ヘーゲルは彼が理解したフィヒテの専制的警察国家を、次のように描いている。

（フィヒテの）理想国家においては、法に必ずしも屈服させられるに及ばず、直接的な監視の下に置かれるに及ばず、そして警察やその他の支配機構によって注意されるに及ばないいかなる行為も行動もない。……この原理に従って制定された憲法をもつ国家においては、警察は各々の市民がその日のどの時間にどこにいるか、また各人が何をしているかを、かなりよく知っている。(Diff.,56)

ヘーゲルはこれに註を付して、フィヒテの警察国家の完備された様子を物語るものとして、フィヒテが『自然法の基礎』で展開する「身分証明書」(Paß) を取り上げている。そしてこれを警察国家における無限の監視体制（贋金作りを防止し、手形決済の信用を高めるための）を象徴するものとして批判している (vgl.,Diff., 56f.)。このようなフィヒテに対するヘーゲルの批判は、はたしてどの程度該当するのであろうか。

上述の引用文の後半は、直接フィヒテの『自然法の基礎』から採用されている。「緊急国家」(Notstaat) ではない制定された憲法をもつ理性的な理想国家では、各人はそれぞれの一定の職業をもち、素性明らかな存在である。したがって、このような国家では職業ももたず、それ故素性も明らかでない者は存在しえない。このような国家にあっては、各人は「身分証明書」を携行しているのであり、すぐに身元が確認できる。このように国家に「緊急国家」のような無秩序の発生の可能性の少ない様をフィヒテは語っているのである (vgl.,GdN.,302)。だがヘーゲルは、警察がスパイや秘密の内偵活動を行なう存在であることを予想し、「身分証明書」はそのような警察活動を円滑に進めるための一環として否定的に取り扱っている。しかし、フィヒテにあっては、そのような活動は次のように一切否定されている。「ここで叙述された警察活動においては、いかなるスパイも、いかなる秘密の探索人も必要としない。隠し立てはいつでも卑小で低級で非道徳的である」(ebenda)。したがって、ヘーゲルの論述に行き過ぎの観があることは否めないであろう。

さて、ジープは最近の論稿(36)の中で、上述のヘーゲルによるフィヒテ批判に対して次のような裁断を下している。

自由と自然との間にばかりではなく、純粋我の絶対的自由と法や義務の限定された自由との間にも相互的否定の関係がある。(フィヒテにおいては)絶対的自由は未規定的なものであり、一切の制限を廃棄するものであろうが、それゆえにこそこの自由は他者との共同においては断念されなければならないのである。ヘーゲルは『自然法の基礎』におけるフィヒテの国家を、この批判を基盤にしてまさに専制的警察国家として描き出している。(ヘーゲルの)この批判は、フィヒテの著作の冷静な解釈には耐えられない(37)。

そして、このような裁断の例証として以下のことを挙げている。

それに対して、ヘーゲルによって特に風刺された各市民(Bürger)の証明義務(Ausweispflicht)はそうこうするうちにいつのまにかリベラルな諸国家(liberale Staaten)においては広く行なわれているのである(38)。

「身分証明書」を携帯することは、現在ではどの自由主義国家においても常識的なことであろう。それをヘーゲルはあたかも「専制的警察国家」を象徴するかのような事例として掲げているのである。また、①でも述べたように、ヘーゲルはフィヒテの論じる強制法を、「機械的な剥き出しの暴力」によって人間の行為を抑止するかのように捉え、これを「専制的警察国家」の象徴として理解していた。しかし、フィヒテの思索の回路は、市民社会における市民の諸権利の保護から出発し、そのために法のもつ強制力を通じて各市民のうちに遵法の意志を訓育することにあった。そうであるなら、上記のようなヘーゲルの「行き過ぎた」解釈は、何故に生じるのであろうか。

本章3の（7）の序論的部分ですでに述べておいたように、ヘーゲルによればフィヒテの哲学は理論的領域ばかりでなく実践的領域も「反省」によって支配されていた。理論的領域において自我は「非我」に制約されつづけると同様に、実践的領域においては自我は「自然」に制約されつづけられなければならなかった。すなわち、ジープも指摘していることであるが[39]、ヘーゲルの理解によれば、道徳の領域においては「自然」は道徳的努力の「障害」であり、法の領域においては「自然」は市民の「外的制約」であった。だが、かかるヘーゲルのフィヒテ理解は一面的にすぎるであろう。例えば、「構想力の動揺」はヘーゲルにとっては「反省」の産物でしかないが、フィヒテにあってはすでに述べておいたように「絶対我の根源的作用」の現われである。フィヒテにあっては絶対我の根源的働きといえども、非我、反立作用なしにはありえないのである。それと同様に、道徳的努力もその「障害」なしには生まれないであろうし、共通意志という「外的制約」なしには市民的意志の訓育も覚束ないのである。ここに、フィヒテ哲学を「反省哲学」として一貫して批判しつづけるヘーゲルには、「反省」についての正当な評価がまだ欠落していることを我々は推測できるのではなかろうか。

7　小　括

我々はすでに本章3の（6）の末尾において、フィヒテ批判を媒介として提起されるヘーゲルの「総体性としての絶対者」構想が、総体性であるといいながらも、一なるものがいかにして二性になるのか、そして二性がいかにして一となりうるのか、という問いに対する充分な解答をまだ持ち合わせていないことを指摘しておいた。このことをこれまでのコンテキストを勘案して言うならば、ヘーゲルはフィヒテ哲学を反省哲学として批判するとき、ヘーゲル自身が「反省」を「総体性としての絶対者」のうちに必然的相関者として位置付けきってはいないという一点に集約されることになろう。『差異論文』におけるヘーゲルのフィヒテ批判は、これまで述べてきたように激烈なものであるが、その批判がベクトルを変えてヘーゲル自身に向けられたとき、ヘーゲルはその批判に耐えうる哲学の原理をまだ持ち合わせてはいなかった。例えば、意識のレベルで言えば、純粋意識と経験的意識の区別と統一の原理、実践的レベルで言えば、自由と衝動の区別と統一の原理、論理のレベルで言えば、普遍と特殊、一と多の区別と統一の原理、そして社会哲学のレベルで言えば、全体と個、国家と個人、国家と市民社会の区別と統一の原理を、イエナ初期のヘーゲルは欠いていたのである。

さて、ヘーゲルが自己の哲学原理において、上述のように「総体性としての絶対者」構想を充分に完成していないという点に関しては、次の4で示されるであろう。ここでは、イエナ期ヘーゲルを論じる場合の唯一の利点、すなわち体系期のヘーゲルの思索とイエナ期のそれとを比較するという手法を使って、イエナ期ヘーゲルの社会哲学上の問題点を指摘しておくに留めたい。

我々は3の（7）の**4**で『法の哲学』二五八節を引用し、ヘーゲルが国家と市民社会を峻別していることを指摘した。すなわち、「財産や個人の自由の安全性と保護」を使命とする市民社会は個人の利益を統合の原理とするから、そこでは国家の成員であることが偶然的な任意のものでしかないとして、市民社会の原理を厳しく批判していた。そこでは、諸個人の特殊的自由は否定的な意味しか与えられていない。つまり、普遍や全体が特殊や個に優先している。しかし、体系期のヘーゲルは周知のようにもう一つの原理をもっている。

近代国家の本質は、普遍的なものが特殊性のもつ完全な自由や諸個人の幸福と結び付けられているということ、それ故に家族と市民社会の利益が国家へと総合されなければならないが、とはいえ、目的である普遍性が、その権利をしっかり保持しておかなければならない特殊性のそれぞれに特有の知や意欲なしには、普遍性といえども進展しえなかったということである。(PdR.,§260 Zusatz)

ヘーゲルはここでは明確に、特殊性を近代国家の原理とした上で、あるべき国家を普遍と特殊の総合として論じている。問題はこの総合の仕方である。国家が家族や市民社会に所属する諸個人のもつ権利や利益を損なうのであれば、それは近代国家として相応しくない。近代国家の普遍性がどこにあるかと言えば、特殊な諸団体に所属する特殊な諸個人の「知や意欲」にその基盤をもっているのである。特殊を普遍の下に単に包摂支配することによって形成されているような国家は、古代国家であり、決して近代国家ではない。ヘーゲルが近代国家の原理を普遍と特殊の総合として提起するとき、ヘーゲルが構想しているのは特殊に支えられた普遍である。さらにヘーゲルは、次のように語る。

すでに先に指摘されたように、婚姻のもつ神聖さと、市民社会が人倫的なものとして現われ出てくる諸制度こそ（国家）全体の安定を形作る。すなわち、普遍的なものは同時に特殊的なものである各人の目的(Sache) なのである。理性の法と特殊的自由の法が相互に浸透しあい、私の特殊な目的が普遍的なものと一つになるということが重要なのである。もしそうでなければ、国家は空中のまぼろしである。個人の自己感情が国家の現実を形成するのであり、国家の堅固さは先の二側面が一つになるところにある。(PdR.,§265

Zusatz)

国家を形成するのは、家族と、市民社会における人倫的制度、とりわけ商工業身分を中心に形成される「コルポラチオーン」（Korporation）である。[40]コルポラチオーンが人倫的制度と呼ばれるのは、コルポラチオーン（職業団体）の各構成員の持つ特殊な目的が普遍的な目的と結びついているからである。ヘーゲルによると、市民社会における特殊と普遍の統一態であるコルポラチオーンと呼ばれる制度と、愛による統一を基盤として形成される家族こそ、国家の分肢であると同時に、国家の堅固さの支えである。しかもそこにおいて最も重要であるのは、諸個人のうちにおのれの特殊な目的が普遍と相互浸透していることが自覚され、しかもその自覚が「自己感情」にまで高まっていることである。この感情が国家を現実的なものとなし、これによって国家はその基盤を得ることになる。

国家の目的は市民（Bürger）の幸福であるとよく言われた。このことは確かに真である。市民にとって（国家が）快適ではなく、市民の主観的目的が満たされておらず、市民がこの満足を媒介しもたらしてくれるのは国家そのものであるということを見出さないのであれば、国家の基盤はしっかりしていないということになる。（ebenda）

ヘーゲルにあっては、幸福とはもとより単に主観的欲望が満足させられている状態を指しているわけではない。また、各自の内なる「徳」の実現が「幸福」であるのでもない。そうではなく、主観的目的が満足させられている状態が「幸福」である。ただし、それは幸福であるための必要条件でしかない。ヘーゲルは引用文で「市民が満足をもたらしてくれるものが国家自身であるということを知らないならば、国家の基盤は脆弱である」と言っているが、この対偶をとれば「国家の基盤が強固であるということは、国家が市民に満足をもたらしてくれるということを市民が知っている」ということになろう。すなわち、特殊者である市民の幸福は国家という普遍的なものの関与に与っているという自覚において成り立ち、換言すれば主観の知のうちに特殊と普遍の結合が芽生えるとき、国家は強固な基盤を獲得するのである。

さて、我々は引き続き『法の哲学』における国家像を、さらに諸個人の権利と義務の観点から検討していくことにしたい。

> 私的権利や私的幸福の領域、つまり家族や市民社会の領域に対して、国家は一方では外面的必然性であり、またこの領域より高い威力であるが、国家がもつかかる本性にこの領域の法・権利並びに利益は従属させられており、また依存してもいる。しかし、他方で国家は家族や市民社会の内在する究極目的であり、そしてその強さを国家の究極目的と諸個人の特殊な利益との統一の内にもっている。諸個人が義務と同時に権利をもつ限りにおいて、国家に対する義務ももつという点に国家の強さがある。（PdR.,§261）

ここでは、まず家族・市民社会が私法の領域として国家に対置され、国家はこの領域に対して外側から拘束する「より高次の威力」として位置付けられている。市民社会においては基本的に「権利」≠「義務」であるから、市民にとって国家はこの不等式の解消を強要する外的存在である。しかし、国家と社会の関係がもしここに止まるなら、これはフィヒテの悟性国家に他ならないであろう。だが、ヘーゲルは私法の領域で承認されている諸権利および利益の追求が、義務の遂行にあたって非本質的な契機であるとみなすような義務論を主張しているわけではない。「理念は特殊性の契機が（普遍性の契機と）同様に本質的であることを示しているし、それ故この契機の満足が絶対に必要であることを示している。」（ebenda）すなわち、特殊性の契機、つまり私的利益追求の権利が満足させられることこそ、普遍と特殊が相互浸透し理念が実現されるための絶対条件となっている。ヘーゲルは引用文の直前で、特殊的利益をとるにたらない非本質的契機とみなす通念は、「義務」を抽象的に捉えた思想にすぎないとして批判しているが、義務を具体的に捉えることは、まさに義務が特殊性の利益と合致すること、「なしたいこと」と「なすべきこと」がひとつになることであった。ここにはエゴイズムがいかなる回路を経て普遍的正義へと質的に転換していくのかというヘーゲル法哲学特有の問題があるが、ここはそれを論じる場面ではないので、これについては稿を改めて論じたい(41)。

さて、ここで語られている権利と義務の関係は極めて含蓄的で示唆的である。義務は権利から生まれる。権利なしには、義務は存在しない。ヘーゲルにおいては欲望と労働（分業）と交換から成り立つ「全面的依存性の体系」である市民社会が権利、とりわけ所有権の源である。かかる権利は権利の相互承認を通じて自ら、権利の拘束、すなわち義務を生み出す。そこで国家が果たす役割は、「ポリツァイ」とよばれる福祉行政やコルポラチオーン間の調整など補助的な働きにすぎない。国家が自己目的的に権利を制限し、義務を課すのではない。ということは、市民的権利の発生源である市民社会なしには、義務は存在しえないとも言える。加藤尚武は「権利の発生の基盤としての市民社会を温存することなしには、国家の権力性を相殺する内在的な力が失われてしまう(42)」として、「市民社会の止揚（廃棄）」こそ国家成立の条件であるという理由で市民的権利を蹂躙し続けたレーニンやスターリンを批判している。この観点は、もしもマルクス主義者がブルジョア的自由や権利を欺瞞的なものとして、克服や廃棄の対象として掲げつづけるのであれば、マルクス主義的国家は常にスターリンの国家へ落ち込んでいく可能性をもっているということを意味している。ヘーゲルは『法の哲学』においては、このような国家主義からは抜け出ていた。「特殊性の契機が普遍性の契機と同様に本質的である」という論点は、このような歴史的裾野をもつ。

このように『法の哲学』のヘーゲルにおいては、明確に主観性あるいは特殊性が国家の基盤であると言ってよい。イエナ初期のヘーゲルは、この観点において未だ未成熟であった。『差異論文』において、ヘーゲルはフィヒテの「悟性国家」に対して「真に自由な生の美しい交互関係」(Diff.,54) としての国家を対置しているが、ヘーゲルが提示するこのような国家の内実がどのようなものであるかを、我々は同時代のいくつかの草稿から窺い知ることができるであろう。例えば、いわゆる『人倫の体系』においては『自然法論文』と同様に、ギリシアの古典的政治哲学、とりわけプラトンの国家論に目が向けられ、そこでは近代国家の原理は捨象される。この点については次章で触れなければならないが、まさにこのことこそ、先に指摘しておいたように、ヘーゲルが「総体性としての絶対者」のうちに「反省」をその必然的相関者として位置付けきっていないということを表現しているのである。

4 『差異論文』における絶対者への道

(1) 「総体性の回復」としての絶対者への上り道

『差異論文』のなかで、一八〇一年時点でのヘーゲル独自の立場を窺うとしたら、「緒論」に続く第一部が適切であろう。というのは、この部分では知が絶対者へと迫りゆくプロセス、換言すれば「絶対者への上り道[43]」の見取り図が他の哲学者（カント、フィヒテ、ラインホールト）批判を媒介にしながら展開されているからである。これまでこの第一部についてはしばしば言及してきたが、以下ではこの絶対者への上り道の方法に焦点を当てて論述していくことになる。

ヘーゲルによれば、哲学の前提となるのは、「哲学の欲求」である。これは反省に対して定立される「総体性の回復への欲求」（das Bedürfniß nach Wiederherstellung der Totalität）（Diff.,15）として示される。そしてヘーゲルは、この欲求の前提として二つの前提を挙げている。このいわば前提の前提が、「分裂」（Entzweiung）と「絶対者」（das Absolute）である。

まず、分裂は「存在と非存在、概念と存在、有限と無限への分裂」として描出されている。ヘーゲルの歴史観によれば、古代ギリシアは「最高の美的完全性」（Diff.,14）を有しながらも、他方でその完全性は直接的なものでしかなかった。したがって、ヘーゲルはこれを「バルバロイ」とも呼んでいる。この調和的完全性はそれ故にこそ分裂を免れえないものとなる。この分裂をヘーゲルは、「悟性が自分自身に成っている」こと、つまり悟性の成長として理解している。悟性の成長であるこの分裂は、啓蒙に代表される近代の「教養形成」のなかでますます大きく深くなり、いまや主観性と客観性の絶対的対立を伴った「悟性の王国」が確立されている。このような歴史認識に支えられて、哲学の欲求が、失われた「総体性の回復の欲求」として登場するのである。

ここで我々が留意しておかなければならないことは、「総体性への欲求」が「回復への欲求」であるということである。総体性は決してまったく初めから新たに求められるのではない。（a）総体性は最初にあったのである。（b）最初にあった総体性がいかにして失われ、（c）失われてしまった総体性が何ゆえに取り戻されなければならないのか。この三項の関係をヘーゲルがどのような思惟のもとに構想しているのか、そして「絶対者への上り道」はこれら三項とどのように関係するのか、ということに我々は留意しておかなければならないだろう。ともあれ、この三項は歴史的には、（a）古代ギリシア時代、（b）近代啓蒙の時代、そして（c）ヘーゲルの時代、すなわち哲学の時代として捉えられている。また、この三項を人間の認識能力から見れば、

（a）理性、（b）悟性、（c）理性となろうし、これを働きの面から見れば、（a）統一、（b）分裂、（c）統一となろう。

この図式から判断すれば、「総体性の回復への欲求」は（b）分裂から生まれる。しかしながら、分裂は哲学の必要条件でしかない。それだけでは、我々が「総体性の回復」を求めざるをえぬ必然性は導出できないと言わねばならない。では、総体性を求めざるをえぬ我々の内的必然性は、どこから生じるのであろうか。ヘーゲルは、その必然性を「絶対者の臨在」として、次のように描いている。

> 絶対者はすでに現存している。そうでなければ、絶対者はどうして求められえようか。理性は、意識を制限から解放することによってのみ、絶対者を産出する。このような制限の廃棄は、その前提である制限されないものに制約されている。(Diff.,15)

ここでは二つの論点を明確に読みとることができる。まず第一の論点は、絶対者を産出するのは意識の制限を廃棄する理性の働きによる。もう一つの論点は、理性による制限の「廃棄」(Aufheben) 自体が、我々の許に臨在している絶対者に制約されているということである。ここでは「絶対者への上り道」は、絶対者の臨在の許で、理性が意識の制限を「廃棄」することと考えられている。すなわち、（c）は（b）の否定、廃棄において実現されると考えられている。

（2） 悟性と理性

さて、ヘーゲルによれば、意識の制限を産出するのは悟性である。しかも、悟性の活動は自己自身が産み出す制限を超えるものではない。むしろヘーゲルは、悟性がみずからの「特殊性」や「制限性」を守り抜こうとする活動それ自身のなかに、悟性の制限された姿を見ている。しかもヘーゲルは、そのような悟性の活動を「理性の見かけ」を装う「偽善」（Heucherei）として厳しく批判している。フィヒテの自我の哲学やラインホールトの「適用」（Anwendung）の哲学（vgl.,Diff.,87）が、このような悟性の哲学としてヘーゲルの念頭にあったことは言うまでもない。だが、偽善が偽善であるためには、元々の善がなければならないであろう。そのような善として、ヘーゲルは理性を指名し、それに「徳」（Tugend）という称号を与える。こうして、偽善が善を装えば装うほど、善である徳はおのれの存在を強くアピールすることになる。偽善と徳とは、すなわち悟性と理性とは相関者であると言える。したがって、ヘーゲルによれば総体性の回復つまり徳は、「最高の分離」（Diff.,13）、つまり偽善の徹底において現われる。だが、ヘーゲルはさらに一歩突っ込んで、悟性の偽善的働きといえども「理性の関与」ないし「理性の隠された働き」（Diff.,17）と位置づける。この観点に、悟性と理性の相関のあり方が示されている。

理性は否定的な絶対者の力として、したがって絶対的な否定する働きとして現われるが、同時に対立する客観的総体性と主観的総体性を定立する力としても現われる。（ebenda）

引用文の後半で、対立を産出する働きとしての悟性の働きが述べられているが、それと同時にこの働きが「否定的な絶対者の絶対的な否定する働き」である理性の働きとして、理性の働きのうちに位置づけられている。もちろん、理性は「絶対的な否定する働き」として、こうした対立を否定する働きであることは言うまでもない。そうであるなら、哲学の欲求の前提としての「絶対者の臨在」は、ひとまずこのように悟性に内在する理性というコンテキストで理解できるであろう。

もとより、このような悟性と理性、あるいは反省と思弁の関係は、フランクフルト時代にすでにヘーゲルの所有するところになりつつあったと言ってよい。我々はこの関係を一八〇〇年『体系断片』のなかに見出すことができる。たとえ、この断片の基本的視点が、宗教の立場から体系構築を目指すものであったとしても。

（3） 一八〇〇年『体系断片』における悟性と理性

ヘーゲルは一八〇〇年『体系断片』において、「無限な生」を「精神」（Geist）として捉えねばならぬと主張する。この観点の内には「規定されたもの」である有限者を無限な生の「外化・表現」となす重要な論点が含まれている。「精神は生を与えられたものである多様なものとの合一において生を与える法則である」（Fr.,421）。すなわち、精神は有限で多様なものに生を付与し「生けるもの」となし、しかもそれによって初めて自らが多様なものの合一であるところの法則である。無限者が精神であるとき、有限者は無限者と共に生の全体を形成する。このような生を「不可分の生」と言う。しかも不可分の生は両者の単なる総和ではなく、無限者の有限者への内在化によって有限者を無限者の「外化・表現」となすところに成立する生の全一的構造である。このような生の構造において、有限な生の無限な生への「高まり」の存在根拠が示される。したがって、有限者は無限者との直接的な同一の確信をもつ。この確信が「神的感情」と呼ばれる。

神的感情に促され、これを実現せんとする我々有限者の思惟能力が悟性と理性である。悟性は「反省を付加し」、客観を規定することによってこれを我がものにしようとするが、それによって逆に不可分の生を分割し、「我々の制限された生」の外に無限者を定立する。それに対して、理性は神的感情に基づく総合への欲求であるが、理性の結合に対して即座に反省が付加され、非結合が対置される。すなわち、思惟においては対立が絶対的となる。「無限者を自己の外に定立すること」＝「客観を客観として存続させること」、これが人間的思惟の本質となる。

ヘーゲルはこのような反省形式の悲劇性を人間の「運命」（Schicksal）とよぶ。運命の超克はフランクフルト期ヘーゲルの重要課題であった。したがって、ヘーゲルの問題意識は、運命の克服から、その哲学的に定式化された表現である反省形式の克服へと、一本の糸で緊密に結ばれることになる。以上の点に体系が求められながらも哲学が斥けられ、宗教が主張されるゆえんがある。この時期のヘーゲルにとって、宗教こそ「有限な生を超え出ていること」＝「絶対的客観性から自由であること」であった。したがって、宗教が絶対者への上り道における最高峰であり、そこでは思惟は基本的に宗教的心情に従属させられている。

しかしながら、我々は「神的感情は……反省が神的感情から離れずにいることによって初めて完成される」（Fr.,423）と語るヘーゲルの背後に以下のような思索の深まりを見て取ることができる。すなわち、神的感情（同一性）が反省（非同一性）の根拠をなす構造連関のもとで反省が遂行されることによってのみ、宗教的境地といえども生成しうるのだという、反省を積極的に体系内に取り込もうとする論点を看取できるのである。[44]しかも、この傾向が『体系断片』を脱稿したわずか二か月後のあの有名なシェリング宛書簡[45]で言明される「哲学における絶対者の把握」への転換を導いたとも言えるであろう。

（4）　絶対者への上り道あるいは意識に対して絶対者を構成すること

このように見てくると、哲学の欲求の前提としての「絶対者の臨在」と「分裂」は、二つの働きとして現われる一つの働きを語っていると言える。しかし、これが反省哲学によって把握されると、二つの「矛盾する命題」（Diff.,16）として現われざるをえない。フィヒテは第一原則によって「絶対者の臨在」を捉え、第二原則によって「分裂」の側面を捉えつつも、それらを並立させ、矛盾する二つの原則として立論せざるをえなかったのだと、ヘーゲルは指摘している。だが、他方でこの指摘のうちに反省哲学を超えていく方途、つまり「哲学の課題」がくっきりと浮かび上がってくる。すでに述べておいたように、ヘーゲルはこの課題を「意識のうちに（in）絶対者を構成する（konstruieren）こと」（Diff.,11）あるいは「意識に対して（für）絶対者を構成すること」（Diff.,16）と定式化する[46]。周知のように、カントにおける悟性認識は感性的直観と純粋悟性概念の結合によってもたらされた。したがって、この認識は「総合」であり、また悟性による「構成」であると言われた。同時に、この総合的構成作用には限界も設定され、感性的直観に与えられないもの、すなわち「無制約者」は構成不可能なものとされ、ただ「理念」として呈示される他なかった。ところが、絶対者は「制限されないもの」であり、無制約者である。したがって「意識に対して絶対者を構成する」という課題は、カント的な状況を設定する限り、不可能な課題となる。それ故にこそ、この課題の解決をヘーゲルは一八〇〇年『体系断片』では宗教に委ねざるをえなかったのである。このようにこの課題は矛盾を内包している。したがって、「意識に対して絶対者を構成すること」として定式化された哲学の課題は、制限する働きである悟性的反省がいかにして「制限されないもの」である絶対者をおのれの知として把握できるのかという問いへと翻訳できるであろう[47]。

さて、上述の「意識に対して絶対者を構成する」プロセスこそ絶対者への上り道と言ってよい。このプロセスは先に述べておいたように絶対的な否定する働きである理性に基づくものであるが、ヘーゲルは、この理性の働きを、「哲学的反省」（die philosophische Reflexion）（ebenda）と名付けている。この反省は、「存在と制限の能力」としての悟性的反省が、絶対者を廃棄してしまう「孤立した反省」であるのに対して、「理性としての反省」とも換言される。ここで「哲学的反省」あるいは「理性としての反省」とヘーゲルが名付けた理性の働きこそ、対立者の総合を目指す「思弁」（Spekulation）である。

かかる同一性の意識を産出する働きが思弁である。また、観念性と実在性は思弁においては一つであるから、思弁は直観である。（Diff.,28）

ヘーゲルによれば、思弁は反省が産出する観念性と実在性などの対立者の同一性の意識を産出する働きである。したがって、思弁は悟性的反省が産み出す対立を単に廃棄するのではなく、対立者を総合し対立者のうちに同一性を直観する働きなのである。ただし、思弁における同一性の直観は悟性的反省が産出する対立を前提とするから、それと関連付けてヘーゲルは思弁を「哲学的反省」や「理性としての反省」と呼んでいるのである。[48] ジープはヘーゲルが「反省ないし悟性の対立を絶対者に関係付け、諸対立の各々において対立が同一であることを明らかにし、よって全体におけるその対立の機能を明らかにする認識様式」を思弁と名付けたと語っている。[49] これらを踏まえて引用文を要約すれば、思弁は観念性と実在性という対立者の同一性の直観であり、直観としてこれらの同一性を自覚にもたらす働きである。このような思弁を通じて、反省は「絶対者への関係」（Diff.,17）を有すると言える。

以上のように思弁概念を押さえた上で、反省が絶対者への上り道においてどのように働くのかを以下において論述していこう。まず、悟性は悟性なりの仕方で知を産出する。しかし悟性にとっては、「規定されたもの」だけが知られたる「存在」するものであって、「規定されないもの」は悟性にとっては「無」である。存在と非存在のこのような固定化が、悟性の限界を示している。理性はさしあたりかかる限界を超える働きとして現われてくるが、ひとまず理性は客観を否定することによって、主観のうちに客観に制約されない自由を打ち立てようとする。だが、この自由は実際には「客観的世界に反立された自由の国」（ebenda）にすぎない。ヘーゲルは、フィヒテとラインホールトを念頭に置きながら、このような理性の働きを理性の「誤用」(Mißbrauch)(Diff.,18)となす。もとより、理性は「否定的な絶対者の絶対的な否定する働き」として、かかる対立のうちにあるフィヒテ的自由に止まることはできない。理性は対立する二つの世界を破棄する(vernichten)ことによって、両者を合一する(vereinigen)。この合一の働きによって両者は絶対者に関係づけられることになるので、これが「両者の総合」(Synthese beider)とされる。「意識に対して絶対者を構成する(konstruieren)」とは、このような総合に他ならない。

①ここで、いますこし細かにこの総合を見てみよう。まず、この総合を反省、悟性の側から見るならば、次のような事態となる。

> 反省は自己自身を自分の対象となすかぎり、反省に理性によって与えられ、それによって反省が理性となる反省の最高の法則は、反省の自己破棄である。すべてのものと同じく、反省は絶対者のうちにのみ存している。とはいえ反省はやはり反省であるから絶対者に対立している。だから反省は存立するためには自己破壊の法則を自分に与えなければならない。(ebenda)

対立するものを合一し、両者を絶対者に関係づける総合が「哲学的反省」である。それは、反省が自分の制限を自覚するという経路を経て、自己を破棄する働きである。それなら、「自己破棄」とは何を破棄することなのか。反省の内在的法則は「矛盾律」であり、それを守り続けることが反省にとっては「永遠の法則」であることから、この自己破棄とはこのような「純粋な反省」の立場を捨て去ることに他ならない。矛盾律に固執する「純粋な反省」は、対立者のうちに同一を見出すことがなく、それ故に対立を無限に定立し続けるか、あるいは対立者の一方を切り捨てることにしか、己の活路を見出せないであろう。「純粋な反省」という表現でヘーゲルの批判の鉾先が直接に向かっているのは、固定化された対立の一方にすぎないラインホールトの抽象的悟性概念であるが、その批判がフィヒテの第一原則にも及んでいることは間違いない。こうして、反省は自己破棄によって、まず反省によって捨象されているものを回復することになる。（ここで引用文のなかの「すべてのものと同じく、反省は絶対者のうちにのみ存している」という一句を過大に解釈してはならないことを付記しておきたい。この一句は反省および反省によって生じるものが絶対者自身であるという意味ではない。この一句はあくまでも、シェリングの「一切は自我である」という同一哲学の表現にすぎないのである。）しかしそれは同時に、対立するもの（自我と非我、フィヒテの第一原則と第二原則）の対立をアンチノミー（二律背反）として鮮明にすることに他ならない。

思弁が単なる反省の側から見られる限りにおいては、絶対的同一性は、対立者の総合においては、それ故アンチノミーにおいて現われる。（Diff.27）

反省が自己破棄して到達しうる最高の境地は、アンチノミーである。

②さてもう一方で、このような反省の自己破棄をヘーゲルは思弁、理性の側から、次のように述べている。

直観は制限されたものとしてではなく、反省の仕事の一面性を補完し完成するために、理性によって要請されたものである。それは直観と反省がお互いに対立し続けるのではなく、一つであることの要請である。この要請の全様式は、反省が一面性から出発するという点にのみその根拠をもつ。この一面性は反省の欠陥を

補うために反省から締め出された対立者を要請することを必要とするのである。(Diff.,29)

先述した反省の自己破棄によって、反省は対立者を対立のままにアンチノミーとして定立せざるをえなかった。ヘーゲルは反省の自己破棄を「反省による直観の要請」(ebenda) とも名付けているが、アンチノミーという中途半端な形で終わるほかない反省の仕事を完成するのが「理性による直観の要請」である。したがって、ここで語られている直観は反省の産物である客観に対立されるような直観、すなわち客観とそれに対立している「経験的直観」ではない。そうではなく、この直観は対立の統一としての直観、すなわち「超越論的直観」(transzendentale Anschauung) でなければならない。したがって、引用文の「一つであることの要請」とは、「理性による超越論的直観の要請」という意味で理解されなければならない。かかる要請論から、我々は「反省による直観の要請」の根底に「理性による直観の要請」が存することを見て取ることができる。

ところで、このような直観は「知的直観」と呼ばれるに値しよう。もとより、知的直観は、フィヒテにおいてもシェリングにおいても哲学の原理として体系の基礎に置かれていた。フィヒテにあっては知的直観は基本的には自我＝自我の自己直観である。フィヒテの場合、この自己直観は前章で述べたように自己対象化とともにあった。また、シェリングにあっては対立者が絶対的に「無差別」であることの直観であった。それに対してヘーゲルの超越論的直観は、反省をして自己破壊へと導き、かかる働きを通じて反省と反省が締め出したものをアンチノミーとして紡ぎ出し、これを合一し総合する働きである「思弁」の内に位置づけられている。[50] しかも、理性による直観の要請は単に「意識されたもの」に対して「無意識的なもの」を回復し、両者の同一性の直観を立てるばかりでなく、そこに生じている同一性の意識（直観）と非同一性の意識（反省）との対立を止揚すること、すなわち「同一性と非同一性の同一性」の意識の成立までをその射程として含んでいる。こうして、超越論的直観に導かれた思弁による総合は「知」となる。「超越論的知（transzendentales Wissen）は反省と直観の両者を合一する」（Diff.,27）、あるいは「思弁的知（spekulatives Wissen）は反省と直観の同一性として把握されなければならない」（Diff.,29）のである。思弁的知、超越論的知として語られる、この絶対的同一性についての直観知こそが、絶対者への知の上り道の頂点である。

（5）小　括

ここに見られる反省（悟性）と思弁（理性）との相関、すなわち絶対者への上り道である反省的な知の産出とそれへの理性の関与の相関のうちに、『精神現象学』の「序論」で語られる学の方法の萌芽を観ることも可能であろう。[51] しかしながら、絶対的同一性の認識において、直観が要請されざるをえないところに、反省が思弁のうちに、悟性が理性のうちに、そして現象が絶対者のうちに、まだ真に根拠づけられてはいない理由があるのではなかろうか。もとより「要請」とは、幾何学において第一原理となる公理を求める場合に使用される言葉である。スピノザはこの方法を用いて自己の哲学を展開した。またカントにおいては周知のように、『純粋理性批判』においても『実践理性批判』においても要請が体系形成の重要な方法として採用されている。前者においては体系の完成のために「魂」、「世界」、「神」という無制約者が要請されるが、結局それらは構成不可能な理念として示されざるをえなかった。後者においては、主観の内的必然性として「魂の不死」や「神の存在」が、徳の完成や幸福の適正な配分のために要請される。結局、「要請」について言えることは、ある哲学原理で処理不可能な問題が生じたときに、それを解決するために別の原理を導入し解決を図るということではなかろうか。そして、問題はこの方法を一八〇一年のヘーゲルもまた採用しているということである。

しかしながらもう一方でヘーゲルは、かかる要請論の限界を見定めてもいた。一八〇一年のヘーゲルが抱えるこの問題点は、「哲学」から「反省」を締め出す次のような論述として現象している。

とはいえ、かかる（要請という）考え方では、理性の本質が間違った立場を獲得する。なぜなら、理性はここでは自己充足したものとしてではなく、欠乏したものとして現われるからである。しかし、もし理性が自己を絶対的なものとして認識するなら、反省から出発するあのやり方が終わる地点から、哲学は始まるのである。すなわち、観念と存在の同一性から哲学は始まるのである。(Diff.,29f.)

ここでのヘーゲルの立論は複雑である。ヘーゲルはまず、これまで彼自身が主張してきた「理性による直観の要請」としての「思弁」の立場をかなぐり捨てているように見える。理性は本来「自己充足したもの」である。すなわち、理性は「自己原因」であり、自己自身が自己自身の根拠でなければならない。しかし、理性が直観を要請せざるをえないということは、理性が他者を必要とするということであり、自己が自己の根拠ではないということを意味している。理性による直観の要請が思弁的理性の立場であるとすれば、理性は理性たるゆえんを失ってしまうのではないか。ヘーゲルはこのように立論しながらもなお、自己自身の「理性による直観の要請」の立場は、「自己充足したもの」としての理性の立場となんら抵触するものではないと考えていたようである。すなわち、哲学がもし反省から出発するとすれば、制限と分裂の能力である反省に対して、思弁的理性の総合の立場こそ哲学の本来の境地であることを示しておかなければならなかった。フィヒテ哲学の表現を借用すれば、反立の根底には総合が控えていること、むしろ反立は総合を前提にするということを明らかにしておかなければならなかった。ヘーゲルはこのための働きとして「理性による直観の要請」を必要としたのである。

しかしながら、ヘーゲルは引用文の後半で哲学の原理をこうした要請のうちに措定することの不完全さが露呈してくる。

すなわち、ヘーゲルにとって哲学は「反省から出発するやり方」が終わるところから始まり、「観念と存在の同一性」の上で展開されるものである。したがって、反省、非同一性は非哲学として哲学の下位に序列されることになる。ヘーゲルは悟性に内在する理性を説き、反省のもたらす分裂を総合する思弁を主張しながらもなお反省を非哲学として哲学の埒外に置いているのである。このことは、なるほどヘーゲルは反立（対立）や分裂の根底に統一や総合が存していることは知っているが、逆に総合が反立を前提にするということを知らないということを示している。すなわち、反省が思弁の相関者として、また悟性が理性の相関者として把握しきれていないのである。ラウトが「ヘーゲルはなるほど悟性の理性は知っているが、しかし理性の悟性を知らない」と批判していたのは、まさにこの事態に他ならない。このことはまた、4の（1）で述べておいた（a）から出発し（b）を介して（c）へ到る絶対者のプロセスのうち、（c）のみが哲学であり、真理の土俵であるということを意味している。（a）や（b）は絶対者の埒外に置かれているということが一八〇一年のヘーゲルの真実なのである。

我々はすでに本章3の（2）において、一八〇一年のヘーゲルの微妙な立場を指摘しておいた。すなわち、ヘーゲルはなるほど対立を絶対的同一性の主観と客観への「分裂」と捉えるとともに、それを絶対者の「産出」と考えている。ヘーゲルにおいては、シェリングのように対立は自体的には存在しないのではない。しかしながら、絶対者とその現象との関係を「実体性の関係」として捉えるヘーゲルにおいては、対立は絶対者と「絶対者ではない」現象との対立として存在している。したがって、我々は絶対者と現象のこのような関係の把握が「理性による直観の要請」を必要にすると考える。我々はシェリング同一哲学に対するフィヒテの批判、すなわちシェリング哲学は認識論的基礎付けを欠いているという「眼のないポリュペモス」批判は、一八〇一年以後のヘーゲルの観点でもあると主張した。それに対して、一八〇一年のヘーゲル哲学はいかなる位置を占めているのかを見定めるために『差異論文』を分析してきた。その結果、一八〇一年のヘーゲルはたしかにシェリングとは異なる独自の絶対者観をもちながらも、いましがた述べたようにアンチノミーの超克を「要請」せざるをえないところに、なおシェリングと同様にフィヒテの批判を受け容れざるをえない側面を残していることを認めざるをえないだろう。フィヒテは言う。いかにして絶対者から有限者が生じるのか、その区別根拠は何なのかと。ヘーゲルはその問いに答えなければならないが、ヘーゲルはその解答の方向をこれまで述べてきたように、「総体性としての絶対者の体系」として提示してはいるのである。

（1） ラウトは、シェリングは『叙述』において確かに「絶対的同一性の認識」を「思惟による絶対者の認識」として語っているが、これは「突然」のことであり、シェリングはすぐさまこれを訂正し、絶対的同一性の認識を「絶対者の知的直観」に変更したと主張している。Vgl., Lauth 1, S.445.

（2） デュージングは、シェリングにおいては、Wesenと存在のFormとの区別を、純粋同一性としての絶対者の概念からは区別できないのであるから、主語のAと述語のAの区別を有するA=Aという命題も存立不可能であるとする。vgl., K. Düsing, Spekulation und Reflexion, in:*Hegel Studien*, Bd.5, 1969, S.112.

（3） 『叙述』は一八〇一年五月に公にされた。しかし、それより半年後の同年十月に出版された『差異論文』には『叙述』への直接的言及はない。したがって、ヘーゲルは『叙述』を読んではいない。しかし、ラウトによれば、ヘーゲルは『差異論文』で、シェリングの『叙述』の理念そのものを弁護している。したがって、ヘーゲルはシェリングの新しい理念を口頭で知ることができるほどシェリングと友好的な関係にあったと推測している。Vgl., Lauth 1, S.441.

（4） 「独立」にと、ラウトは言っているが、それはフィヒテとヘーゲルの確たる影響関係を確認できないからに他ならない。また、ラウトは、『叙述』のなかでのシェリングの立論に固執するならば、シェリングも絶対的同一性に区別を導入していることを認めることができると語る。しかも、それはヘーゲルの影響であるとも言っている。つまり、シェリングの絶対的同一性は本来、「無差別と差別」の原理であるが、この点をフィヒテとヘーゲルは明確に発言しただけであるとする。Vgl., Lauth 1, S.447f.

（5）　Dieter Henrich, Fichtes ursprüngliche Einsicht, in: *Subjektivität und Metaphysik*, Klostermann, 1966, S.193ff. ヘンリッヒはこの中で、フィヒテの「循環」理論を高く評価している。すなわち、ヘンリッヒは「自我主体をそれ自身に即して思惟しようとする」哲学、あるいは「自己関係」的に知を扱う哲学においては「循環」は不可避であるが、これを認識しこの認識から哲学したのがフィヒテであった、と主張している。

（6）　フィヒテは『全知識学の基礎』第二部「理論的知識学の基礎」冒頭で、自我と非我の交互関係を「交互限定」（Wechselbestimmung）（WL.,131）として論じている。周知のように理論的知識学は「自我は非我によって限定されたものとして自己を定立する」という命題から出発する。しかし、フィヒテによるとこの命題は①「非我は自我を限定する」と②「自我は自己自身を限定する」という二つの対立命題を含んでいる。そしてこの両命題は、否定性と実在性を表わすものとして対立関係にある。この対立を合一するのが「交互限定」である。フィヒテは自我と非我の交互限定について以下のように述べている。「自我が限定されるということは、自我のなかで実在性が廃棄されるということである。したがって自我が実在性の絶対的総体の一部分のみを自己のなかに定立するならば、それによって自我はこの総体の残余を自己のなかにおいて廃棄する。そして、廃棄された実在性と等しい実在性の部分を、反立作用と量の自己同等性とに従って、非我のなかへ定立する。度は常に度である。実在性の度であれ、否定性の度であれ、同じことである」（WL.,129）。自我の自己定立（実在性の定立）は、自我の自我たるゆえんであるが、この定立作用は自我のうちに否定性を定立することであり、それは同時にその否定の度に応じて、非我のうちに実在性を定立することである。したがって、自我は自我であるとき、必然的にその裏面に相関者としての非我を伴っていると言える。そうであるなら、ヘーゲルの言うように、自我と非我がまず存在して、しかる後に両者が対立的に関係しあうというヘーゲルのフィヒテ批判は、的を射ているとは言い難い。

（7）　フィヒテも「見かけ上の矛盾」（Widerspruch）（WL., 134）について語っている。フィヒテの場合、この矛盾とは「非我は実在性をもつ」という命題と「非我は実在性をもたない」という命題との矛盾である。フィヒテは交互限定を「自我において否定性であるものは、非我において実在性であり、その逆も成り立つ」（WL., 133）と要約するが、ここでは非我が「実在的否定性」（eine reale Negation）、「負量」（eine negative Größe）として、いわば「相対的実在性」として捉えられている。したがって、「実在性の概念そのもの」が実在性と否定性という「二義性」を有していることになる。フィヒテにおける「見かけ上の矛盾」とはこの二義性に由来する矛盾のことである。

（8） Ludwig Siep, *Hegels Fichtekritik und die Wissenschaftslehre von 1804*, Alber, Freiburg/München, 1970, S.21. 前章註（25）で示しておいたように以下でもSiep1と略記する。また、この著作については拙訳『ヘーゲルのフィヒテ批判と一八〇四年の『知識学』』（ナカニシヤ出版、二〇〇一年）がある。

（9） Vgl.,Lauth 1, S.475f.

（10） だからと言って、ヘーゲルをスピノザやシェリングと同列に扱ってはならないとバウムは指摘する。というのは、両者が矛盾を哲学的方法としては全く導入しえなかったのに対して、ヘーゲルは矛盾を反省の最高の法則となすことによって、哲学の方法として採り入れているからである。（Vgl., M. Baum, *Die Entstehung der Hegelschen Dialektik*, Bouvier, Bonn, 1986, S.103.）ここにも、ヘーゲルを無造作にシェリングと同一のものとして扱うラウトの姿が窺える。

（11） ラウトが「ヘーゲルは悟性の定立的な定立作用、それになにものも同一ではなく、なにものも反立されえないところのあるものの定立作用を知らない。」（Lauth 1, S.475）と語るとき、それはヘーゲルがカントのみならずフィヒテをも理解していないということを示唆しているものと考えられる。

（12） Vgl., Lauth 1, S.477.

（13） Ebenda.

（14） Ebenda, S.478.

（15） ヘーゲルはこのような非我の自我への関係を「因果関係」とみなし、この関係が前提とされる以上、自我と非我の総合は不可能であると考える。なるほど、フィヒテは「因果性」（Kausalität）を、『基礎』においては「作用性」（Wirksamkeit）として以下のように論述している。そこでは、「原因」（Ursache）とは「能動性が帰属させられ、受動性が帰属させられないもの」であり、「結果」（das Bewirkte）とは受動性が与えられているものである。両者が結合において考えられるとき、これが「因果作用」（Wirkung）である（vgl., WL., 136）。フィヒテにおいては、作用性（因果性）は確かに、自我の受動性から出発する。しかしながら、もし、ヘーゲルが因果性をこのように「カテゴリーの演繹」における「狭義の」因果性としてのみ考察しているとしたら、それはヘーゲルの理解不足であろう。『基礎』においては、作用性から「実体性」へと進み、実体性は「自我の総体性」から出発するというように展開されるのである。

また、第二章で述べたように、実践的知識学においては、自我の非我に対する「因果性」が主題になることは言うまでもないであろう。

(16) 本章3の（3）のラウトのヘーゲル批判、「ヘーゲルは可分性の概念を知らない」は、このような結論に対してあてはまるものである。

(17) 隈元忠敬によれば、この「動揺」こそ逆に「理論的知識学における自我と非我とを究極的に合一せしめ、理論的自我の一切の限定をみずから生産する根源的作用」であることの証である。隈元忠敬、前掲書、一八二頁参照。

(18) 構想力は客観に対立する「単なる主観性」ではない。隈元によると、「構想力は理論我の根底において、対立するものを合一する能力として反立的な自我と非我を合一するのである。この意味において、非我は自我の産物にほかならぬ、それ（非我）は決して絶対的なものではなく、自我の外に定立されたものでもない」（同上参照）のである。

(19) Siep1, S.23.

(20) ジープはこの構成に『差異論文』当時のヘーゲルの基本構想を見ている。すなわち、彼は「自己産出された主観・客観関係の総体性というヘーゲル固有の構想は、いまや『差異論文』において初めてその輪郭が明らかになる」（Siep1, S.26）と、述べている。また、ジープはヘーゲルの構想する絶対的能動性においては、反省は「自己を対立者の根源的統一として把握する過程として把握される」とし、ついでこの能動性の過程を「能動性は対立者へと自己を分割し、そして再びその分裂のなかで自己を同一のものとして見出すのである」（ebenda）と解釈している。ヘーゲル弁証法の原型がここにあると思われる。

(21) Siep1, S.23.

(22) W. Schulz, a.a.O., S.143.

(23) Lauth 1, S.458.

(24) Vgl., ebenda, S.484.

(25) これら二つの対立するものの関係をフィヒテはどのように捉えていたかという点に関して、超越論哲学の研究者であるペーター・ロースは以下のように述べている。カントはこの対立者を「人間における叡智的なもの」と「自然衝動」との対立として捉え、両者をお互いから独立の真反対のものとして理解している。それに対して、フィヒテはこの両者の差異を、フィヒテにおいてもこの差異は「根本的」(konstitutiv)であるにも拘わらず、単に「相対的(relativ)対立」として把握しようとした。フィヒテの「超越論的観点」に立てば、両者は全く区別されないのである、とまでロースは語っている。

Vgl.,Peter Rohs, *Johann Gottlieb Fichte*, C.H.Beck' sche Verlagsbuchhandlung , Müunchen,1991,S.105.

(26) 例えば、Siep1の基調は、フィヒテの『全知識学の基礎』に対するヘーゲルの批判を肯定している。この点については後ろの註(35)も併せて参照していただきたい。

(27) カントは共和制に加えて代議制を統治形態の要と考えている。

(28) 君主制(Monarchie)、貴族制(Aristokratie)と民主制(Demokratie)。

(29) Immanuel Kant , *Zum ewigen Frieden*, in ; *Schriften zur Antholopologie, Geschichtsphilosophie,Politik und Pädagogik 1*, Werkausgabe Band , hrsg.v. Wilhelm Weischedel, Suhrkamp, 1981,S.207.

(30) Ebenda,S.204.

(31) カントは「民主制においては、唯一の完全な法体制に到達するには、暴力革命によって以外には不可能である」と語っている。Vgl.,ebenda,S.208.

(32) フィヒテはここでは強制法を「刑法」(Strafgesetze)と等置している。Vgl.,GdN.,141.

(33) ジープは最も最近の研究でフィヒテにおける法の位置付け、および法と道徳の関係を次のように述べている。「一七九六/九七年の法哲学では、まず理性的存在者の自己意識の制約として法が演繹されるが、その際理性法はカントの場合以上にはっきりと道徳および宗教から分離される。つまり、自律的法人格相互の尊重は、理性的存在者そのものの唯一可能な関係である。互いの自由を等しく制限することは、理性的自己意識すなわち自己自身の根拠に基づいて行為する自己意識の必然的制約である。したがって、法共同体が成立し存続することは、理性の無制約的要求なのである。」Ludwig Siep , *"Staat, Religion, und Philosophie im Deutschen Idealismus"*, (2002) この論文は広島大学での講演(二〇〇二年三月二十五日)のために筆者に送付されたものである。ここでは明確に、法が道徳から分離されていること、さらに法における自由の制限が自己意識の必然的制約であることが語られている。

また、南原繁は、フィヒテが道徳から独立して法の概念を立てたのは、共同体要素の認識に基づいていると評価し、その点にフィヒテ自身の思索の発展および前代の自然法観念との違いを指摘している。ただし、ここの部分に関しては「道徳が高い秩序であるのに対して、国家は低い秩序であって、なお道徳の下に政治がおかれる傾向を否みがたい」としている（南原繁『フィヒテの政治哲学』岩波書店、一九五九年、三九頁）。南原は前者でフィヒテの積極面を、後者でフィヒテの消極面を語ることによってイエナ期のフィヒテ政治哲学の特徴を見事に捉えている。イエナ期においては、前者すなわち共同体における他者性の問題、他者との相互性、さらには他者との共同を主題として論じる点においてフィヒテはヘーゲルに先んじていると思われる。

（34） Vgl.,G.W.F.Hegel,*Über die wissenschaftlichen Behandlungsarten des Naturrechts,seine Stelle in der praktischen Philosophie, und sein Verhältniß zu den positiven Rechtwissenschaften*, GW.,hrsg.v.Deutschen Forschungsgemeinschaft, Bd.4, 1968, S.468.

（35） Ebenda.

（36） Ludwig Siep,*Der Weg der Phänomenologie des Geistes――Einführender Kommentar zu Hegels》Differenzschrift《 und 》Phänomenologie des Geistes《*,Suhrkamp, Frankfurt am Main, 2000, Siep2と略記する。

この論稿での『差異論文』や『信と知』に対するジープの基本的姿勢は「これらの著作がフィヒテの根本傾向を正当に評価しているとか内在的批判としてもちこたえるといったことを語ることはできない」（Siep2,40）という点に尽きるであろう。しかし、もしそうであるならば、その立場はジープの学位論文であるSiep1の基本的姿勢と少し異なるのではないだろうか。なぜなら、Siep1ではイエナ初期のヘーゲルの著作におけるフィヒテ批判をジープは基本的に肯定していたからである。筆者は一九九八年から一九九九年にかけて在外研究員としてミュンスター大学に滞在した折、ジープにこの論稿の原稿をもらい、これを一読して、ジープの立場が変わったのではないかと感じ、この点を質問した。ジープは書簡で返事をくれたので重要と思われる箇所を以下で訳出したい。「私が私の新しい草稿で、ヘーゲルのフィヒテ批判をはねつけることにおいて、一九七〇年より幾分進んでいるということは、恐らくあなたのおっしゃる通りです。当時、私はフィヒテが哲学を実際に絶対我という唯一の原理の上に基礎付けようとする限りにおいて、少なくともヘーゲルの初期フィヒテ批判に賛成しました。フィヒテは一八〇四年にはその原理を放棄し、自ら自我あるいは存在から区別されている知の一面性を超え出ようとします。いまでは私はヘーゲルの初期フィヒテ批判もフィヒテの意図を正しく評価していないし、内在的批判としては理解されえないと言ってよいと思います」。このようなジープの解釈上の微妙な変化は、ジープひとりの変化に止まるのではなく、むしろこの三十年間のドイツにおけるドイツ観念論研究全体におけるフィヒテ理解の深まりとして理解できるのではなかろうか。このような深まりがあって初めて、フィヒテとヘーゲルをタイプの異なる二つの哲学と見なすことができると同時に、両哲学をドイツ観念論が内包している異なった可能性として提起することもできるのではなかろうか。（この点については、拙訳『ヘーゲルのフィヒテ批判と一八〇四年の『知識学』』の日本語版序文を参照願いたい。）

筆者はもうひとつの質問をしたので、蛇足ながらこの質問とそれに対するジープの回答を以下で述べておきたい。ジープはSiep1では『信と知』においても、ヘーゲルのフィヒテ批判は原則的には『差異論文』に対して変更されなかったと述べている。（Siep1,30f.）これに対してクラウス・デュージングが以下のような批判をしている。「だが、フィヒテ哲学についてのヘーゲルの評価が『信と知』においても実際に変更されないままであるのかどうかが問われなければならない。ヘーゲルは『差異論文』においては（フィヒテ哲学がもつ）思弁の原理と（その原理が）実際に遂行された体系という二つの立脚点を区別していたのだが、ヘーゲルにとってのフィヒテ哲学は『差異論文』のようには、もはやこの二つの立脚点を含んでいないのである。ヘーゲルは『信と知』では自我の自己同一性を、もはや思弁の絶対的原理と見なさないのである。むしろ、純粋我は最初からすでに一面的、不足的であり、したがって経験的なものに対立しているのであり、それ故反省にのみ所属しているのである。フィヒテは主観性がもつ一面性を克服しうることなく、思弁的総体性を信仰のうちでのみ掴もうとするのである」（Klaus Düsing, Über das Verhältniß Hegels zu Fichte, *Philosophische Rundschau* 20.Jahrgang Heft 1/2,1973,S.55)。デュージングは、ヘーゲルのフィヒテ批判が『差異論文』に対して変更されていることを指摘している。もちろん、全体としては、すなわち一貫して二元論を批判するという点で変更されていないとも言えるが、それまで評価していたフィヒテ哲学の原理に対する批判に及ぶという点で、やはり変更されていると言えよう。もっとも、デュージングはその後の箇所で、ヘーゲルのこのような変更はフィヒテ哲学をヤコービと連関させ反省哲学として一括して批判する『信と知』の構成に由来していることを指摘すると同時に、フィヒテが純粋我という原理を断念したことが、ヤコービの観念論批判の影響であることを指摘している。

これに対するジープの回答が次の書簡である。「思弁的統一のプログラムとしての知識学の始元に対するヘーゲルの賛同は、『信と知』においてはもはや見出せません。ヘーゲルは純粋我の一面性を反省概念であると力説し、フィヒテは『人間の使命』においては、知において統一に到達しうるという要求を断念すると考えています。フィヒテのGlaubenの概念はヤコービの非合理主義に近づいているのです。その限りにおいてデュージングは正しいのですが、私は一九七〇年にはこの転回を多分幾分軽視していたのです」。ジープもこの書簡では、ヘーゲルのフィヒテ批判の変更を認めている。ここで問題とされるべきは、フィヒテ『人間の使命』のなかに描かれているフィヒテ哲学の新しい構想であるが、これについてデュージングは「しかし、ヘーゲルはフィヒテの新しい構想を（フィヒテ）後期哲学の方向の中へとさらに推し進めて考えてはいないのである」（Klaus Düsing,ebenda,S.56）と論評している。ジープによると、ヘーゲルのフィヒテ批判は根本的には『精神現象学』においても『大論理学』においても、その根本傾向に変化はない。ヘーゲルはフィヒテの変化にいかなる肯定的な意味も見出していなかったと言えよう。

(37)　Siep2,S.42.

(38)　Ebenda.

(39)　Vgl.,Siep2,S.41f.

(40)　コルポラチオーンは公共的権力の監督の下に以下のような使命や権利をもつ。①固有の利益を配慮する権利、②技量や誠実などの性格に従ってその成員を採用する権利、③成員のために事故などの偶然性に対して配慮する権利、④成員の能力を高め教養を身につけさせるために教育などを行なう権利、⑤成員のために第二の家族として登場する権利。以上である。Vgl.,PdR.,§252.

(41)　ヘーゲルは近代市民社会の本質を、以下のように功利主義として捉え、それを是認している。「個人は彼が義務を遂行する場合、同時に何らかの仕方で自分自身の利益、自分の満足あるいは打算（Rechnung）をみいださなければならない。また、国家内での個人の関係から、普遍的目的が彼自身の特殊な目的となるような権利が個人に発生しなければならない。特殊な利益は全く脇に追いやられたり、抑えつけられたりされるべきではなく、普遍者の利益と一致する形で実現されるべきである」（PdR.,§261）。この論点については加藤尚武の卓越した考察がある。加藤尚武『ヘーゲルの「法」哲学』（青土社、一九九三年）一六九頁以下参照。

(42)　同書、二四五頁参照。

（43） ラウトは『差異論文』第一部の「哲学の欲求」以後の叙述を、ヘーゲルの描く「絶対者への上り道」と捉えている。Vgl.,Lauth 1.,S.475.

（44） この観点において、ヘーゲルはフィヒテやラインホールトを「悟性文化」を基礎付けた人と捉えながらも、絶対者へ「感性」や「信仰」において近づこうとするシュライエルマッヒャーやヤコービという悟性に敵対する陣営に寝返ることはない、とジープは語っている。Vgl., Siep2, S.33.

（45） *Briefe von und an Hegel*, Bd.1, hrsg. v. J.Hoffmeister, 1952, S.58ff.
なお、ペゲラーはこの手紙に価値転換が言明されているとし、その方向を反省が直観を妨げず、直観が反省の制限と固定化を自己のうちで止揚するという仕方で直観（同一性）と反省（非同一性）が媒介されねばならないと述べている。この観点にイエナ期ヘーゲルの進路が示されている。O.Pöggeler, *Hegels Idee einer Phänomenoögie des Geistes*, 1973, S.116f, 119f.

（46） バウムはこの課題は、決して意識の特殊性の単なる廃棄や対象化されない絶対者の対象化（フィヒテ）を意味するものではなく、あくまでも意識の対立のなかで主観と客観の同一性を取り戻すことであると語る。したがって、構成は知的直観に導かれつつ意識の範囲のなかで遂行されるものであり、その点で、構成は直観における概念による作図であるカントの構成規定に対応しているという。Vgl.,M.Baum,a.a.O.,S.86.

（47） ジープは、どうしてヘーゲルは悟性は限界をもつにも拘わらず、無制約者の肯定的認識を主張しうるのかと問う。そしてその理由として、われわれの認識能力が無制約者に定められており、しかも実際にそれを探し求めているという「事実」を掲げる。そしてこのことが存在論的神証明の思想と通底していることを以下のように述べている。「ヘーゲルはこの点で最完全者（ens perfectissimum）、無限かつ完全な存在とそれの認識様式との生得観念をもつという伝統に結びつく」（Siep2, S.36）。

（48） ツィンマーリはこうした思弁概念について以下のように述べている。「これまでは思弁は単に自己を否定する反省、すなわち反省の自己廃棄という否定的側面に対する表現であったが、いまや肯定的意味が加わる。思弁とは直観であるところの反省である。……思弁は反省の積極的もしくは生産的な否定であることになる」（W.C.Zimmerli, Die Frage nach der Philosophie, in: *Hegel Studien*, Beiheft 12, Bouvier, 1974, S.200.）。

このような思弁の把握は『精神現象学』における「否定性」(Negativität) 概念の萌芽であると言えよう。ただし、『差異論文』の「思弁」が『精神現象学』のように対立の産出とその統一という二重の否定であるかどうかは、はなはだ疑わしいと言わなければならない。

(49) Siep2, S.38.
このような思弁概念の成立を通じて、ヘーゲルの思弁的論理学のプログラムが予知されていると、ジープは見なしている。Vgl., Siep2, S.37.

(50) ジープはフィヒテ、シェリングにおける知的直観が、ヘーゲルのように「総合的能力」を有していなかったことに言及した後で、超越論的直観について以下のことを述べている。ヘーゲルが直観を超越論的と名付けるのは、それがカントのように「我々の対象意識および経験知の制約である」からではなく、「主観的なものと客観的なもの、概念と存在の同一性である真なる知の制約である」からである。Vgl., Siep2, ebenda.

(51) ジープの『差異論文』に対する総括的評価を以下で要約しておく。ジープによると、『差異論文』は『精神現象学』や『大論理学』のプログラムをスケッチしているように見えるし、実際にそういうプログラムを見ることもできる。しかし、悟性文化の超克を目指すヘーゲル自身の構想を公式化するために、まだシェリング的な術語や体系性を使用している。Vgl., Siep2, S.39.

第四章　イエナ中・後期におけるヘーゲル哲学の展開

イエナにおけるヘーゲル哲学の発展過程を辿るとするなら、政治哲学上の変化に目を向けるほうがわかり易い。なぜなら、ヘーゲル哲学の発展はなによりもまず政治哲学上の変化として現われてくるからである。本章ではまず、この政治哲学上の発展を、一八〇三／〇四年と一八〇五／〇六年のいわゆる『イエナ体系論稿』における「精神哲学」に関する部分の簡潔な分析を通じて明らかにしたい。

しかし他方で、このような現象世界に関する哲学的構成の変更は、その哲学原理の改造なしにはありえないであろう。この点については、一八〇三／〇四年『精神哲学』の「意識論」（本章1の（2））、「推理論」（本章1の（3）の2の前半部分）および一八〇四／〇五年『イエナ体系論稿』の「論理学・形而上学」の部分の検討（本章2）を通じて明らかにしたい。

本書の基本的視点は、ヘーゲル哲学の発展をフィヒテ哲学との関係のなかで跡付けていくところにある。前章までにおいて、ヘーゲルのフィヒテ批判の観点（主として第三章）とフィヒテのヘーゲル批判の観点（主として第二章、ギルントの観点）を明らかにした。イエナ中・後期を扱う本章では、ヘーゲルのフィヒテへの接近、あるいはヘーゲルによるフィヒテ的なるものの導入が問題となる。

1　イエナにおけるヘーゲル政治哲学の発展

（1）問題の整理

イエナ期ヘーゲル研究は一九七〇年代に隆盛を極めた。とりわけ、イエナ中・後期（おおよそ一八〇三－一八〇七年）における政治哲学に関わるヘーゲルの「大きな変化」が指摘され、この変化を巡って頻繁に議論が戦わされた。この議論に先鞭をつけ、この議論の中心にいたのがマンフレート・リーデル（Manfred Riedel）であった。以下では、まずヘーゲルの政治哲学上の変化についてのリーデルの見解を示しておきたい。

イエナ初期のヘーゲル政治哲学が近代自然法思想との対決に彩られていたことは、これまでも第二章や第三章で指摘してきた。すなわち、個人、個別的主観性を絶対的なもの、第一義的なものとして捉える近代自然法思想に対して、イエナ初期のヘーゲルは、それに古代ギリシアのポリス的人倫、「全体」を対置し、個人はそれ自身においては無に等しく、むしろ全体の内に解消されるべきものと捉えられていた。もちろん、フィヒテも近代自然法思想の系譜の中に位置付けられるわけであるから、近代自然法批判はそっくりそのままフィヒテ批判として機能していたと言える。第三章のヘーゲルによるフィヒテ批判のなかでも述べておいたが、ヘーゲルにとっては道徳ですら「否定的人倫」であり、廃棄の対象であった。フィヒテ批判として遂行されるこのような批判の背後には、ヘーゲル自身がフランクフルト期以前に依拠していた立場、すなわちカントの実践哲学への断固とした決別の意志も窺うことができよう。

しかしながら、フランクフルト期からイエナ初期にかけての古典的政治理論へのヘーゲルの傾斜は、リーデルが指摘するように次のようなアポリアを携えていた。「自然法についての古典的概念は、(全体を)解体へ導き動揺を惹き起こす契機としての個別者の存在と否定的なものを消失させることが、自然法についての古典的概念と実践哲学におけるこの概念の立場が元来もっていたアポリアである」[1]。だが、ヘーゲルがこのような「自然法の古典的概念」に留まっているなら、彼にはいかなる近代認識も不可能であろう。したがって、ヘーゲルはこのような自然法概念にそう長くは固執してはいなかった。リーデルによると、ヘーゲルは『自然法論文』の発表後ほどなくしてこの考えに修正を加え、一八〇三/〇四年と一八〇五/〇六年の間に大転換を完成させる[2]。したがって、リーデルは〇三/〇四年と〇五/〇六年の間に政治哲学上のヘーゲルの大転換を予想する。そしてこの転換を、フィヒテ哲学の再研究を通じて、ヘーゲルがフィヒテへの接近を図ったものではないかと推理している[3]。

それに対して、ジープはすでに『自然法論文』や『人倫の体系』においても、その「意識論」においてヘーゲルの転換を予想している。ただし、そこではヘーゲルはまだ自然的人倫あるいは否定的人倫から真の人倫への移行を必然的進展としては示すことができないとしてもである[4]。もちろん、ジープも〇三/〇四年と〇五/〇六年の間にヘーゲルの転換が遂行されるという点では、リーデルと変わりはない。ただし、〇三/〇四年と〇五/〇六年の間にある差異よりも、『人倫の体系』と〇三/〇四年の差異の方が大きく、この間に転換がなされたと指摘する考えもある[5]。

以上のように、イエナ中・後期にヘーゲルの政治哲学の構成において大きな転換が生じたことはまちがいないであろう。だが、この論点の解明より先に押さえておかなければならないポイントが一つ残っている。それは一八〇三/〇四年の『精神哲学』に見られる①体系構成上の変化と②絶対者の存在構造の把握の仕方である。以下では、まずこの問題を先に扱い、それを踏まえて政治哲学上の変化を論じたい。

（2）　一八〇三／〇四年『精神哲学』の新機軸

〇三／〇四年冬学期の講義草稿においては、体系構成において明瞭な変化が現われる。ヘーゲルはもはやシェリングのように、「精神哲学」と「自然哲学」を等しく絶対者の現象形式を扱う同列の学とは見なさない。〇三／〇四年『精神哲学』の冒頭でヘーゲルは、「精神をイデーとして」（GP1.,268）捉えることによって、「精神哲学」を体系最高のエレメントとなすのである。それではイデーである精神とは何か。ヘーゲルは精神を「存在」「単純なもの」（das Einfache）－（同一性）と、「生成」（Werden）「無限性」－（非同一性）という矛盾するものの絶対的同一性である「絶対的実体」と規定する。「絶対的実体」としてであれ、絶対者を「生成する精神」として規定するところに、我々は「反省形式」が絶対者の内に「生成」の原理として定立されていることを推測できる。もしそうであるなら、「反省形式」が絶対者の必然となるであろう。また、もしそうであるなら、精神としての絶対者の規定の内に、第二章で述べたギルントの言う「絶対的反省」としての自我の構造が導入されていることになろう。また、第三章の論述の流れで言えば、「総体性としての絶対者」のうちに、「反省」が「生成」の原理として導入されることになろう。

さて、体系構成全体を見渡すと、体系の第一部「論理学・形而上学」は精神をイデーとして構成し、第二部の「自然哲学」は「イデーが相互に離れ落ちる」（ebenda）ところに存立する。すなわち、自然とは「絶対的存在が自己の生成、つまり無限性から自己を分離した」（ebenda）存在である。それ故、自然は「生成」を欠いているのであり、それによって「精神自身の他者」である。それに対して、「精神哲学」は絶対的実体がこの分離から「絶対的普遍性へ自己を取り戻す（zurücknehmen）」（GP1.,268）圏域であり、イデー実現の場である。したがって、自然と精神は「生成」の有無によって区別されている。それ故、生成が反省による分裂と分裂からの回帰を意味するとすれば、自然は反省を欠いた存在として、精神は自ら反省する存在として措定されていると言えよう。

絶対者がこのように精神として捉えられるとき、反省は絶対者自身の活動ということになろう。とするなら、ここでは反省はもはや単なる「哲学の道具」ではない。

上述のことから、絶対的実体は自然から自己を取り戻す働きにおいて精神となるのであるが、それは取りも直さず絶対的実体が自己の内に生成を定立し、自己を主体化することであると解釈できるであろう。〇三／〇四年の『精神哲学』において、ヘーゲルはその原理を「意識」(Bewußtsein) に求めている。ヘーゲルはこれについて以下のように述べている。

(自然哲学においては) 動物にとって本質的規定性である個別性の数的一は、(精神哲学においては) それ自身観念的なもの (ein ideelles)、一つの契機となる。かく規定された精神の概念が意識、すなわち単純なものと無限性の合一の概念 (der Begriff des Einsseins des Einfachen und der Unendlichkeit) である。(GP1.,266)

動物にとって数的な一者であることは本質的なことであり、動物はそれ以上でもそれ以下でもない。しかし、この自然の無意識的一者が「意識的」一者となるとき、この意識にとって一者であることは「止揚されるべき」契機、単に「観念的なもの」となる。この「意識」において絶対者は精神となり、同時に精神はこの意識において自己を発見することになる。このような「精神の概念」としての「意識」は「単純なもの (同一性) と無限性 (非同一性) の合一」という精神と同じ構造をもつ。意識は単なる一者ではなく、一と多の一、同一性と非同一性の同一性として「生成する活動」を担うことになる。

さて、上の引用文中の「無限性」は意識の対立的側面を意味しているから、対立において存在する主観的な

（反省する）意識のあり方を語っている。すなわち、「経験的意識」を語っている。ヘーゲルは『差異論文』でフィヒテ哲学は「純粋意識」（同一性、同一性の意識、直観）と「経験的意識」（非同一性、対立の意識、多、反省）との対立を絶対化しているからそれらの合一が不可能になると、批判していた。そういうフィヒテの悟性哲学に対して、経験的意識、あるいは多を純粋意識の「産出」として導出することがヘーゲル哲学の課題であった。(6)この課題を解決する方向が、上述の精神（意識）の存在構造として語られていると読むことができる。

ヘーゲルはこのような存在構造をもつ「意識」（恐らく、個別的意識存在と呼ぶほうがより適切であろう）を「精神の実在の第一の形式」と呼ぶ。なぜなら、意識は反省を通じて自らの対象と自らを区別すると同時に、両者を媒介する「媒語」（Mitte）となる活動であるからである。ところが他方で、ヘーゲルはこの反省の裏面で働いている意識の「自己」の働きを「絶対的普遍性は主観、つまり対立の分離において媒語となる」（GP1.,276）とも述べている。この文章は、単なる個別者が個別的意識となる活動が、裏面では「絶対的実体」が自己に意識を与え、自己を「主観（体）化」し「精神」となる活動であることを語っていると読み込むことができる。「個別的意識」が「精神の実在の第一の形式」であるゆえんである。

さて、絶対的実体の活動は単に対立を産出するだけでなく、対立項を関係付ける媒語として実在するところに、『差異論文』における理性の二重の働きの徹底があると思われる。こうして意識の両極は媒語を通じて区別しあう（対立）と同時に、媒語において一である。したがって、意識はそれ自身媒語において一であるときに多であり、多であるときに一であるところの「直接的で単純な自己自身の反対」（das unmittelbare einfache Gegenteil seiner selbst）（GP1.,266）と規定されることになる。だが、この「直接的で単純な」はもはや、決してシェリングの無差別的同一性を形容するものと理解されてはならないだろう。「自己自身の反対」とは、それ自体において対立は一によって、一は対立によって既に媒介されている意識のあり方を言表しているのであり、ここでは当然「反省」が前提されているのである。

我々は以上で述べたヘーゲルの「精神」としての絶対者像の内に、ヘーゲルがフィヒテの「自我」の三位一体的存在構造を導入していった跡を読み取ることができるのではなかろうか。我々はここで第二章2で展開したギルントの分析をもう一度想起しつつ、ヘーゲルの精神としての絶対者像の内にフィヒテの影響を読み取っていきたい。まず、経験的意識（多）を純粋意識（一）の産出として導出しようというヘーゲルの課題がここではどのような仕方で解決を計られているだろうか。ギルントによれば、フィヒテにおいては純粋意識は決して経験に先んじて実体として前提されるものではなく、「再構成」されるべきものであった。多があるから、一があり、一があるから多がある。非同一があるから同一があり、同一があるから非同一がある。さらに、定立があるから存在があり、存在があるから定立がある。一がなければ多はなく、多なくば一もない。定立がなければ存在はなく、存在なくば定立はない。この点にフィヒテ超越論哲学の一つの本領があった。多や定立が一や存在によって存立するように、一や存在は、多や定立によって存立するのである。これが「再構成」という意味である。そうであるなら、ヘーゲルが「精神の概念」としての意識を（ヘーゲルは「意識」というタームを「一つの作用」として使用する場合と、個別的な意識存在、つまり自我として使用している場合があるように思われる。ここではもちろん前者の意味を含みつつ後者の意味である。）「直接的で単純な自己自身の反対」であると語るとき、ヘーゲルはフィヒテ的な「自我」に到達していることが予想できるであろう。（ヘーゲルは、フィヒテにあっては「純粋意識」と「経験的意識」との対立が絶対的であるから合一は無限の努力とならざるをえないとしてフィヒテを批判し、その批判の上に自己の哲学の課題をたてるわけであるが、その課題解決のための方法をフィヒテの「自我」に求めるのである。それは以下で論じられるように「反省」を「総体性としての絶対者」のうちに導入することでもあった。）

また、一と多がそのように「単純な自己自身の反対」であるとするなら、一と多の同一と同様に非同一、ないしは分離もなければならないことは自明であろう。したがって、「自己自身の反対」という意識の構造においては、当然「反省」が必然的原理としてなければならないであろう。フィヒテにおいては「反省」が「生と意識の原理」であった。自我の「存在」（Sein）と「定立」（Setzen）とをつなぐのは自我の「対して」（Für）という自己意識的あり方である。存在が定立であり、定立が存在であるのは、このような「対して」という自我の自己意識的構造において初めて成立しうるのである。すなわち、フィヒテの自我は「自己自身によって定立されたものとして」自己を定立するが、このような「として」構造においては「反省」こそが自己定立の制約なのである。フィヒテにあってはこうした「反省」が自我の「分割根拠」であったが、ヘーゲルが絶対者を「精神」となし、「意識」を「精神の概念」と把握するのであれば、ヘーゲルの絶対者は「反省」を「分割根拠」として捉える地平に到達していることになる。

だが、ヘーゲルは決してフィヒテと一つになっているわけではないであろう。先ほど、意識の裏面で働く意識の「自己」の働きについて述べた。そこでは、意識の「自己」の働きを、絶対的実体が自己に意識を与え、自己を主体化し精神となるプロセスとして描いた。もしヘーゲルが絶対的実体の「生成」をこのように構想しているのであれば、実体が前提されていることになるのではなかろうか。この論点については、ここでは問題提起だけに止めておきたい。

ともあれ、我々はヘーゲル哲学の発展を上述のことから十分に窺うことができるであろう。そしてこの発展は、イデーとしての精神を「直接的な自己自身の反対」として把握する一点に集約されるであろう。しかもこの観点は非同一性を同一性から把握するばかりでなく、同一性を非同一性からも把握するのであるから、第三章３の（３）で述べておいたラウトのヘーゲル批判、すなわち「ヘーゲルは悟性の理性は知っているが、理性の悟性は知らない」という批判に対する返答にもなっている。『差異論文』で主張された「同一性と非同一性の同一性」という絶対者の存在構造も、イエナ中期にはこのようにフィヒテの自我論の地平が踏まえられることによって認識論的にも存在論的にもより深化していると言えるであろう。「認識論的に」というのは、絶対者が「精神」と捉えられることによって、絶対者についての知が、対象知から自己知（自覚）へ、直観知から概念知へと発展する可能性を意味するであろう。また、「存在論的に」というのは、同一性が非同一性から「再構成」されるのであるから、分離や分裂が絶対者自身の必然となる可能性を意味するであろう。それらを総合するなら、「対立の一致」[7]としてのフィヒテ弁証法への洞察が、ヘーゲル弁証法形成の一里塚になっていると言えるであろう。

ただし、一八〇三／〇四年においてはこのような転換が決して完全に行なわれているのではない。例えば、第二章2の（3）の**1**でギルントが絶対者（同一性、一）と現象（非同一、多）との関係に関して言えば、『差異論文』では現象に「絶対者としての権能」が与えられていないと批判していた。あるいは、『差異論文』においては絶対者と現象が「反省的関係」にないと批判していた。これは、現象も絶対者自身であるべきであるが、『差異論文』のヘーゲルにおいてはそのようにみなされていないという批判であろう。ヘーゲルは先の「自己自身の直接的反対」という概念に到達しているにも拘わらず、まだ〇三／〇四年においては現象（多）を絶対者自身（一）として十全には捉えきっていないのである。この点に〇五／〇六年との差異があり、この差異が政治哲学上の相違として現われてくると考えられる。

（3） 二つのイエナ『精神哲学』の政治哲学的差異

1 〇三／〇四年『精神哲学』における承認を求める闘い

〇三／〇四年『精神哲学』の展開は、経験的意識から絶対的意識に至る意識の発展史であり、その都度の発展段階が「勢位」（Potenz）というシェリングの用語で表現されている。ここで展開される意識は本章1の（2）の「意識」構造をもつ。しかしジープは、この『精神哲学』では反省の系列が極めて不完全に使用されたと語っている。[8] 以下では、その理由を「承認を求める闘い」のなかに求めてみたい。

〇三/〇四年における承認を求める闘いは、自己と自己の所有物を自己自身として定立する「総体的意識」間の闘いである。このような意識をもった諸個人にとって、その所有物を侵害されることは自己の名誉の「侮辱」（Beleidigung）に他ならない。したがって、各人は各自の「総体性」（Totalität）を維持するために、お互いに他者を締め出す存在となる。各人はこのような排除を通じてのみ、外的なものを自己自身として示すことができる。これが当面の意識の能力である。こうして、諸個人は総体性としてのその本質に従って行為するが、まさしくそうであるから諸個人は必然的に否定しあうことになる。すなわち、各人は自己の総体性を維持するために、他者の個別性の廃棄、他者の死をめざす。だが、各人は他者の死に向かうことによって、同時に自分自身の生命を賭ける。つまり、自己を死の危険に曝すことになる。これは総体性の維持のために自己自身を犠牲にすることであるから、「絶対的矛盾」である。そこからは死という無しか生じ得ない（vgl.,GP1.,311）。しかしそれでもなお、各人は他者を否定することによって自己を他者の内に定立することなしには、自己の総体性を証明しえないのである。したがって、このエレメントにおいては「承認（das Anerkennen）は、それが存在するときに自己を実現しているのではなく、むしろ存在することを止める」（GP1.,312）のである。なぜなら、一方的承認はいかなる意味ももたないであろうから。それ故に、このような「意識」の存在様式自体が廃棄されなければならない。すなわち、各人は「個別的総体性」としての自己を「断念」（Verzicht）しなければならない。しかし、この断念においてこそ個別性は救われることになる。すなわち、各人は自己の断念、「犠牲」において初めて他者のうちに自己を直観する。なぜなら、他者も同じく自己を断念しているから。これが生死を賭けた闘いにおいて生成する

「相互承認」（das gegenseitige Anerkennen）である。

さて、以上のように意識は承認なしには存在しえないが、承認されているときには「個別的意識」としては廃棄されているのである。すなわち、

> 意識は承認されること（Anerkanntwerden）が実在（Existenz）を得ることである。だが、意識は実在するときにはただ廃棄されたものとして（als ein Aufgehobenes）のみ存在する。（GP1.,314）

そして個別性を廃棄し止揚された意識を、ヘーゲルは「絶対的意識」（das absolute Bewußtsein）（ebenda）と呼ぶ。そして意識が個別的ではなく、絶対的である所以を、意識がその「実体」である「絶対的人倫」（die absolute Sittlichkeit）、「民族精神」（der Geist eines Volks）と一体化するところに見ている。そしてさらにヘーゲルは次のように語る。

> 民族の成員として（als Mitglied eines Volkes）の個別者は（そもそも）人倫的存在（ein sittliches Wesen）であり、その本質は普遍的人倫である生ける実体（die lebendige Substanz）にある。人倫的存在は個別者としては観念的形式（eine ideelle Form）であるにすぎず、廃棄され止揚されたものとしてのみ存在するものである。（ebenda）

個別者は自立的存在ではなく、ある民族の成員として存立している。個別者の本質は個別者の内にではなく、実体である人倫の内にある。したがって、個別者が個別者として存在するのは、実体である人倫を捨象してそれだ

けで観念的に捉える場合であって、実際は個別者はそれ自体では存在しない。個別者はそのような個別者としては廃棄され、人倫的存在として止揚されるときに存在するのである。

このような〇三／〇四年の『精神哲学』の立場を、リーデルはヘーゲルはまだ「完全にポリス的人倫の立場」に立っており、「近代自然法理論」に対してはその否定的立場を変更していないと解釈している。さらに絶対的人倫解釈においては、ヘーゲルがアリストテレスやスピノザのカテゴリーを使用することによって、そこでは個別者は消滅することになると解釈している。[9] ジープが〇三／〇四年『精神哲学』では「反省の系列が極めて不完全に使用された」と語っているのは、このような結果に対してである。ヘーゲルは個別性が「絶対的個別性」になること、すなわち個別性を廃棄され、人倫へと止揚された個別性となることを「自己自身の直接的な反対」（GP1..313）と語っている。「自己自身の直接的な反対」という概念もまだ十全な意味では理解されていないと言わなければならない。

だが、我々がここで押さえておかなければならないことは、実体である絶対的人倫といえども、個別者間の相互承認の闘いを媒介として成立しているということである。ここでは少なくとも「否定的なもの」である個別者が肯定的なものとして受け容れられ、体系構成の一翼を担っている。この点を先述の箇所でリーデルも評価している。リーデルが評価しているように、この点から「近代自然法の再評価」も古典的政治学の克服も第一歩を踏み出すことになるであろう。

2　〇五／〇六年『精神哲学』における承認を求める闘い

〇五／〇六年『精神哲学』においては、シェリング的な用語はすっかり姿を消し、例えば「自我」のようなフィヒテ特有の用語が前面に出てくる。ホフマイスターはこの精神哲学の始まりの部分に「主観的精神」というタイトルを冠している。この章は「知性」(Intelligenz)、すなわち理論我と、「意志」(Wille)、すなわち実践我に二分され、前者から後者への発展が「悟性判断」から「推理」(Schluß)への深化として語られている。この発展は、単なる媒辞としてのコプラを存在論的に捉えなおし、対立する存在、自我と物という両極を根底で支える存在として自我を定立することになる。ヘーゲルは欄外註で「コプラは自我であり、両極を担っている」(Kopula ist Ich, trägt sie.)(GP2.,197)と書き留めている。このような自我において自我と物という両極は関係付けられているのであるから、この自我は自我の自我である。したがって、この自我の自我は両極を連結する「媒語」であり、「推理」の魂とされる。両極と媒語の関係を、ヘーゲルはまず以下のように述べる。

しかしまさしく両極の統一と対立において、両極は相互に関係付けられているのである。そして両者(統一と対立)は両極とは別ものであるが故に、別ものは両極を関係付ける両極の媒語である。ここに両極の推理が定立されている。(GP2.,199)

ヘーゲルはここで媒語が両極から区別される側面、言わば媒語の両極からの区別的側面を説いている。あるいは、少し図式化すれば「絶対我」の「有限我」に対する区別的超越的側面が表現されていると捉えることも可能であろう。次にヘーゲルは「別もの」である媒語を「第三のもの」(das Dritte)、さらに「単純な存在」と換言し、以下のように述べる。

単純な存在は反対の統一であり、存在する存在者へと自ら分裂し、それによって純粋否定性であるところの自己自身において自ら動く普遍性である。(だから)悟性は(本来)理性であり、(理性となった)悟性の対

象は自我である。(ebenda)

ここでヘーゲルは媒語自身の両極への分裂とその統一について論じ、媒語の両極との同一的側面を説く。これも図式化すれば、「絶対我」の「有限我」に対する同一的内在的側面が表現されていると言えるであろう。この側面から見ると、媒語としての自我の本質は、その自己活動性にある。自己活動性を一言で表現しているのが「否定性」である。ここで注目しておかなければならないのは、「直接的な自己自身の反対」が「否定性」を通して把握されている点である。否定性は『精神現象学』「序論」と同様に、自我が自ら分裂し対立者になる（外化）と同時に、この対立を自ら統一する（内化）働きとして読むことができる。自我のかかる自己媒介的構造が「推理」である。したがって、推理とは徹底的に自己関係であり、自己媒介的に生成する運動である。このような推理として各々の自我は存在している。また、各々の自我の対象もこのような推理としての自我である。

さて、このような推理概念をベースにして〇五/〇六年『精神哲学』の承認を求める闘いは始まる。〇五/〇六年でも「個体性」は相互に排除しあう。この排除しあう関係をヘーゲルは「自然状態」と呼ぶ。この自然状態からの「社会状態」への生成が〇五/〇六年における承認を求める闘いの領域である。もちろん、この承認のための闘いは、「推理」、すなわち実践的自我の概念のうちに基礎付けられている。

相互承認の運動は〇五/〇六年でも個人の占有を巡る争いで始まる。一方は「締め出す者」であり、他方は「締め出される者」である。「締め出された者」は自己の絶対性（同一性）を示すために、他者である「締め出す者」の占有を損なう。「締め出された者」はこの行為によって他者の「知」のうちに自己を定立することになる。というのも、彼が犯し否定するものは単なる物ではなく、「他者の労働、あるいは行為の形式」(GP2.,219) であるから。否定される他者は自己の占有を自己の外化、すなわち自己として知る知であるから、占有を否定されることによってこの他者は根底から動揺し、知の内に区別が生じる。「締め出される者」に否定された他者とは、最初に「締め出す者」であるが、彼が行なった排除はそもそも自己同一性を得るための行為であった。それにも拘わらず、彼は締め出す行為そのものによって逆に占有を損ない、同一性の知を破壊されるのである。それ故、「存在から他者を締め出すことが、知を締め出すことへと転倒（umschlagen）した」（ebenda）のである。ここに新たな非同一性が出現している。

> 非同一性（Ungleichheit）は、（α）一方の者が他方の者の存在を廃棄しただけであるのに、他方の者は最初の者の対自存在（Fürsichsein）を廃棄したという形式を有し、（β）各人において、各人は自己を自己の外で知るという形式を有する。（GP2.,220）

（α）においては、相互承認が当面は一方的で不平等な承認であることが語られているが、（β）においては、各人が自己を対立者を通して、すなわち非同一を通して自覚するという各人の同一性が語られている。すなわち、対自存在を廃棄され侮辱された者は、自己の本質が他者の内に定立されているのを観ることになり、逆に侮辱する者は対自存在という自己の本質が他者の犠牲において成立しているのを観る。このような承認の不平等にも拘わらず、他者の内に自己を観るという点においては両者は同じである。このエレメントでは、各人は各人の「外」に各自の本質を持っていることになる。各人は「推理」として自己を示すことを通じて、このような自己のあり方を止揚しなければならない。

ヘーゲルは各人が自己を「推理として示すこと」を、「自己を知として示すこと」と言い換え、この働きを「自己によって遂行される現存在の止揚」（das durch sich vollbrachte Aufheben des Daseins）（ebenda）と述べている。相互承認の最後の展開は「現存在の自己止揚」となる。ジープはこの点に〇三/〇四年との決定的な相違を見ている。ジープは自己を絶対的なものとして示すことは、占有や存在を主張することではなく、存在が「自己知」(das Wissen von sich)の意義をもつということを示すことであり、それは実践我による「現存在の自己止揚」においてのみ可能であると考える。そしてこのように他者廃棄から自己止揚＝「自分殺し」(Selbstmord)(GP2.,221)への転換こそ〇五/〇六年の承認を求める闘いの「本来的意図」であると解釈している。[10]ともあれ、現存在の自己止揚とは自己の外的なあり方を自己自身に取り戻すこと、「意志の自己自身への、意志の個別性の極への方向」(GP2.,220f.)、言うなれば「推理の内化」と言えるであろう。だが、「個別性の極」へと自己を取り戻すことは、自己実現ではあるが、それは自己の存在を主張することではない。こうした主張が「自分殺し」であることを自我は「知」っている。したがって「各人は自分で自分の占有を放棄し(aufgeben)、自分の現存在を止揚する」(GP2.,226)ことによって相互承認に至るのである。「現存在の自己止揚」とは各人の否定の否定、すなわち各人が自己の否定、外化である占有物を「処分する」[11](losschlagen)(ebenda)ことに他ならない。他者のこのような「処分」に媒介されて各人がこれを行なう。この行為こそ各人が自由な自己たる所以なのである。このエレメントにおいて相互承認が成立し、「占有(物)」(Besitz)はその偶然性を廃棄され、承認によって法的に保証された占有、すなわち「所有」(Eigentum)となる。

〇三/〇四年においては、相互承認は諸個人が無差別に全体へと溶解する絶対的人倫を結果した。しかし〇五/〇六年の相互承認においては、各人が行なう「占有物」の「処分」という自己否定を通じて、自己を「推理」、「知」として示すことによって、各人は「人格」(Person)として承認されることになる。各人は自己を「推理」として示すことによって、個別意志が同時に普遍(一般)意志として妥当する「純粋自己」(reines Selbst)として相互に承認されているのである。このような統一された意志の「現実性」が「人格」である。こうして、〇五／〇六年においては、「人格」である個別的主観性にその統一の根拠をもつ社会が成立する。この社会はもちろん絶対的人倫ではなく、「人倫一般」、すなわち諸個人の関係が「法」（Recht）として映現されている「近代市民社会」（Gesellschaft）である。

個別者の意志は普遍意志であり、普遍意志は個別意志である。（すなわちそれは）人倫一般であるが、しかし直接的には法である。（GP2.,222）

この文章からは重要な成果が読み取れる。〇五／〇六年における相互承認とは、冒頭で提示した実践我の概念、すなわち「推理」構造に従って個別意志が普遍意志となる運動であり、しかもこのエレメントが「法」成立の基盤となるという点である。個別意志は「自分殺し」を敢行することによって普遍意志となり、「法」となるのである。人格とは「法」を作り出した個別意志が普遍者としてある姿、すなわち「法的人格」のことである。ヘーゲルはこれまで一貫して「否定的なもの」として位置づけていた「個別的なるもの」を、「推理」概念を構築し自我をかかるものとして捉え返すことによって、「普遍的なるもの」の可能態となすと同時に、「普遍的なるもの」も「個別的なるもの」の形成なしには無に等しいことを「相互承認論」を通じて明示しえたと言えるであろう。

3　小　括

以下では、〇五／〇六年『精神哲学』「相互承認論」の政治哲学上の評価についてのリーデルとジープの二つの異なる解釈について述べ、これをもって小括としたい。

リーデルはこのような「法」状態において「個別性は持続的存在に到達する」と語り、この点に「ヘーゲルの従来の自然法概念の基礎の転換（Umkehr）」を見ている。[12] しかもリーデルはこの転換の背景には〇三／〇四年以降のフィヒテ、ルソー研究があったことを指摘しつつ、この転換が一七九〇年代にヘーゲルがひととき接近したカント実践哲学の地平への回帰であり、しかもこの回帰を「ルソー、カント、フィヒテの自然法の立場」への復帰であると解釈している。[13]

ジープはこのリーデルの解釈を念頭に置きつつ、意識的にそれに反論を提起している。その反論の内容について、以下で簡単に触れておきたい。まず、ジープがリーデルと共有する認識は、ヘーゲルが〇五／〇六年『精神哲学』において、自然法をフィヒテ的な「超越論哲学」でもって基礎付けたという点である。我々はこのフィヒテの超越論哲学の導入を、自我を「推理」として捉えるヘーゲルの方法のなかに確認してきた。しかし、このようなフィヒテ的なるものの導入が何を意味しているかという点で、ジープはリーデルと袂を分かつのである。すなわち、ジープによればヘーゲルによるフィヒテ的なるものの受容は、「カントやフィヒテの自然法の立場へのいかなる回帰（Rückkehr）を意味するものでもなく、ギリシアのポリス的人倫（Polissittlichkeit）を近代の自己意識的自由の理論（die neuzeitliche Theorie der selbstbewußten Freiheit）と媒介し調停したということを意味する」。[14] ヘーゲルはフィヒテの超越論哲学、とりわけその自我論（あるいは一般的には意識論と言われるが）を導入することによって、なるほどそれまで「否定的なるもの」であった「個別的なるもの」に「法」（近代市民社会）形成の権能を与えはする。しかしそうであるからと言って、ポリス的な人倫を否定したわけではない。ジープが「ヘーゲルは法という相対的人倫に対する絶対的人倫の優越を後年になっても止めなかった」[15] と述べているが、この点については、我々もすでに前章で明確に述べておいたし、ここでは触れられないが〇五／〇六年『精神哲学』のⅢ章「国家体制」（Konstitution）においても明らかであろう。このことを確認した上で、ジープはギリシアのポリス国家より、近代の「君主制国家」が優越するその理由を、この国家が「純粋自己意識の自己知」(das Sich-wissen des reinen Selbstbewußtseins)[16]、すなわち個別者の「自覚」に基づいていることを是認し評価する。このように、ヘーゲルのフィヒテ超越論哲学の再評価は、なるほどヘーゲル哲学体系へのフィヒテ哲学の導入ではあるが、それは決して全面的にフィヒテに屈服することではなかった。むしろそれは、「個」を原理とする勃興しつつあった近代市民社会に対するヘーゲルの時代認識の進展を反映したものと考えるべきではなかろうか。とはいえ、フィヒテ哲学の導入はヘーゲル哲学体系の原理確立のための決定的な一歩となったことは疑えないであろう。

4 付論

〇五/〇六年『精神哲学』はⅡ章「現実的精神」において、相互承認によって成立する「近代市民社会」の基本的構成を論じている。付論としてこの部分を明らかにしておきたい。ヘーゲルはこの部分を次の文章から始めている。

承認されている状態(das Anerkanntsein)が(いまや)直接的な現実性であり、この現実性のエレメントにおいて人格はまず自独存在(Fürsichsein)一般としてある。人格は享受し労働するもの(genießend und arbeitend)である。ここで初めて欲望(Begierde)が登場する権利をもつ。なぜなら、欲望は現実的であり、すなわち欲望はそれ自身普遍的精神的存在をもつからである。(労働は)万人の万人のための労働であり、享受は万人の享受である。各人が他者に奉仕し、他者を援助する。すなわち、個人はここで初めて個別者として現存在をもつ。これ以前には、個人は抽象的で真ならざるものにすぎない。(GP2.,223)

ここでは、各個人が承認されている社会が①まずどのような社会であるか、そして②次にこの社会が何を基盤にして成り立っているかが語られている。

①各個人は、もはや家族の単なる一員としてではなく、自立的存在として承認されている。そのような個人は、各人にとって単なる欲望の対象であるような存在ではなく、精神的存在として承認されている。各個人が精神的存在であるとき、各個人の欲望は満足させられうる現実的欲望となる。相互承認において成立する近代市民社会は各人が精神的存在として（これが何を意味するかは、後で論じる「交換」において明らかにする）関係付けられている一つのネットワークと考えることができる。

②このような社会は「労働」を通じて成立する。例えば、「家族」においては家族内の共同的労働の成立と相俟って自然的相互承認が成立するのであるが（vgl.,GP2.,206f.）、それと同様に相互承認は労働の共同化普遍化を惹き起こし、労働の共同化普遍化が相互承認を可能にする。ここに我々は労働を媒介にした相互承認が、社会形成の決定的契機として把握されていることを認識できるのである。また、労働が諸個人の欲望に基づくものである以上、労働の普遍化は欲望の普遍化、欲望の現実的なものへの止揚として把握できるであろう。したがって、相互承認の過程は、社会形成的であると同時に、実践我（意志）の自己形成的過程であると言えるだろう。

さて、労働が「万人の、万人のための労働」であり、享受が「万人の享受」でありうるのは、各人が各人の労働の所産を「交換」（Tausch）するからに他ならない。ここでは、「物」、「生産物」が各人の「媒語」となっている。物が媒語でありうるのは、物がそれ自身で普遍的価値を有するからである。物は自我の「対他存在」である。他方、実践我である「意志」は、いまや「内的推理」、すなわち「人格」として対他存在と対自存在の否定的統一である。もはや、所有主体と所有物は分離することができない。ヘーゲルは「欄外註」で次のように語っている。

物は他者との関係の意義をもつ。（物である）対他存在（Sein für Andres）、現存在（Dasein）が承認された存在である。すなわち、物は各個人の特殊意志であり、かつ同等性であり、こうして各個人にとって他者の意志であり、絶対的に異なるものの統一である。（GP2.,226）

各人は物を通して他者と関係する。物は所有主体の特殊意志であると同時に、承認されたものとして共通意志を表す。ここに物が普遍的価値たるゆえんがある。それ故、物は感覚的存在ではなく、超感覚的存在になっている。ここに、このような物を媒語とした「近代市民社会」という壮大な推理連結のネットワークが出現している。

ところで、「交換」を個人の行為の側面から見るならば、それは「譲渡（外化）」（Entaüßerung）である。「譲渡」についてヘーゲルは次のように述べている。

（α）自我は自己を労働において直接的に物となし、存在である形式となす。（β）自我はこの自己の現存在（労働の所産）を譲渡し、自己の現存在を自己にとって疎遠なものとなし、そこにおいて自己を維持する。まさしくそこにおいて自己の承認されていることを直観する。すなわち、存在を（自己と同じ）知るものとして直観する。前者においては私の直接的自我を、後者においては私の対私存在（mein Fürmichsein）、私の人格を直観する。（GP2.,227）

ここでは相互承認の運動において触れておいた「現存在の自己止揚」の具体的内容が述べられている。

「Entaüßerung」は二重の意味をもつ。すなわち、その直接的位相では労働による外化・物化であり、自覚的位相では外化の外化、つまり労働制産物の譲渡である。「現存在の自己止揚」とは、後者の意味に他ならない。承認を求める闘いにおける自己肯定のための他者否定が、「譲渡」という自己否定へ導かれることによって初めて自我は他者を肯定する。そしてそれと同時に、自我は他者によって肯定されるのである。この相互承認は「自覚的な否定の否定」[17]において導かれているが故に、「自己物化」から「物を自我となす」ところの自己形成であると言える。このような過程を経て、各人は相互に「人格」として認め合うのである。

ところで、相互承認の現実態でもある「交換」、「譲渡」はイデアルなものとしては「契約」(Vertrag)である。契約はもはや「物」(Sache)の交換ではなく、物の価値、あるいは純粋に「意志」の交換であるから、いわば「観念的交換」である。契約が締結されるのは、もちろん相互の個別意志が相互に妥当するからであり、各人が各人を相互に自己と同一の「共通意志」(gemeinsamer Wille)として承認しているからに他ならない。だが、このような共通意志は契約が履行されるときに現実化されるのであり、もちろん契約不履行の可能性もある。しかし、なおそこに契約が結ばれるのは、共通意志が人格としての自我を根拠にしているからである。ヘーゲルは自我が「人格」であることをさらに次のようにも規定している。

> 人格、純粋な対自存在は、それ故共通意志から分離された個別意志として尊敬されるのではなく、共通意志としてのみ尊敬される。自我は人格であることを強いられる。(GP2.,230)

人格であることは、共通意志であることである。諸個人が「人格」として共通意志であることを支えているのは、自我は人格であることを強いられるからである。誰によって、あるいは何によって人格であることを強いられるのか。「自我はまさしく私の自我に従って強いられる」（GP2.,232）。各人が人格であるのは、共通意志であるのは、各人が「私の自我に従って拘束される」からである。私の自我とは「契約は守るべし」という、私の内なる「当為」（Sollen）の声に他ならない。これをヘーゲルは「普遍意志」（allgemeiner Wille）と呼ぶ。こうした普遍意志、内面の自律において各人は人格であり、またそのような共通意志として相互に承認し承認されているのである。すでに「小括」でも述べておいたように、近代市民社会はこのような思惟の枠組みを基礎としてもっているのである。この枠組みは「推理」としての人間理性の内に「法」の根拠を措定する近代自然法のうちに位置づけられるであろう。

2　一八〇四／〇五年『イエナ論理学』における「真無限」

我々は先に、一八〇三／〇四年『精神哲学』の新機軸として、「精神としての絶対者」の存在構造を掲げた。また、そこにはヘーゲルがフィヒテにおける自我の三位一体的構造を導入していった跡が窺えることを指摘し、その痕跡を「直接的で単純な自己自身の反対」としての精神の構造のなかに読み取った。かかる構造をもつ精神にとっては、一と多の同一と一と多の非同一が等しく必然的なものでなければならなかった。こうして精神としての絶対者は一と多の同一と非同一、統一と分離である「総体性としての絶対者」となる。ここに「反省」が絶対的原理として絶対者の内に措定されることになるであろう、ということを提起しておいた。一八〇四／〇五年イエナ『論理学・形而上学』の「論理学」（この部分を以下では『イエナ論理学』と呼ぶ）において、ヘーゲルは精神としての絶対者を「真無限」（die wahre Unendlichkeit）として構想している。以下では、この一八〇四／〇五年『イエナ論理学』における「真無限」概念の解明を目指したい。

（1）　定量（Quantum）の弁証法

『イエナ論理学』において「無限性」（Unendlichkeit）が扱われるのは、「Ⅰ．単純な関係」（Einfache Beziehung）から、「Ⅱ．相関関係」（Das Verhältniß）への移行に際してである。だが、「無限性」は「相関関係」ばかりでなく、「Ⅲ．比関係」（Proportion）の基底として存在し機能している、イエナ期ヘーゲル哲学の一つのキーワードである。ここでは「無限性」に先行する「量」の弁証法を通して、「無限性」がどのようにして登場してくるかを簡単にスケッチしておきたい。

さて、『イエナ論理学』においては、「質」（Qualität）（この部分は欠損してはいるが）も「量」（Quantität）も、その本性によって「限界」（Grenze）に至る。それを現存する量の展開の中で見てみよう。質が単純な自己同一から始まるのに対して、量は否定的自己同一である「数的一」（numerisches Eins）から出発する。量は質の限界、すなわち数多を閉め出す反省を己の内に含んだ数的一として登場する。しかし、一者に数多な一者が対立する。ここに量は自己同一というその概念からして、数多な一者、つまり「全体性」（Allheit）でなければならない。しかし、全体性としての量は「この規定された数多性の無」（das Nichts dieser bestimmten Vielheit）（vgl., JL., 11）である。量はこのようなものとして、「共同性」（Gemeinschaftlichkeit）、「延長」（Ausdehnung）である。延長としての量においては、数多性は廃棄されているので、ここでは数多性は「可能性」として指示されているにすぎない。

以上のことから、全体性としての量において「量を定量」（Quantum）として規定し、差異性を自分に即して（eine Verschiedenheit an ihr）定立しようとする大きさ（Größe）の区別の欲求」（JL.,12）、すなわち量規定の欲求が生じてくる。量を定量として規定することは、純粋統一の許にとどまろうとしている全体性としての量、すなわち無差別的量が「可能性」としてもっている区別を現実化し、そこに差異性を持ち込むことであると考えればよい。したがって、かかる定量が全体性としての無限な量の限界となる。それと同時に、全体と部分（個）の対立というアポリアも生じる[18]。このように、「大きさ」の比較という観点の発生によって、一と多の単純な関係から、存在の関係の次元へと問題は発展してことになる。

さて、大きさの区別は「度量」（Grad）において現実化され、「数」で表現される。度量は四〇度とか一〇〇度とかの度で表現されるわけであるが、これらの度量はそれ自体としては単純である。しかし度量が意味をもつのは「端的に他者への関係において」（in Beziehung auf ein Anderes）（JL.,13）であろう。しかしまた度量が度量であるためには、度量は同時に「端的に自分だけで存在するもの」（ebenda）でなければならない。定量はこの両面をもっている。すなわち、定量は他者を否定的に「排除する」（ausschließen）ことによって自分自身だけで存在するものであると同時に、他者に肯定的に関係することによって関係の結節点となる（vgl.JL.,14）。定量はこのような矛盾として量の限界と言われる。ラッソンは「量」の章の第三節「全体性」の最後に「定量の弁証法」を配し、アカデミー版全集もこれに倣っている。しかしそこで叙述されているのは、量の限界であるはずの定量が、実はいかなる限界付けでもないということである。

まず、定量が排除するものとしてのみ存在するとき、全体と部分が「離れ落ちる」（auseinanderfallen）。差異性の発生である。しかし、定量は量の内に単に差異性を導入するにとどまるのではなく、前述した定量の二側面の対立となる。定量は他者との差異性を、他者を否定し排除することによって有する。しかし、定量が定量であるのは他者との関係においてのことである。つまり、定量は「他者がない限りにおいてあり」、次に「他者がある限りにおいてある」。これが定量における対立である。

さらに、定量のこのような対立が矛盾として捉えられる。量は他者を排除することによって、自ら「限定的集合」となるが、それは他者を自己と同じ数的一者、つまり「限定的集合」として定立することなのである。他者排除はこのように他者定立をもたらす。しかも、すべての存在が同一の数的一者であるから、定量の他者への関係は他者との同一、つまり「非限定的集合」を浮かび上がらせる。これが定量の弁証法の帰結である。定量においては、他者を排除することによって量を定量として限界付けることが、逆に量を限界付けないことなのである。定量は「限定的集合」であると同時に「非限定的集合」である。ここに定量は「限定的集合」と「非限定的集合」の矛盾となって現われる。ヘーゲルはこのような矛盾を「絶対的矛盾」あるいは「無限性」と呼ぶ。以上が定量の弁証法である。

(2)　無限性について

上述のように定量の弁証法が示していたのは、存在の諸契機が「自己の本質（Wesen）において自己に矛盾する（widersprechen）こと」（JL., 29）であった。ヘーゲルはこの矛盾を絶対的矛盾、あるいは無限性と呼んだ。「無限性」の章になると、この観点がさらに深く掘り下げられる。「真無限」に先立って、まず「悪無限」（die schlechte Unendlichkeit）が論じられる。

1　悪無限について

「自己矛盾」とは、自己定立のための他者排除が他者定立であるような関係である。この関係が裏面で語っているものは、存在の諸契機が自己と「反対のものへの必然的関係」（die notwendige Beziehung auf ihr Entgegengesetztes）（JL., 35）をもつということであろう。質や量という「単純な関係」は、かかる「反対のものへの必然的関係」を全く表現しえなかった。また定量ですら、締め出された他者が「定量自身の内にあるという反省（Reflexion）が欠けて」（ebenda）いたのである。したがって、質、量、定量は、ひたすら矛盾を回避することによって、その存在を維持しようとしていたと言えよう。矛盾を締め出す論理をヘーゲルは悟性論理と呼ぶが、この論理こそヘーゲルが「単純な関係の概念」と名付けるものである。この「単純な関係の概念」の究極的な姿として、ヘーゲルは「悪無限」を描いている。つまり、そこでは対立項の「相互外在」（auseinanderliegen）（JL., 32）的関係が前提されている。かかる前提の下では、統一を目指す要求は「無限進行」という悪無限に陥らざるをえない。統一を絶対者、対立を有限者とするなら、そこでは絶対者（同一性）は有限者（非同一性）の「観念性の根拠」（der Grund der Idealität）（JL., 35）にすぎない。絶対者が有限者の「観念性の根拠」であるということは、絶対者（無限者）が有限者には絶対に到達しえない理念でありつづけるということである。ここではフィヒテ哲学が「悪無限」として批判されていると言ってよい。

2　真無限について

このように矛盾を排除する悟性論理に対し、矛盾を摂取し、矛盾を存在の真理となすところに成立するのが「真無限」（die wahre Unendlichkeit）である。『イエナ論理学』の展開としては、悪無限から真無限への進展が、「単純な関係」から「相関関係」への移行を媒介している。他方、イエナ期ヘーゲルの思索の発展という観点から見れば、この進展は『差異論文』で提起されていた「分離を絶対者の内に定立する」というイエナ期の課題の解決に結びつく。いずれにせよ、ヘーゲルの「真無限」という概念は、絶対者（無限者）と有限者の統一へと哲学上の諸問題を集約化してきたドイツ観念論にとっても、重要なエポックを形成することになろう。

①　規定性の自己止揚としての真無限

　真無限は規定性が自己を止揚するという要求の実現されたものである。（JL.,33）

「規定性」とは、ここでは他者との対立において存在する有限者と考えればよい。とすれば、真無限は有限者の自己止揚を成就させる境位ということになろう。だが、止揚はあくまでも有限者の自己止揚であるから、真無限は有限者の存在のあり方と深く関わっていることになるであろう。では、「真無限」として捉えられる有限者の存在構造とは、いかなるものであろうか。

　真無限は自己の完成を常に他者の内にもっているが、この他者を自己の外に持っている系列（Reihe）ではなく、他者が規定されたもの自身に密着して（an dem Bestimmten selbst）存在する系列である。規定されたものはそれ自身で絶対的矛盾（absoluter Widerspruch）であり、そしてこのことが規定性の真の本質である。……規定されたものは自分自身とは別もの……直接的な反対（das unmittelbare Gegenteil）であり、このように他者であるが故に自分自身なのである。（ebenda）

真無限においては有限者は他者に対立しながらも、その他者を己の存立にとって必然的な存在としてもつところの、自己自身において矛盾するものである。有限者はこのような存在として自己自身の「直接的反対」と呼ばれる。この点をもう少し詳しく見るためには、定量の弁証法を真無限の見地から論じた次の文章を重ね合わせてみればいい。

この（定量によって閉め出された他者が定量自身であるという）反省によって、定量は無限者（das Unendliche）となる。あるいは一と多の単純な関係は、自分自身にとって別ものになっており、また自己へと還帰もしている。（このとき）単純な関係は実現されたのである。（対立する）各項の内にあるものは、やはり他の項の内にもある。あるいは各項自身の内で各項と他の項との合一が定立され、各項が同一の内容をもつが故に、定量は無限者である。……一と多自身に即して（an）各自の他者との合一が定立されているということが、絶対者の真なる認識（das wahre Erkennen des Absoluten）である。（JL., 35）

定量において他者を閉め出す「有限者」は、別ものである他者を自己自身として「反省する」とき、「無限者」になっている。有限者は本来の自己へ還帰したと言ってよい。定量自身が一と多の同一であり、一と多の非同一であったのである。したがって、一と多の対立として現われてくる「単純な関係」は、元々それ自身において他のものであった。その境位へと有限者の反省が到達するとき、すなわち「自己自身の反対」という境位に到るとき、有限者自身の内に「絶対者の真なる認識」の地平が開かれている。有限者は無限者（絶対者）であり、無限者（絶対者）は有限者である。ここでは、絶対者の認識が有限者自身の自己関係として、内的自覚として、そして自己知として語られていると言ってもいいのではなかろうか。

有限者は「自己自身の反対」という関係において存立するものであるが故に、みずからを止揚する。すなわち、有限者は自己の本質を他者の内にもちながら、なおその他者に対立している。有限者の自己は、常に自己ではない自己である。この点に有限者の不安の源がある。だが、有限者はこの不安によって他者へと駆り立てられる。それは取りも直さず、他者との対立の止揚であり、「規定性の自己止揚」に他ならない。この点に関して、ヘーゲルは「対立の本質は自己自身を止揚せんとする絶対的不安定（ die absolute Unruhe,sich selbst aufzuheben）

揚へと赴かせるのである。

である」（JL.,34）と語っている。真無限はこのように有限者の側から、すなわち対立の側面から捉えるならば、有限者の絶対的、つまり逃れることのできない不安（定）として現象し、有限者をして自己の有限なあり方の止揚へと赴かせるのである。

② 絶対者の存在構造としての真無限

我々はこれまで「真無限」を有限者の側から、その存在構造とそれに由来する「自己止揚」に注目して論究してきた。それに対して、以下では「真無限」を絶対者の側から、その存在構造に着目して論究していきたい。しかし、この有限者と絶対者の二元論的論述の筋立てはまったくヘーゲル的でないかもしれない。なぜなら、このような論述の仕方は、絶対者と有限者の二元論的思考法を前提にしているからである。だが絶対者と有限者が一元化されるとしたら、絶対者の絶対性はどこに見出されるのであろうか。

ヘーゲルは絶対者を一方で「単純なもの」（das Einfache）と名付け、他方で無限性、あるいは「無限者」と呼ぶ。しかし、ヘーゲルがこれらのタームでもって絶対者を刻印するのは、『イエナ論理学』が初めてではない。一八〇三／〇四年『精神哲学』で絶対者を精神として把握したヘーゲルは、すでに絶対者をこれらのタームで言表していた。そこでは「単純なもの」は同一性を、無限性は「生成」の側面を表現するものとして非同一性を担うタームとして使用され、絶対者としての精神はそれら矛盾するものの絶対的同一性であると考えられていた。ほぼ一年後の一八〇四／〇五年『イエナ論理学』でも、基本的にはこれと同じ枠組みで理解されている。

単純なもの、と無限性すなわち絶対的対立は、それらが絶対的に関係付けられて（absolut bezogen）おり、その限りにおいてそれらは対立していると同様に絶対的に一であるという対立以外のいかなる対立も形成し

ない。（ebenda）

ここではイエナ期ヘーゲルが到達しつつある絶対者と有限者の関係が極めて簡潔に語られている。すなわち、絶対者と有限者、「単純なもの」（同一性）と「無限性」（非同一性）が「絶対的に関係付けられている」こと、これがすべてのものの関係の基底である。また、「絶対的に関係付けられている」ことの究極の表現が「自己自身の反対」である。そしてこのような関係構造が「真無限」である。

ヘーゲルが真無限としての関係概念を前面に押し出し、これを主張するとき、この関係概念から区別しておかなければならない関係概念が「悪無限」であった。ヘーゲルは真無限を主張しながら、悪無限を批判するというやり方で論述を進めている。例えば、「根拠への問い」（die Frage nach einem Grunde）は、もしそれが「絶対的に（an und für sich）存在するもの」への問いであるならば、それは同時に「規定された」有限者を絶対的には存在すべきでないものとする認識を携行していると同時に、「根拠と対立の分離」を前提にしているので、この問い自体が廃棄されなければならない（vgl., JL.,34）。あるいは、「一なる実体（Eine Substanz）のみが存在するという証明」は、「一と多とその合一の外（*außer*）で」行なわれるのであって、そこでも一なる実体としての絶対者と有限者の分離が前提とされている。ヘーゲルは「実体は一なる実体であり、無限者ではないとするあの証明は、単純なものが他者となること（das Anderswerden）と（この）他者が他者となることである無限者の運動を別々に（für sich）もっている」（JL., 35f.）と語っている。すなわち、悪無限的思考には基本的に、実体（絶対者）と有限者を分離する傾向が基底としてあり、ここから絶対者の区別と合一の運動を別のものとして区別する把握も生じるというのである。

では、ヘーゲルが絶対者と有限者の関係を「真無限」として捉えるとき、絶対者と有限者の間にいかなる運動を構想していたのであろうか。これについては直前の引用文でも述べておいたが、ヘーゲルはこの運動を「自己に対立させ、すなわち他者となり、そしてこの他者の他者となること、すなわち対立の止揚の運動」（JL., 35）と少し詳細に述べ、この運動が成立するのは、「自己の他在との合一を自己自身に即して（an）」もっている「絶対者」においてであることを明言している。それと同時に、このような絶対者が「無限者」（das Unendliche）と換言される。ここにおいては絶対者の絶対性は、他者と対立しつつも他者との合一を「自分自身に即して」もっているところに成立している。

この絶対者の絶対性を表現しているのが、次の一文であろう。

絶対者が自己自身から外へ（aus）と外出すること（Herausgehen）についてはいささかも語ることができない。なぜなら、対立が存在するということだけが外出することとして現象しうるからであるが、対立は対立存在の許に自己を止めておくことができるのではなく、対立の本質は自己自身を止揚せんとする絶対的不安定である。（JL., 34）

この一文はどのように解釈すればいいのだろうか。絶対者は自己の内で完結している。したがって、絶対者は自己の「外に」出ることはない。絶対者が自己を外化して対立を産出するといっても、絶対者は実体として対立の根底にとどまり、自己の外の他者と対立しているのではない。絶対者は対立がそこにとどまりえないような不安（定）として対立そのものの中にある。存在するのは有限者の対立的関係であり、この対立的関係にとどまりえぬ有限者の不安である。ここに「規定性の自己止揚」という有限者の真無限としての根拠があることは先に指摘しておいた。ここでは絶対者の絶対性は、この不安の中に現われていると言える。ここには、あたかもヘーゲルが絶対者を有限者（現象）へと還元する現象主義者になったかのような趣すらある。このような叙述は、一般的なヘーゲルの絶対者像、すなわち絶対者が自己を外化することによって対立を産出し、然る後に外化された自己を再び取り戻すという絶対者の自己媒介的活動と齟齬することになるのではなかろうか。

加藤尚武はニュルンベルクの『中級論理学』四七節の「本質のうちにないものものは現象のうちにはない。また逆に、現象のうちにないものは、本質のうちにもない」という一節を「本質は現象する」というテーゼとして押し立て、一般的なヘーゲルの絶対者像に反旗を翻している。[19] すなわち、彼によると本質と現象の違いは「領域」の違いではなく、「次元」の違いを示しているのである。一般的なヘーゲルの絶対者像に立つと、ヘーゲルの「本質は現象する」というテーゼはプラトン以来の本質主義を継承するものとして理解されるが、彼の立場に立つとこの理解は「決定的に間違っている」。また、「内的なものの外化・発出の論理をヘーゲルは信じているのではない」のである。そして「ヘーゲルの立場は、どこまでも本質と現象の相関そのものを見届けるというものであって、相関構造そのものを破壊するような批判性を発揮したわけではない」のである。彼によると基本的には「本質は現象であり、現象は本質」である。先の引用文は、この解釈が成り立つ可能性を十分に孕んでいるとはいえ、議論の分かれるところであろう。

だが、先の引用文をヘーゲルのコンテキストの中で捉え返すと、次のことは言える。すなわち、ヘーゲルがこの箇所で意図しているのは、自己の立場を真無限として押し出すことであり、同時に悪無限から明確に区別することであった。そのような意図をもつヘーゲルにとって、ともかくも実体的な絶対者の残滓が残っている限り、絶対者自身の内に「分離」を定立するに至らないのである。そこには同一性・統一を本質とし、非同一性・分離・対立を非本質とする構図が残存するからである。このような構図を破壊するフィヒテの三位一体としての自我の存在構造と、ギルントの言う「絶対的反省」の哲学を摂取しながら、なお絶対者の絶対性、すなわち絶対者の同一性を維持しようとする極限の努力が「単純なもの」と「無限性」の「絶対的矛盾」つまり真無限としての絶対者像となって結実したと言えるのではなかろうか。そしてこの絶対的矛盾が実体性の否定に裏打ちされるとき、加藤の指摘するヘーゲルの新しい絶対者像も浮かび上がってくるのではなかろうか。ともあれ、真無限としての絶対者像の確立と、これまで述べてきた『イエナ精神哲学』における近代市民社会についての評価とは、対立的現象を絶対者の必然、あるいは絶対者の絶対性の現象とする観点において連動していることは自明であろう。

3　相関関係

真無限の成立は、ヘーゲル哲学形成において極めて重要な意味をもつ。それは体系内での「論理学」の地位に変更を加える。我々はまずその大要を押さえることから始め、次に真無限の最初の現われである相関関係の概要について述べたい。

一八〇四／〇五年『イエナ論理学』以前の論理学は、形而上学への予備学としての非本来的学と考えられていた。論理学は「反省を完全に取り除く[20]」圏域として、形而上学を準備する役割を担っていた。したがって、そこでは分離、対立を生み出す反省が、絶対者の認識である無限な認識から締め出され、無限な認識の「外」に置かれることになった。悟性的思惟である「反省」は、理性的思惟である「思弁」から排除されていた。それに対して、『イエナ論理学』の面目は、デュージングが「形而上学をすでに自己の内に含む思弁的論理学への移行[21]」と指摘している点にある。すなわち、ヘーゲルは論理学と形而上学を「認識」の発展として一本の糸で結び、前者を認識の生成である「第一の生成」、後者を生成した認識の自覚である「第二の生成」と名付ける（vgl., JM., 141）。体系構成上のこのような観点が可能になるのは、反省が思弁と、悟性が理性と同等の権利を獲得するときであろう。すなわち「分離が絶対者の内に定立されること」によってでしかない。この視点へのヘーゲルの思索の深まりを刻印しているのが、まさに絶対的矛盾としての真無限なのである。

『イエナ論理学』の展開は、単純な関係の限界である定量の弁証法を通じて無限性に至り、その中で悪無限から真無限へと生成している。悪無限が単純な関係の「観念性の根拠」と呼ばれるのに対して、真無限は単純な関係の「実在性」(Realität) と呼ばれる。これまで論じてきたように、絶対者と有限者、同一性と非同一性の関係についての認識の深まりが両者を分けた。だがいずれにせよ、無限性における関係は、単純な関係ではありえない。無限性においては、定量の弁証法が示していたあの対立、すなわち「他者がある限りにおいてある」関係と「他者がない限りにおいてある」関係の「関係」が問題なのである。ヘーゲルは「無限性において関係付けられるところのものは、一と多の単純な関係ではなくて、一と多の関係と一と多の非関係である」(JL., 37) と述べている。無限性においては、関係と非関係の関係が問題となっている。このような関係をヘーゲルは「単純な関係」から明確に区別して「相関関係」(Verhältniß) と呼ぶ。もちろん、単純な関係は相関関係から単に排除されるものではなく、むしろ相関関係の両項として無限性の内に存立を得ている。例えば、単純な関係の対立項である一と多の「非在」と「存在」という対立項として。相関関係は『イエナ論理学』の展開の中では、単純な関係の結果としての無限性の最初の現われである。しかし、無限性である相関関係はこのように単純な関係を包み込み支えている関係であるから、存在の順序としては単純な関係より「先なるもの」である。したがって、論理学そのものが無限性のエレメントのもとに展開されていると言える。これもデュージングが『イエナ論理学』を「思弁的論理学」への移行と指摘するゆえんである。

ところで、「無限性」とは元来非同一性を担うタームとして真無限の対立的側面を示していたが、この対立的関係が相関関係の第一の側面である。次に、真無限は「単純なもの」として対立の止揚という側面を有していたが、この合一的関係が相関関係の第二の側面である。この二側面を含む相関関係の内実が、次の一文に明瞭に示されている。

無限性は……相関関係である。そして無限性であるこの全体（dies Ganze）は自己自身に対して他者になると同様に、自己内へと反照（reflektieren）しなければならない。無限性は自己内で分割され、区別されているにも拘わらず、この区別を止揚しつつ無限に自己自身にならなければならない単純なものである。（ebenda）

これを要約することによって、この部分の結論にしたい。①相関関係は「無限性」（Unendlichkeit）である。②無限性である相関関係は関係と非関係の関係として、関係諸項を包み込む「全体」である。しかし、この全体はのっぺらぼうの全体ではない。すなわち、③無限性である相関関係が全体であるのは、自ら自己を区別しつつ、その区別された自己から区別する自己へと立ち戻り、区別を止揚する自己関係としてである。④そして無限性である相関関係のかかる対立と止揚の運動は「自己自身にならなければならない（werden müssen）」単純なものとしての無限性の中にその原因を有している。相関関係は「単純なもの」（das Einfache）である。

しかし真無限は「論理学」の展開の中では、やっと単純な関係から生成してきたばかりであって、その概念だけが定立されているにすぎない。したがって、これからの論理学の展開は概念に「実在性」を与える過程となる。それは「全体」である絶対者の「支脈」（Arm）を、自己自身として定立することに他ならない。

4　実体性の相関関係

相関関係はA「存在」（Sein）とB「思惟」（Denken）の二部に分かれ、前者はAA「実体性の相関関係」（Das

Substantialitäts＝Verhältniß）、BB「因果性の相関関係」（Kausalitätsverhältniß）、CC「交互作用」（Wechselwirkung）の三節に分かれる。ここではAA「実体性の相関関係」におけるヘーゲルの主張を簡単にまとめておきたい。「実体性の相関関係」は①「可能性」（Möglichkeit）、②「現実性」（Wirklichkeit）、③「必然性」（Notwendigkeit）という三つのカテゴリーによって展開される。これらのカテゴリーの分析を通じて、次節で「規定性の自己止揚」の持つ意味を再考したい。

① 可能性

実体はまず「さまざまな質」の共存する「共同性」（Gemeinschaftlichkeit）、「空間」として存在する。つまり、実体はヘーゲルが規定性とよぶさまざまな質として存在する。しかし、そもそも規定性は他の規定性との関係において存在しうるものである。すなわち、規定性は「他の規定性が存在しない限りにおいてのみ存在するが、他の規定性が存在しない限り存在しない」（JL., 40）のであるから、規定性それ自身は可能的なものである。規定性としての実体は「可能性」でしかない。したがって、「自己自身において」（an sich selbst）存在しえぬ規定性が存立しうるのは、他の規定性との関係において「止揚された規定性」となる場合であろう。止揚された規定性は、もはや単純な関係の質ではない。それは無限性であろう。実体（規定性）は自己をこのようなものとして定立しなければならないのである。それが可能性の弁証法である。

② 可能性の弁証法——現実性

可能性としての実体は、「内容」としては一つの規定性であるが、「形式」としてはその規定性を成立させている共同性である。ここに実体はそれ自身としては分裂している。「この実体は規定性の無（Nichts）であり、かつ規定性の存立（Bestehen）である」（ebenda）。ここでは、規定性が存立するものであり、それに対して共同性が無である。しかしながら、無といえども「規定され止揚された存在」である。なぜなら、無といえども「規定性に対立しながらも、規定性に関係付けられている」（ebenda）から。それに対して、存在つまり他の規定性を排除して現出している規定性は、排除するだけなら単に量的な数的一にすぎないであろう。しかしながら、この現出している規定性も、無つまり他の排除された規定性によって「規定された存在」である。したがって、存在と無は相互に規定し合う関係にあり、よって排除する規定性は排除される規定性と同様に可能的なものと言える。こうして現出している規定性は「その規定性の代わりに他の規定性が同様にありうる規定性」（JL., 41）ということになるが、このような可能的規定性が「現実性」である。

③　現実性の弁証法——必然性

以上から、実体の属性つまり定立された規定性は、あることもないこともありうる「偶有性」（Accidenz）である。しかし、偶有性の「本質」（Wesen）は、他の偶有性に関係付けられて存在する点に存し、またさらに言えばそれぞれの偶有性が他者との関係において「止揚された存在」であった。したがって、実体はこの偶有性だけでなく、他の偶有性でもありうる両者の「そして」（Und）である。これによって、偶有性は現実的なものであり、かつ可能的なものであるということになる。こうしてヘーゲルは次のように語る。

真なる実体は、現実的なものは可能的なものであり、可能的なものは現実的なものであるという矛盾である。（JL., 42）

実体はそれ自身において現実的なものであるとき可能的なものであり、可能的なものであるとき現実的なものである「自己に反立されたものへの直接的転倒」(das unmittelbare Umschlagen in sein entgegengesetztes)(ebenda)である。ヘーゲルは「定量の弁証法」における「反対のものへの必然的関係」を無限性として述べていたが、いまやこの関係が実体性において表現されていると言えるだろう。実体のこの側面が「必然性」である。なるほど一つの規定性として現出している実体は偶然的なものであり、真に存在するものではない。しかし、その裏面で働いている相関関係、すなわち「(反対のものへの)直接的転倒」こそ必然的関係であり、真に存在するものなのである。

5　小括に代えて——規定性の自己止揚——

前節を踏まえて、「規定性の自己止揚」を再考しておこう。現実性としての実体は、「定立された可能的なもの」であった。ヘーゲルはこの運動を謂わば実体の側から捉え、次のように語る。「実体は現実性において、可能性として存在するところのものを二分する」(JL., 41)。すなわち、実体は可能的なものを「定立されたもの」と「定立されないもの」へと分割し、自己の内に不等性を持ち込むことによって現実性となる。しかしながら、実体の自己分割は以下の文脈で理解されなければならない。

無限性は「規定性の自己止揚」であった。我々は最後にこの点に着目しておこう。

実体にとって、実体が止揚するものとして存在するためには、いわば実体の栄養分(Nahrung)すなわち諸契機の存在がまだ欠けているときには、実体自身は真に存在するのではない。諸契機こそ真に存在するものである。また現実的なものはそれ自身において(an ihm selbst)その本質に従って(seinem Wesen nach)

可能的なものである。それと同様に現実的なものから閉め出された可能性は、必然性においては定立された可能性、現実的可能性である。無限者は実体すなわち必然性として真に自己自身の反対であり、単純なものではなく、関係そのものである。（JL., 42f.）

まず、実体は諸契機すなわち規定性なしには存在しない。むしろ、存在するのは規定性である。次に、これまで述べてきたことであるが、規定性は自己自身の反対を自己の本質とするが故に自らを止揚する。このことがここの文脈では「必然性」として語られている。すなわち、規定性は可能性でありつつ現実性であり、しかも同時に両者の統一、必然性である。このような構造が「規定性の自己止揚」の根拠である。ヘーゲルはこの引用文の最初の部分で、実体の止揚の働きは「規定性の自己止揚」と相俟っていると語っている。そうであるなら、例えば実体の自己分割も、かかる規定性の自己止揚という文脈で、規定性自身による規定する規定性と規定される規定性への分割と捉えることができるであろう。そして、このような観点に立って、引用文中の「単純なもの」を「実体」（Substanz）と、そして「関係そのもの」を「規定性の自己止揚」＝「主体」（Subjekt）と読み込んでいくなら、『精神現象学』の「実体－主体」論もさほど遠きにあるものでもないであろう。

（1）　Manfred Riedel, *Zwischen Tradition und Revolution*——*Studien zu Hegels Rechtsphilosophie*, Klett-cotta, 1969, 1982, S.22.

（2）　Vgl., M.Riedel, a.a.O., S.96.

（3）　Vgl., M.Riedel,a.a.O., S.97, S.103.
リーデルはこうした見解を随所で提案しているが、フィヒテ哲学とヘーゲル哲学を実際に突き合わせて、この見解を具体的に展開するということはしていない。

（4） Vgl.,Ludwig Siep, *Praktische Philosophie im deutschen Idealismus*, Suhrkamp, 1992, S.145. 以下ではSiep3と略す。ジープはヘーゲルが『自然法論文』では、古代政治哲学に定位していることはあきらかであるとしながら、二つの点ですでに古代政治哲学を超えていると考える。とりわけ、体系的統一を求めるところにフィヒテ・シェリングの伝統に立っていると考える。

（5） 多田茂「自己意識の体系的歴史――ヘーゲルの精神哲学における方法的原理の転回」日本哲学会『哲学』（法政大学出版局、二〇〇一年）二〇九頁以下参照。

（6） Vgl., Ludwig Siep, *Anerkennung als Prinzip der praktischen Philosophie――Untersuchungen zu Hegels Jenaer Philosophie des Geistes*, Alber, 1979, S.178ff. 以下ではSiep4と略す。

（7） 隈元はフィヒテ弁証法を「対立の一致」と捉え、対立するが故に統一が存するのがフィヒテ弁証法であると考える。それに対してヘーゲル弁証法は対立を総合していく「和解の弁証法」として特徴付ける。隈元忠敬、前掲書、三五頁以下参照。

（8） Vgl., Siep4, S.183.

（9） Vgl.,M.Riedel, a.a.O., S.99f.

（10） Vgl., Siep4, S.65f.

（11） 後に「市民社会」では「譲渡」（Entaüßerung）と規定される。

（12） Vgl., M.Riedel, S.102.

（13） Vgl., M.Riedel, S.104.

（14） Siep3, S.151.

（15） Siep3, S.150.

（16） Ebenda.

（17） 自然的相互承認における否定の否定とは、家族財を形成することになる「無意識的・無自覚的」相互奉仕活動である。

（18）Vgl., Heinz Kimmerle, Das Problem der Abgeschlossenheit des Denkens, in: *Hegel Studien*, Beiheft 8, 1970, S.57.
キムメーレは全体と部分との対立の克服は、無限性概念の導入によって把握されうると述べている。

（19）加藤尚武「本質は現象する」『理想』六四一号（理想社、一九八九年）十四頁以下参照。

（20）Vgl., Karl Rosenkranz, *G.W.F.Hegels Leben*, Wissenschaftliche Buchgesellschaft, 1844,1977, S.191.

（21）Vgl., Klaus Düsing, Das Problem der Subjektivität in Hegels Logik, in: *Hegel Studien*, Beiheft 15, 1976, S.150.

終章　総括に代えて

――ヘーゲルの根拠律――

我々にとっては次のようなヘーゲルのカント、フィヒテ批判、すなわち「理性が悟性で扱われ」(Diff.,6)「理性を悟性に委ねる」(ebenda) 哲学に対する批判が存立可能であるのと同様に、フィヒテのヘーゲル批判も存立可能であることを第二章を中心に述べてきた。これまでも指摘してきたことではあるが、イエナ期ヘーゲル哲学の発展は、「眼のないポリュペモス」という標語に集約されるフィヒテ的立場からのシェリング・ヘーゲル批判をヘーゲルが受容し、自己の哲学体系形成のバネとなしていく過程であったと想定してきた。以下では、この想定をヘーゲルの「根拠律」の思想の深化発展として押さえていきたい。

1　『差異論文』における根拠律

ヘーゲルは『差異論文』で根拠律を主題的に取り上げているわけではないが、フィヒテ批判に関連してそれを論じている。とりわけ、フィヒテの第二原則が因果律としての根拠律から発想されたものとして捉えられており

(vgl.,Diff.,25)、当然のことながら、フィヒテの実践的知識学における自我と非我の関係も同じコンテキストで理解されている (vgl.,Diff.,45ff.)。我々はここで、第三章3の（3）で論じた第二命題を取り上げ、ヘーゲルが「根拠律」(das Satz des Grundes)をどのように理解しているのかを明らかにしておこう。

Aが根拠をもつということは、Aという存在ではない存在がAに必然的に帰属することを意味するし、AはAという定立された存在ではない定立された存在であること、それ故A＝非A、A＝Bを意味する。(Diff.,25)

第二命題A＝非A、あるいはA＝Bは、ある定立された存在Aが何であるかを、その根拠であるAでないもの、Bによって説明するものである。そもそも、因果律は、AをAでないもの、Bによって説明するのであるから、Aにとって「外面的関係(1)」を表現しているにすぎない。つまり、因果律としての根拠律はAがA自身において何であるかを明らかにするものではない。ここに、Aが根拠として非AないしBをもつということは、根拠であるBが定立されているAと不同のものであるなら、Aそれ自身を説明できないと言わねばならない。他方、BとAが同一であるとするなら、この命題は単なる同語反復にすぎず、Aになにものも付け加えるものではない。むしろAはBに移行し吸収されていると言える。したがって、ヘーゲルはこの命題を純粋に保持するためには、Aを定立されたものとしては捨象すべきであると論断し、「第二命題はAが定立された存在ではないということを表現している」(Diff.,ebenda) と結論づける。ここに第一命題 (A=A) と第二命題 (A=非A) はAの定立と、Aの非定立として、矛盾することになる。

ところで、根拠律が因果律として理解されるとき、根拠律は対立項の外面的関係しか表現しえず、それによって根拠律は「最高に従属的な意味」しかもちえないということは、ヘーゲルの指摘するところである。しかし、それは同時に、ヘーゲルが本来の根拠律を因果律としての根拠律から明確に区別しているということも意味している。では、ヘーゲルは因果律としての根拠律ではない根拠律をいかなるものとして構想していたのであろうか。そのためにはまず、アンチノミーについてのヘーゲルの論述を見てみなければならない。ヘーゲルは、根拠律がAを定立されたものであると同時に定立されないものとして、つまりAと非Aをアンチノミーとして立てることが「すでに第一命題と第二命題の総合」(ebenda) であることを指摘している。さらにまた、アンチノミーは「知と真の最高に形式的表現」(Diff.,26) であるとともに「悟性による理性の最高に可能な表現」(das höchst mögliche Ausdruck der Vernunft durch den Verstand) (ebenda) とも換言されている。このようにアンチノミーは、悟性、すなわち反省哲学における最高の総合なのである。[2] しかしこのことは、理性、すなわち思弁哲学における総合が、悟性の総合であるアンチノミーを否定することなしには成立しえないことも指示していると考えられる。このアンチノミーの否定こそ、前章2で述べた思弁へと高まる「哲学的反省」の働きに他ならない。このことから、ヘーゲルには、根拠と根拠付けられるものとの関係を因果律としてではなく、哲学的反省へと導く根拠と根拠付けられるものとの関係、すなわち因果律としての根拠律ではない別の根拠律構想があったと予測できる。しかし当然のことながら、新たな根拠律は悟性的反省のもたらすアンチノミーを包摂しつつ、それを超える原理をもたなければならないであろう。ヘーゲルがそのような根拠として採用したのが「原因 (Ursache) であると同時に結果 (Bewirktes) として説明されるスピノザの実体概念」(Diff.,24) であった。J・H・トレーデは、いみじくもヘーゲルのスピノザ哲学採用の目論見を「スピノザ哲学の概念の傾向と諸前提を、同時代の反省哲学の体系的批判的論究を通り抜けることによって再興することが問題なのである[3]」と述べているように、総合がアンチノミーに帰着せざるをえぬ反省哲学の制約のもとで、「自己原因としての実体」がこうした制約を超える原理をもつものとして受容されたと言えるだろう。

我々は右のスピノザ受容が思弁に高まる哲学的反省の頂点において、「反省の自己破棄」＝「理性による直観の要請」として現われざるをえないことを、前章で「現象が絶対者のうちに、まだ真に根拠付けられていないこと」として批判的に述べておいた。だが、ヘーゲルによる右の因果律としての根拠律批判の論拠となっているのは、スピノザ受容に基づく「実体性の連関の（因果性に対する）優位[4]」であることは紛れのない事実であると言えよう。M・バウムはこの論点について「両命題は（ヘーゲルから観れば）Aの根拠について何ごとも語ってはいない。したがって、ここでもまたヘーゲルは、無限の後退へ導くある事柄のその原因による基礎付けを、ある事柄がその実体に内属することに還元する[5]」と述べている。この把握は、我々のこれまでの論述に照らしてみても十分に納得できるものである。つまり、ヘーゲルがフィヒテの第二原則を、因果律として構想された根拠律として批判するとき、当のヘーゲルがよって立つ地平は、実体性の連関として構想されるような根拠律であったと言ってよいだろう。このことは、ヘーゲルにとって根拠律を実体性の連関として理解することこそ、根拠である実体と属性である対立者との関係が同一性と非同一性の関係として把握されることに他ならなかったということを意味するものである。以上が一八〇一年におけるヘーゲルの根拠律理解である。だが、フィヒテ自身においては、根拠律はヘーゲルが『差異論文』で述べているように理解されていたわけではない。

2　フィヒテの『基礎』における根拠律

①フィヒテはまず、根拠律は第三原則によって証明されると同時に限定されるとしつつ、二つの根拠を指摘する。それが結合根拠（Beziehungs-Grund）と区別根拠（Unterscheidungs-Grund）である。前者は、反立するものの間に、自我がそれらを同等となす徴表（結合根拠）を求める総合の働きに繋がり、後者は、同等とされたも

のの間に、自我が反立的徴表（区別根拠）を求める反立の働きに繋がっている。すでに第二章で論じたように、フィヒテにおける自我の自己定立は、この反立と総合において具体化するのである。換言すれば、自我と非我が最高の総合によって総合されている限り、すなわち根拠によって根拠付けられている限り、両者のなかに残された反立的徴表を求め、これを新たな結合根拠によって総合し、次にこの総合のなかに再び新たな反立を求め、さらにこの反立を新たな結合根拠によって総合し、完全に結合できない反立者に到達したところで実践的領域に移行するという仕方で「知識学」は進展するのである。したがって、根拠律が示している区別根拠と結合根拠を求める反立と総合の働きこそ、認識の発生的原理と言えるであろう。ただ、第二章で論述したように、第三原則が第一原則の具体相として認識の発生的原理たりうるのは、第一原則が知識学の体系の「全体に対して支えと完成を与え」（WL., 115）ているからに他ならない。ここで我々は、フィヒテにおける結合根拠の導出を、絶対我の根源的働きに基づく自我による総合として位置づけることができるであろう。

②しかしながら、これも既に第二章で論じたことであるが、反立と総合が目指す絶対的統一は、フィヒテにおいては「完成された無限への接近」であり、自体的に不可能とされる。だが、それはフィヒテの根拠律理解からの当然の帰結と言えよう。というのも、フィヒテにあっては根拠律の妥当範囲は、「同等と反立のあるところ」に制限されているからである。根拠律は、「全ての可能な判断を基礎づける」根源的働きである絶対我、すなわち根拠そのものの認識には至らないのである（vgl., WL., 111f.）。このことは、絶対我についての判断である正立判断の本性に由来するものと思われる。フィヒテがその例としてあげるのが「人間は自由である」（Der Mensch ist frei.）（WL., 116）という命題である。この命題は積極的判断としては「人間は自由な存在者の部類に属する」という判断になる。だが、この判断が成立するには人間と自由な存在者との間の結合根拠が与えられるべきであるが、フィヒテはそれは与えられないと考えている。というのも、そもそも正立判断は無限判断であるからであ

ろう。正立判断の典型は「自我はある」だが、この判断には述語がない。そこでは述語は無限の闇の中にあって、主語と結合することはないのである。したがって、「人間は自由である」という判断も、主語＝有限、述語＝無限という形を取る無限判断ということになろう。この結果、フィヒテはこの判断は「自我の理念」においてだけ合一されると語らざるをえなくなる（vgl., WL., 117）。このような理念は、もちろんフィヒテにおいては認識不可能であり、最高の実践的目標として掲げられる他ないのである。これがフィヒテである。

3　ヘーゲルにおける根拠律

フィヒテ『全知識学の基礎』における三原則は、論理的原則としては順に同一律――矛盾律（より精確に言えば、「反立の命題」（Satz des Gegensetzens））――根拠律として論じられている。ヘーゲルは一八〇四／〇五年『論理学・形而上学』の「形而上学」を「原則の体系としての認識」（Das Erkennen als System von Grundsätzen）から始めており、その構成はA「同一律ないし矛盾律」（Satz der Identität oder des Widerspruchs）――B「排中律」（Grundsatz der Ausschließung eines Dritten）――C「根拠律」（Satz des Grundes）となっている。我々はこのような構成の内に、ヘーゲルのフィヒテに対する並々ならぬ関心を見て取ることができる。以下では、「原則の体系」の排中律と根拠律に着目して、そこにフィヒテ哲学受容の痕跡を読み、またそこにフィヒテ哲学からの超出あるいは逸脱を読むことを通じて、ヘーゲル哲学体系胎動の姿を明らかにしたい。

（1）問題の所在――「論理学」から「形而上学」へ――

だが、その前に、問題の所在を整理しておく必要があろう。我々は第三章4の（3）及び註（45）で、ヘーゲルからシェリングへ宛てた有名な書簡を取り上げ、そこに、反省哲学を乗り越えようとするヘーゲルの明確な意図を見た。シェリングが『叙述』においては、理性の立場である思弁に悟性の立場としての反省を対置するだけで、反省に体系上のなんらの地位も与えようとしないのに対して、ヘーゲルはあの書簡において確実に、反省に「肯定的積極的意味[6]」を与えようとしていると言ってよい。この観点は、いわば周知の部類に属することではあるが、この観点を整理してデュージングは「ヘーゲルは『差異論文』において初めて……体系における絶対者の認識において、反省の正当な使用を論じた。それ故ヘーゲルは最初からそのような認識の可能性の問題に立ち向かったのである[7]」と語っている。我々はこの「絶対者の認識に立ち向かう」ヘーゲルの姿を、第三章においては「絶対者への上り道」として、また本章1ではアンチノミー論として論じた。そこでは、悟性の働きは「理性の隠された働き」として位置づけられながらも、その働きは究極点において論理的帰結としてはアンチノミーに至り、結局は反省の自己破壊ないし直観の要請という仕方で絶対者に立ち向かわざるをえなかった。そのようなヘーゲルの立論のベースになっていたのは、絶対者と有限者の関係を「実体性の連関」において捉えるスピノザ的思惟形式であった。

しかし、そのような思惟形式からヘーゲルが決別していく可能性を、第四章の1で我々は一八〇三／〇四年『精神哲学』で提示される「直接的な自己自身の反対」という「精神」の概念のうちに見出した。この「自己自身の反対」という思索の成果を、検証し深化していくところにイエナ中・後期におけるヘーゲル哲学の胎動がある。ただし、いま我々が問題にしているのは、『イエナ形而上学』の冒頭に配置されている「原則の体系」の解釈である。「原則の体系」の解釈のためにも、この「形而上学」の前に配置されている「論理学」について触れないわけにはいかないだろう。この「論理学」は勿論まだ後年の思弁的論理学ではなく、有限な認識批判として、形而上学への導入を司っている。この論理学から形而上学への導入の過程を、若干第四章2と重複するかもしれないが、ここで簡単に通覧しておこう。

まず、悟性の思惟形式の批判的検証である『イエナ論理学』において、「自己自身の反対」という観点が、どのように位置付けられているのかを再度確認しておきたい。ヘーゲルは「論理学」において、存在の関係と思惟の関係の同一性を「比例」(Proportion) として扱う。比例はその発展に従って「定義」(Definition)、「分類」(Einteilung)、「認識」(Erkennen) に三分される。そして「論理学」は「演繹」(Deduktion) としての認識において頂点に達する。しかし、ヘーゲルは演繹を「その根拠がその本性上再び基礎付けられることを必要とする基礎付けること」(JL., 121) であるから、「休止と安定なき悪無限」(die schlechte Unendlichkeit ohne Rast und Ruhe) (ebenda) に終始する根拠を求める証明の「直線的」連なりと解釈している。ここでヘーゲルは悟性認識の「無能力の……究極の段階」(JL., 32) を示しているのである。それが「悪無限」である。ヘーゲルは「論理学」の最初の章「単純な関係」において「悪無限」を論じていた。そこでは「悪しき実在性」(質) と「悪しき観念性」(量) を対立項とする合一が考えられている。悪無限における対立項は、各々が「自独的に」(für sich) 存在する「否定的一者」である。合一はかかる両者の関係においては、他者否定によってもたらされるが、まさにその故に合一は「その外になお否定されるものが存続し、(他者を更に) 制限することの必要性」がある「純粋な統一」にすぎない。したがって、各対立項の「自分自身への形式的還帰」が純粋な統一の真実である。よって、合一は「無限の前進」たるを免れず、結局「彼岸」に定立されることになる。これが悟性の導きの究極の段階である。

こうして、悟性の「論理学」は「形而上学」へ移行せざるをえないのであるが、その移行は悪無限から真無限への発展として考えられていた。ここで真無限の規定を再確認しておこう。ヘーゲルは真無限における対立項の対立を「絶対的対立」(JL., 33) となし、悪無限における形式的対立から明確に区別する。すなわち、真無限における対立項は「自独的」には存在しえず、他者においてのみ存在する。一は多によって、多は一によって然るものである。したがって、対立項の対立において、同時に両項の合一が定立されている。すなわち、絶対的対立は「自己自身の反対」(ebenda) という基盤に支えられた対立である。「単純なものがあるが故に、対立が単純なものに対してである」(JL., 36) のであり、逆もまた然りである。「自己自身の反対」という概念は、ここでは真無限の成立根拠として、「無限性」の指標となるのである。

ところで、「論理学」の頂点である演繹は、その対象である内容諸契機の内にそれらの媒語、換言すれば「根拠」を見出そうと、対象に没入している。しかし、まさにその没入の故に、演繹における諸契機を展開している当のもの、すなわち「認識(する働き)」(Erkennen) を見ていない。演繹においては、内容と認識が「離れ落ちている」のである。演繹が悟性的思惟の限界たるゆえんである。このようにヘーゲルは悟性の限界を叙述する一方で、それを超える思弁的境地についての構想も与えている。すなわち、それは演繹の内容の根拠を「認識」と捉える境地であるが、ヘーゲルは「認識」を既に「絶対者」(das Absolute) (JL., 124) として提示しているのである。

さて、以上のように『イエナ論理学』の課題が「反省哲学の体系的批判[8]」であり、その批判の完成と相俟って思弁的形而上学が始まるという構成になっていることは疑いえない。とするならば、『差異論文』において提起されたReflexionからSpekulationへの道程が、一八〇四/〇五年においては、LogikからMetaphysikへの道程として遂行されていると言える。この観点については、トレーデもデュージングも同一の見解である。しかもトレーデは「ヘーゲルは論理学の終わりを唯一可能な理性的命題としての根拠律の思弁的構造への洞察によって、悟性が理性に高まるという意味において構想した[9]」と語ってもいる。管見においても、論理学における有限な認識批判の成果は、形而上学冒頭の「原則の体系」、とりわけ「根拠律」の節に集約されている。

（2）排中律について

排中律は「あるものはAであるかまたは非Aであるかのどちらかであり、第三のものは存在しない」という原則であり、『大論理学』では「本質論」[10]の注解で述べられている。ヘーゲルによれば、排中律は一般的には「ある物（einem Dinge）には全ての述語のなかでこの述語そのものかそれの非存在（Nichtsein）かが属する」（WdL.,285）とされている。なるほど、一般的な意味での同一律や矛盾律は「同時にAであり、かつまた非Aであるようなあるものは存在しない」という原則であり、この悟性的原則を遵守するとすれば、排中律は「Aでも非Aでもないものは存在しないし、対立に対して無関心である第三のものも存在しない」（WdL.,286）という原則であることは明らかである。しかし、ヘーゲルは排中律のうちには、「対立に対して無関心である第三のもの（das Dritte）が存在する、すなわちそこにはAそのものが存在（vorhanden）する」（ebenda）と語り、一般的な排中律理解とは全く相反する立場に立つ。ヘーゲルの排中律理解は、以下の言説の中に明解に表現されている。

> この命題（排中律）はまず、一切のものは対立したものであり、肯定的なものとしてか否定的なものとしてかのいずれかとして規定されたものであるということを含んでおり、（したがって）同一性は差異性へそして差異性は対立へと移行するという点におのれの必然性を有している重要な命題である。（WdL.,285）

このように排中律は、規定性の定立と、規定性の移行、換言すれば止揚という運動を含んでいる命題として理解されているのである。このような排中律理解においては、「第三のもの」は、規定性の対立の「根拠」（Grund）とされ、対立する規定性が帰っていく「反省の統一」（die Einheit der Reflexion）（WdL.,286）と考えられている。

以上が『大論理学』におけるヘーゲルの排中律理解の概要である。ヘーゲルはすでに『イエナ形而上学』において、このような排中律理解に到達していたと考えられる。以下では、『イエナ形而上学』に密着して排中律の展開を追跡することによって、この点について明らかにしていきたい。

一八〇四/〇五年『イエナ形而上学』において、排中律は「多」(das Viele)と「多でないもの」である「一」(die Einheit)の対立関係として論じられている。ここでは多という規定性にとって、一という規定性を排除することが「自分の外にはいかなる他者も存在しないという意味」(JM.,133)をもち、これによって「一切の第三のもの」が排除されることになる。これが排中律である。

しかしながら、ヘーゲルはこの排中律に潜む詭弁を以下のように暴露している。そもそも多が多として存在するのは、なんらかの規定性として存在するわけであるから、多であることは当然「一者」(Eins)であることを排除するものではない。むしろ多は一者として多である。つまり多はそれ自身において、「自己自身の反対」である一を自分の「構成要素」(Glieder)としてもっている。多はこのようなものであるから、多が否定的に排除する一は、多にとって「無関心なもの」ではない。一は多自身の「他者」であるから、多は一を否定することによって、逆に一を「自分自身の他者」として定立していると言える。すなわち、多は一の否定によって、多としての自分を「存在」として定立すると同時に、もう一方で一としての自分を「無」として定立しているのである。ここに多はそれ自身において「絶対的矛盾」(der absolute Widerspruch)であることになるが、それを他面から見れば、多は一の否定によって、おのれの単純な規定性から抜け出ていると言える。つまり、多はなるほど多(A)であるときに、一(非A)であるから矛盾である。しかし、それは逆に、多でも一でもある「多そのもの」、つまり排中律においては否定されていたAと非Aの「第三のもの」へと、多が止揚されているということでもあるのである。この第三のものについてヘーゲルは以下のように述べている。

実際には……これら構成要素の第三のものが存在するのである。換言すれば第三のものは、①両項の絶対的な直接的統一であり、そして②自己自身における単純な破壊であり、③自己自身において規定性および廃棄された規定性の反対でもある絶対的概念（der absoluteBegriff）である。（JM., 134）（引用文中の①、②、③は筆者が付したものである。）

ここに排中律の真相が明らかになる。排中律においては、第三のものは存在しないのではなく、むしろ排中律自体が第三のものの一つの現われであると言うべきであろう。存在するのは第三のものであり、その第三のものは、引用文で示されたように三つの存在様式においてである。すなわち、①直接的統一（同一性）、②自己自身における単純な破壊（非同一性）、③絶対的概念（同一性と非同一性の同一性）[11]である。一般的な意味での排中律は③を捨象して、①と②を抽象的対立的に取り扱うものであると言えるであろう。しかし、一八〇四／〇五年『イエナ形而上学』のヘーゲルにおいては、『大論理学』と同様に、排中律はすでに第三のもの、すなわち根拠へ向かう反省の一断面として把握されているのである。

以上を踏まえて、ヘーゲルのフィヒテ三原則批判を再考するとき、ヘーゲルはフィヒテの第三原則を単純に一般的な排中律として理解していたと考えられる。ヘーゲルは、フィヒテの第一原則と第二原則を並立的原則として理解しているわけであるが、第三原則を排中律として理解することは、基本的にはここから出来すると思われる。すなわち、第三原則は自我と非我の反立（対立）を扱うのであるが、そこでは非我は自我の負量として自我の定立される部分では非我は定立されないという原則である。したがって、第三原則をAか非A、自我か非我のどちらかが真であることを表現する法則である排中律としてみなすことが自然であるとも言える。[12]すでに述べたように、フィヒテにおいては第三原則は排中律ではなく、根拠律として把握されていた。しかも、フィヒテは自我と非我、Aと非Aの反立を根拠への発展の契機として理解していたのであるが、そうであるなら一八〇一年のヘーゲルはこの観点を十分に理解してはいなかったと言えるだろう。この点に先述したラウトによるヘーゲル批判の視点も生じてくると思われる。しかし、いまやヘーゲルは排中律を根拠との連関のなかで思惟しうる地平を切り拓いている。とするならば、ここにヘーゲルはやっとフィヒテ三原則をその深みにおいて理解する地点に到達したと言えるのではなかろうか。

（3）結びに代えて――根拠律について――

排中律の場合と同様に、ここでも『大論理学』から始めよう。『大論理学』は、「矛盾（律）」を媒介にして「根拠」へと進展するのであるが、まずこの移行に注目してみたい。ヘーゲルによれば、矛盾についての一般的な考え方は「矛盾は主観的な反省の産み出す誤謬」であり、「矛盾は存在しない」というものである。フィヒテは基本的にはこのような矛盾論の延長線上に位置していると思われる。これまでに幾度か触れておいたが、絶対我の絶対性とは無限であると同時に有限であることであった。フィヒテは、無限と有限はいわば絶対我の表と裏であり、もしそれを捉えようとすれば「循環」になるとしてもそれらがそれ自体として矛盾するものであるとは考えなかった。

それに対してヘーゲルにおいては、矛盾は外的反省に起因するようなものではなく、事柄それ自体に内在するものであり、「あらゆる自己運動の原理」（WdL.,287）とされる。以下の引用文が、このようなものとしての矛盾と根拠との関係を明らかにしている。

あるものが生けるものであるのは、それが矛盾を自己のうちに含み、しかも矛盾を自己のうちに把握し保持する力である限りにおいてである。……（もしそうでなければ）それは生ける統一、すなわち根拠でもなく、矛盾において没落する。（ebenda）

ここでは、根拠が「生ける統一」とされ、そのよってきたるゆえんが「矛盾を自己のうちに包摂する力」とされている。『イエナ形而上学』の「排中律」において導出された「第三のもの」が、このようなものとしての根拠であることは自明であろう。『イエナ形而上学』「根拠律」においては、その観点がより深められて、「規定性」が根拠をもつということが二重の意味で捉え直されている。第一の意味は、根拠は「規定されたものの根拠としての統一」であるということであるが、これは規定されたものから見た根拠と言えるであろう。第二の意味は、「規定性が根拠から産出される」という観点である。この観点は「根拠が自己自身の反対となり、自己自身に対立する」という根拠の働きから規定性を見たものと言えるだろう（vgl.,JM.,135）。このように根拠は、規定性として自らを産出することによって己に対立する働きである。ヘーゲルは、このような根拠の働きを「自己同一的規定性」（eine sich selbstgleiche Bestimmtheit）（ebenda）と名付けている。そして、この自己同一的規定性としての根拠の働きが、Erkennen（認識する働き）自身の「反省」と捉えられている（ebenda）。この視点は、イエナにおけるヘーゲル哲学の生成において極めて重要な意義を有していると思われる。

この視点がもつ意味を理解するためには、まず根拠と「認識」との関係が検討されなければならないだろう。Erkennenは『イエナ論理学』における有限な認識批判を通じて導出されたものである[13]。この過程をここで素描しておこう。ヘーゲルは『イエナ論理学』の最終部分で、「根拠としてのErkennen」を「絶対的媒語」と規定し、媒語の絶対的であるゆえんを自己の「特殊化」（Besonderung）を自己の内に含む点に認めている。したがって絶対的媒語としての「認識」においては、「内容」が「認識」の自己表現となる。すなわち、Erkennenは自ら「内容において自己を表現する（ausdrücken）」（JL., 122）。しかしながら、内容の展開を担っているのは、「認識する働き」（Erkennen）である単純なものであるから、認識は同時に内容の「否定的統一」である。ここに「認識」は認識する「運動」（Bewegung）であり、しかもその運動は自らを内容とする「自己認識」（Selbsterkennen）の過程と考えられることになる。このように自己を内容として産出し、それを自己へ「取り戻す」（wiederholen）媒語の働きをヘーゲルは「自己同一的反省」（das sich selbstgleiche Reflektieren）（JM., 128）と名付ける。したがって、この運動は直線的連なりではなく、「円環」（Kreis）運動である。こうしてヘーゲルは絶対者をErkennenとして捉えるときに、反省を「反省（非同一性）でありながら即座に直観（同一性）である」（ebenda）自己同一的反省（同一性と非同一性の同一性）となしうる基盤を獲得するのである。

さて、この導出の過程で、Erkennenは「自己同一的規定性」として「即自的に」は「絶対者」であるとされる。他方で、ヘーゲルはErkennenと根拠に関して、形而上学の始まりにおいては「それらは我々にとっては同一である」（JM.,136）が、「それらはそれら自身にとってはまだ一つのものではない」（ebenda）と語ってもいる。すなわち、「即自的に」というのは「自覚を欠いている」という意味である。こうした根拠とErkennenの関係のなかに、我々はヘーゲルが「根拠律」において語ろうとしたものを明確に確認できるのであるが、以下の引用文を媒介にしながら、それを明らかにしたい。

したがって、根拠はErkennen自身の反省として、自己自身のうちで完結した単純なものとして現われる。Erkennenはこのようにして、根拠へ到達することによって、自己自身に到達している。（そしてそこで）自分を自体として見いだす。（これまでは）我々にとってErkennenが自体であったのだが、（いまや）根拠が

Erkennenに対してあることによって、ErkennenがErkennenにとって自体である。（JM.,135）

「（これまでは）我々にとってErkennenが自体であった」とされているのは、「論理学」の境地のことであり、この過程がErkennenの「第一の生成」（JM.,136）である。この媒介を経てErkennenは規定性の根拠に辿り着いている。「我々にとっては」Erkennenはそれ自身規定性の根拠であるから、これによってErkennenは、根拠としての自分に達していると言える。しかし、それはまだ、Erkennenの自覚するところではないのである。つまり、Erkennenにとって根拠は、「即自的」（Erkennen）とも呼ばれる規定性の、その否定的統一であるにすぎない。もちろん「我々にとっては」、つまり本来的には、かかる否定的統一としての根拠は、Erkennenの「自己自身への反省」（ebenda）であり、Erkennenが自分を自分の内容として獲得することではあるが[14]、Erkennenは「この他者であるErkennen（否定的統一としての根拠）をまだ自己自身としては承認していない」（ebenda）のである。そうであるなら、この他者としての根拠を自分として承認し、自覚していく過程が必要となるが、その過程がErkennenの「第二の生成」（ebenda）としての「形而上学」に他ならない。このようなErkennenの生成の過程がErkennenの「自己自身への還帰（Rückgang）の円環運動」（JM.,135）と形容されるとき、ヘーゲルが「根拠律」において語ろうとしたことが明らかになってくる。

　さて、根拠律は「すべてのものはそれの十分な根拠をもっている」という命題で言表される。『大論理学』のヘーゲルによれば、根拠律は一般的には次のことを意味するものとされる。すなわち、存在するものは直接的なものではなく、むしろ根拠によって定立されたものであり、したがって存在するものは根拠のうちにあり、根拠へ帰って行くべきものであるということを意味するものとされる（vgl.,WdL.,293）。もちろん、ヘーゲルは根拠律のもつこのような意味を承認するが、さらに一歩突っ込んで、根拠律をライプニッツの「充足理由律」としても理解すべきであると主張する。ヘーゲルによれば、ライプニッツにおいては充足理由律が因果律に対して提起されているのであるが、その意味するところを要約すれば、以下のようになろう。まず、因果律は存在の関係を「外的偶然的」にしか結合できず、本質的統一に至らないということである。次に、その理由は因果律が立てる「機械原因」の根底に、一切のものを本質的統一にもたらしひとつの全体となす「目的」が欠如していることが挙げられる。したがって、最後に、充足理由律における根拠は、因果的な諸原因をも根拠づける根拠、全体を「目的」において統一し結合する「究極原因」（Endursache）でなければならないということである。

ヘーゲルは一八〇四／〇五年に、すでにこのような根拠の構想に達していたと思われる。Erkennenの運動は、まず「根拠」としてのErkennen自身の反省であるが、この反省が「Erkennenが自己自身に対して自分とは別のものとなる」（JM.,136）こと、すなわち自己他化と捉えられる。次に、この自己他化からの反省が根拠としての自己自身に至る「自己自身への還帰の円環運動」とされる。このことから、根拠としてのErkennenは、自己自身を目的とする「究極原因」と考えてよいだろう。次の引用文は、この観点をますます明瞭にする。

（根拠がもつ区別は）根拠がErkennenに対して（für）あり、かつErkennenの内に（in）ということである。これによって……根拠が反省の道程を切り抜けていく（durchmachen）必然性が定立されているのである。……Erkennenは、根拠に根拠の道程を指し示しているのである。（JM.,137）

この文章のfürはErkennenの自己他化を、inはErkennenが自己他化において自己に止まり続けるあり方を表わしていると考えてよい。根拠としてのErkennenのかかる二重性が、反省が「直線的」（linear）（JM.,127,JL.,122）に無限進行するのではなく、自己還帰する円環運動となる必然性を保証すると同時に、その目的をも示しているのである。我々はこのようなヘーゲルのErkennenとしての絶対者のうちに、自己意識的構造をもった思惟主体、[15] すなわちもはや「眼のないポリュペモス」ではない「眼のついたポリュペモス」を、はっきりと認識できるのである。

ここで『イエナ形而上学』におけるErkennenの発展のプロセスを素描しておこう。なぜなら、ここにはヘーゲルにおけるシェリング的なるもの（実体）からフィヒテ的なるもの（主体）への転換が明確に読み取れるからである。『イエナ形而上学』において、「原則の体系」に続くB「客観性の形而上学」（Metaphysik der Objektivität）は伝統に従って「魂、世界、最高存在（神）」の三部構成になっている。ヘーゲルはその「最高存在」（das höchste Wesen）の節で、シェリング・スピノザの実体性の形而上学を批判している。ヘーゲルはここでシェリング・スピノザの実体を最高存在として想定している。ヘーゲルによると、最高存在は「思惟と存在、あるいは延長を属性、契機、観念的なものとして自己の内にもち、それらを実体、自体存在としてもつのではなく、むしろ対立者の自体存在であり」（JM., 153）、これら対立者の「絶対的根拠」である。また、最高存在は「その流出（Emanation）において、すなわち数多性としての現象において絶対的に同一」（ebenda）であるとされる。ここでは最高存在とその現象である有限者の関係が、「流出」という観点に凝縮されている。ヘーゲルによれば、「流出」とは最高存在が自己を「犠牲」にして「世界」を産出するところの、実体の側からの一方的働きである。しかも、かかる産出において最高存在は「原因であると同時に結果である」自己同一者である。ヘーゲルはこのような実体を「最高存在の純粋な明証性」においては、闇（世界）は本来的には存在しないもの、無であると批判的に解釈している。最高存在にとって、世界はそれ自身では「非在」であり、最高存在の内に「消失する」ためにのみ存在するのである。だが、消失するためには非在の存在を前提にしなければならないだろう。もし、世界が非在であることが最高存在の自己同一性の証であるのなら、そのような同一性はこれまで指摘してきたように自覚され認識されることはないであろう。したがって、ヘーゲルの批判は以下の点に結実する。すなわち、最高存在は「自己を自己として直観するが」（JM.,173）、「他者自身を自己として見出し」（ebenda）てはいないと。ここに絶対者を実体として構想するシェリングと「絶対精神」（der absolute Geist）として構想するヘーゲルの決定的差異がある。ヘーゲルは言う。

闇（属性、現象、世界）が光（実体、自体、最高存在）なしには存在しないのと同様に光は闇なしには存在しない。最高存在は世界を創造した。世界は最高存在にとってはエーテルのように明るい透明性と明晰性をもっているが、世界はそれ自身では闇である。（JM.,154）

世界はそれ自身で光とならなければならない。世界（闇）は「自己自身の反対」である光であることを自ら証さなければならない。そうでなければ「最高存在からの個別性の流出は空虚な思想にすぎない」（ebenda）。流出したものが流出したものであることを自ら証さなければ、最高存在も「他者を自己として見出す」ことはできないのである。したがって、最高存在が自体存在であることの証明は、「流出した個別性」、「自己を止揚しなければならない実在」（ebenda）である「自我（Ich）あるいは知性（Intelligenz）」（ebenda）の働きに依拠せざるをえない。実体性の形而上学は世界からの応答を欠いているのである。然るに、この応答こそ自我が「根拠」を自己として「認識」すること、自我の「自覚」（Selbstbewußtsein）に他ならない。これまで二つの「精神哲学」や『イエナ論理学』で語られてきた「規定性の自己止揚」とはまさにこの境位へと至る運動のことに他ならない。我々はここに明々白々と「フィヒテ的なるもの」、すなわち「主観性」の立場への転換を読み取ることができる。

こうして「客観性の形而上学」の上位に「主観性の形而上学」（Metaphysik der Subjektivität）が配置される。

「主観性の形而上学」において、自我は「理論我」、次いで「実践我」へと向上し、自我が最高存在であり、最高存在が自我である「絶対的な自己自身の反対」(JM.,173) という境地が実現されるとき、それは「絶対精神」である。この境地は「他者が自己に同一なもの自身であると同様に、自己に同一なもの自身が他者である」(ebenda) という「認識」である。ここに認識と認識の内容は一つになっている。この究極の境地をヘーゲルは「無限性」とか「精神が自己自身を概念把握する (begreifen)」(ebenda) ことと呼んでいる。このように精神の運動は「自己認識」の運動なのである。すなわち、「精神は自己を見出すものとしてのみ存在する。そしてこのことが精神の自己自身における分割 (Teilung) の必然性である」(JM.,174)。ここで精神の自己認識の運動が二重の反省として捉えられていることは明白である。すなわち、精神の第一の反省がはっきりと「自己対象化」と捉えられ、次にその対象を自己として認識する働きが第二の反省として捉えられている。ジープはこの点に、本来、非対象的純粋能動性を対象となすことのアポリアの解決の方向があると指摘している。すなわち、「自己自身の反対」としての精神の「自己関係」の要点は、自己関係を「自己規定」(Sich-Bestimmen)「自己対象化」(Sich-Vergegenständlichen) として把握する点にあると理解している。[16] また、デュージングも精神の自己認識は、自己分割が「自己対象化」(Selbstvergegenständlichung) であるという認識を必然的に伴うと語っている。[17] 上述の如き二重化された反省の把握は、既に第三章で指摘したように『精神現象学』における「自己他化の自己自身との媒介」において働いている「否定性」(Negativität) に結びつくことになろう。この「否定性」という概念こそ「実体 - 主体」論のキーポイントであることは言うまでもない。とするなら、「自己対象化」は実体の自己関係であるから、「自己対象化」に先立って「実体」(Substanz) が存在することになろう。これはフィヒテが否定したことであった。

さて、フィヒテにおいては結合根拠と区別根拠の導出は、絶対我の根源的働きに基づく自我による総合と反立の活動として描かれていた。また、絶対我の根源的働きが自我の「外出」の根拠であったし、そこには「反省」が「生の原理」として随伴していた。以上で論じてきたように、いまやヘーゲルもフィヒテと同様に根拠律を認識の発生的原理として承認すると同時に、「反省」を「自己認識」の運動の原理として導入しているといえよう。その意味においては、ヘーゲルはフィヒテを受容するのである。しかしヘーゲルにおいては、それが絶対者、「根拠」であるErkennenの自己自身への「反省」、「円環運動」として捉えられ、それによって自己自身に至る生成の過程が絶対知への道を開示することになるのである。それに対して、フィヒテは根拠律を「同等と反立のあるところ」に制限することによって、ヘーゲル的な絶対知への道を閉ざしたと言うべきであろう。ジープの語る「純粋能動性」を「非対象的なもの」として堅持することこそ、フィヒテ超越論哲学の真骨頂であった。だが、ヘーゲルはなるほどフィヒテ哲学を受容し「主観性」に立脚はするが、その否定的側面を見逃してはいなかった。すなわち、ヘーゲルはフィヒテの否定的側面を自己の哲学体系のなかで内在的に批判する地歩を一八〇四／〇五年『論理学・形而上学』において固めていたのである。つまり、ヘーゲルは「(他者を廃棄する) Erkennenは絶対我、すなわち否定的一者としてのErkennenである」(JM.,127)と語る。ここでは絶対我は、単なる主観である「規定性の否定的統一」という地位しか与えられていない。後に、『精神現象学』「理性章」においてなされるようなヘーゲル哲学体系への一契機へと押し込められてしまうのである。とするならば、ヘーゲルによるフィヒテ哲学の位置づけは、『精神現象学』など後年の諸著作が示しているように、そして多くの論者が指摘するように、なお反省哲学の枠のなかにあったと言うべきであろう[18]。

（1） M.Baum, a.a.O., S.104.

（2） キムメーレは、このようなアンチノミー理解を「反省哲学を超え出るための基礎付け、そして哲学を純粋な思弁として受容すること」と位置づける。そして、このような矛盾を受容する論点を政治哲学に関連づけて、民族の普遍性のために矛盾の正当性を証明したのだと評している。Vgl., H.Kimmerle, Das Problem der Abgeschlossenheit des Denkens, in: *Hegel Studien*, Beiheft 8, 1972, S.104.

（3） J.M.Trede,Hegels frühe Logik（1801－1803/04）, in : *Hegel Studien*, Bd.7, S.139, 1972.

（4） M.Baum, a.a.O., S.104.

（5） Ebenda, S.105.

（6） K.Düsing, *Über das Verhältnis Hegels zu Fichte*, 1973, S.116.

（7） Ebenda, S.126f.

（8） J.H.Trede, a.a.O., S.166.

（9） Ebenda, S.160,165.

（10） キムメーレは「認識の原則の体系」のテーマは、『大論理学』という変更された条件のもとで、「本質論理」として再帰すると語っている。Vgl., H.Kimmerle, a.a.O., S.124.

（11） この③はすでに根拠律を表わしている。トレーデはイエナ期のヘーゲル論理学形而上学構想においては、論理学から形而上学への移行は根拠律の説明を手がかりにしてなされたとし、その上で、根拠律こそ「同一性の命題（同一律）と非同一性の命題（矛盾律）の統一」を表わす「唯一の命題」であるとする。Vgl., J.H.Trede, a.a.O., S.166.

（12） 例えば、近藤良樹は、第三原則はAかもしくは非Aの真であることをいうのだから排中律になると見るのが自然であろうとし、反立的なものであるAと非Aの可分的合一という形式自体からは、根拠は導出されえないのではなかろうかと疑問を呈している。近藤良樹『弁証法的範疇論への道程――カント・フィヒテ・シェリング』（九州大学出版会、一九八八年）。

（13） 論理学の最終章の比関係は方法を扱うものであるが、この部分は『精神現象学』序論で数学的認識の方法を哲学的認識の方法から批判する部分とぴったりと重なっていると思われる。つまり、『精神現象学』においては、哲学的認識が現存在の生成と本質の生成の両者を含んでいるのに対し、数学的認識は現存在の生成のみを扱うものであることから、この点において数学的認識は批判されている。イエナ論理学の比関係は、かかる数学的認識の批判に該当する。そして、この批判を通して形而上学が成立することから、形而上学は哲学的認識の地平にあると考えられる。Vgl.,G.W.F.Hegel, PdG, S.31f.

(14) 形而上学においては、内容として認識されるところのものは、独立した対象ではなくて、Erkennenであるところのものであるから、形而上学的認識は、「自己認識」である。Vgl.,M.Baum,Zur Methode der Logik und Metaphysik beim Jenaer Hegel,in:*Hegel Studien*, Beiheft 20,1977,S.138.

(15) キムメーレは、ローゼンクランツが『ヘーゲル伝』で指摘したフィヒテへの接近を、この点に見ている。この観方は適切であると思われる。しかし、この観点をキムメーレは、「認識という理念が形而上学の第一のものである」という文章で始まる草稿から直接導出している。この草稿はラッソン版では本文の註として挿入されているが、『大全集』では「形而上学の構成草稿」として「付録」に入れられている。なお、トレーデはこの草稿は一八〇四/〇五以前の作としている。(Vgl., J.H.Trede,a.a.O.,S.120) しかしいずれにせよ、ヘーゲルはこの時期には「認識する意識の、その認識することへの関係についての反省」(H.Kimmerle,a.a.O., S.120) を通じて、真に超越論的立場に立ちえているのである。キムメーレがこの傾向を「強化されたフィヒテへの志向」(ebenda) と呼ぶのは、至極適切なことである。さらに、キムメーレの次の叙述は、「イエナ形而上学」へのフィヒテの影響を的確に捉えたものと思われる。「ヘーゲルは、とりわけスピノザやライプニッツによって展開されたような古い前カント的形而上学の装置を自分の叙述の内に採用するが、この叙述に概念の形式、つまり自分自身を確信する学的哲学的思惟の形式を(フィヒテを通じて)与える」(ebenda,S.121)。

(16) Siep 4, S.142f.

(17) K. Düsing, Das Problem der Subjektivität in Hegels Logik, in: *Hegel Studien*, Beiheft 15, 1976, S.195.

(18) ヘーゲルは「イエナ論理学」を「弁証法」、「観念論」(Idealismus) と呼ぶこともある。(JM.,S.127.) その場合、それらのタームはバウムの言うように、反省哲学としてのフィヒテ哲学を意味していた。Vgl.,M.Baum,a.a.O.,S.138.

参考文献

Adorno, T.W., *Drei Studien zu Hegel*, Suhrkamp, 1991.

Baum, M., *Die Entstehung der Hegelschen Dialektik*, Bouvier, 1989.

———, Zur Methode der Logik und Metaphysik beim Jenaer Hegel, in: *Hegel Studien*, Beiheft 20,1977.

Bonsiepen, W., Der Begriff der Negativität in den Jenaer Schriften Hegels, in: *Hegel Studien*, Beiheft 16,1977.

Briefe von und an Hegel, Bd.1,hrsg.v.Johannes Hoffmeister, Meiner,1969.

Bubner, R., *Dialektik und Wissenschaft*, Suhrkamp,1974.

Düsing, K., Über das Verhältnis Hegels zu Fichte, in: *Philosophische Rundschau* 20,1973.

———, Spekulation und Reflexion, in: *Hegel Studien*, Bd.5,1969.

———, Das Problem der Subjektivität in Hegels Logik, in: *Hegel Studien*, Beiheft 15,1976.

———, *Hegel und die Geschichte der Philosophie*, Wissenschaftliche Buchgesellschaft,1983.

———, Idealistische Substanzmetaphysik, in: *Hegel Studien*, Beiheft 20,1977.

Fichte-Schelling Briefwechsel,hrsg.v.Walter schulz, Suhrkamp,1968.

Findlay, J.N., *Hegel A Re-examination*, Oxford University Press,1958.

Fischer, K., Geschichte der neuern Philosophie, *Hegel 1, Hegels Leben Werke und Lehre*, Erster Teil, Kraus Reprint,1973.

Gadamer, H.G., *Hegels Dialektik*, J.C.B.Mohr,1980.

Girndt, H., *Die Differenz des Fichteschen und Hegelschen Systems in der Hegelschen* 《*Differenzschrift*》, Bouvier,1965.

Glockner, H., *Hegel und seine Philosophie*（*Gedächtnisrede zu seinem hundersten Todestage am 14.November 1931*）, Carl Winter Universitätsbuchhandlung,1931.

———, Hegelrenaissance und Neuhegelianismus, in: *Logos*, XX,1931.

Hartmann, N., *Die Philosophie des deutschen Idealismus*, de Gruyter,1974.
Heidegger, M.,*Kant und Problem der Metaphysik, Gesammeltausgabe*, 1Abt.Bd.3, Klostermann,1991.
Heinrichs, J., *Die Logik der Phänomenologie des Geistes*, Bouvier,1974.
Henrich, D., Fichtes ursprüngliche Einsicht, in: *Subjektivität und Metaphysik*, Klostermann,1966.
――――, Absoluter Geist und Logik des Endlichen, in: *Hegel Studien*, Beiheft 20,1977.
Hoffmeister, J., *Gedächtnisrede*, Weiss'sche Universitätsbuchhandlung,1932.
Janke, W., *Fichte Sein und Reflexion-Grundlagen der kritischen Vernunft*, de Gruyter,1970.
金子武蔵『ヘーゲルの国家観』（岩波書店、一九四四年）
加藤尚武『ヘーゲルの「法」哲学』（青土社、一九九三年）
――――『ヘーゲル哲学の形成と原理』（未来社、一九八〇年）
――――「本質は現象する」『理想』六四一号（理想社、一九八九年）
加藤尚武編『ヘーゲル哲学への新視角』（創文社、一九九九年）
Kimmerle, H., Das Problem der Abgeschlossenheit des Denkens, in: *Hegel Studien*, Beiheft 8,1972.
木村素衞『獨逸觀念論の研究』（弘文堂、一九四〇年）
Kojéve, A., *Hegel* , übersetzt v.I.Fetscher u. G.Lehmbruch,Suhrkamp,1996.
Kroner, R., *Hegel zum 100.Todestage*, J.C.B.Mohr,1932.
――――, *Von Kant bis Hegel*, 3.Auf. IBd., J.C.B. Mohr,1977.
近藤良樹『弁証法的範疇論への道程――カント・フィヒテ・シェリング』（九州大学出版会、一九八八年）
上妻精『ヘーゲル人倫の体系解説』（以文社、一九九六年）
隈元忠敬『フィヒテ『全知識学の基礎』の研究』（渓水社、一九八六年）
――――『フィヒテ知識学の研究』（協同出版、一九七〇年）
Lauth, R., Hegels spekulative Position in seiner “Differenz des Fichteschen und Schellingschen Systems der Philosophie” im Lichte der Wissenschaftslehre, in: *Kant Studien*, 72, Jahrgang,1981（Lauth1）.

――――, *Die Entstehung von Schellings Identitätsphilosophie in der Auseinandersetzung mit Fichtes Wissenschaftslehre*, Alber,1975（Lauth2）.

――――, Transzendentalphilosophie in Abgrenzung gegen dem absoluten Idealismus,in: *Transzendentale Entwicklungslinien von Descartes bis zu Marx und Dostojewski*, Meiner,1989（Lauth3）.

Marx, W., *Hegels Phänomenologie des Geistes*, Klostermann,1971.

南原繁『フィヒテの政治哲学』（岩波書店、一九五九年）

Pöggeler, O.,*Hegels Idee einer Phänomenologie des Geistes*, Alber,1973.

――――, *Hegel*,hrsg.v.O.Pöggeler,Alber,1977.

Riedel, M., *Zwischen Tradition und Revolution――Studien zu Hegels Rechtsphilosophie*, Klett-cotta,1969.

Schmitz, H., *Hegel als Denker der Individualität*, Anton Hain KG,1957.

Siep, L., *Hegels Fichte Kritik und die Wissenschaftslehre von 1804*, Alber,1970（Siep1）.

――――, *Der Weg der Phänomenologie des Geistes――Einführender Kommentar zu Hegels》Differenzschrift《und》Phänomenologie des Geistes*《,Suhrkamp, 2000（Siep2）.

――――, *Praktische Philosophie im deutschen Idealismus, Suhrkamp*,1992（Siep3）.

――――, *Anerkennung als Prinzip der praktischen Philosophie――Untersuchungen zu Hegels Jenaer Philosophie des Geistes*, Alber,1979（Siep4）.

Rohs, P.*Johann Gottlieb Fichte*, C.H.Beck'sche Verlagsbuchhandlung,1991.

Rosenkranz, K., *G.W.F.Hegels Leben*, Wissenschaftliche Buchgesellschaft,1977.

多田茂「自己意識の体系的歴史――ヘーゲルの精神哲学における方法的原理の展開」日本哲学会『哲学』（法政大学出版局、二〇〇一年）

Theunissen, M., *Kritische Theorie der Gesellschaft*, de Gruyter,1981.

Trede, J.M., Hegels frühe Logik（1801－1803/04）, in: *Hegel Studien*, Bd.7.

Windelband, W., Die Erneuerung des Hegelianismus, in: *Präludien;Aufsätze und Reden zur Philosophie und ihrer Geschichte*, 1.

Bd.,1924.
山口祐弘『ドイツ観念論における反省理論』（勁草書房、一九九一年）
Zimmerli, W.C., Die Frage nach der Philosophie, in: *Hegel Studien*, Beiheft 12, Bouvier, 1974.

あとがき

序文に記載されているように、本書の基本的モチーフはすでに二十数年前にできあがっていた。そのモチーフを元に「イエナ期ヘーゲルの主観性の形而上学」というタイトルの小論を著わし、それが日本哲学会『哲学』に掲載されたのは一九八三年のことである。想い起こせば、その年の日本哲学会シンポジウムのテーマは「歴史と進歩――マルクス死後１００年」であった。その時代から本書が世に出るまで約二十年の歳月を必要とした。この間に、我々はもはや「進歩」や「マルクス」をシンポジウムのテーマに掲げることをためらわざるをえないほどの世界史的変革を経験した。このように二十年という時間は確かに長い。しかし、私自身の意識のなかでは束の間のことでしかなかった。

疾風怒濤の時代を経験した我々の世代にはヘーゲル哲学研究を志した者が多い。そのなかの優れた人たちは、すでにはるか昔に立派な力作を世に問うている。また、一九七〇年頃から盛り上がってきたイエナ期ヘーゲル研究は、表面的には十年ほど前に収束した感がある。しかし、イエナ期ヘーゲル研究は細々と続いていたと見ることもできる。長年、ヘーゲル研究をリードしてきた東北大学の方々が、イエナ『精神哲学』を翻訳出版したのはつい最近のことであるし、またイエナ期ヘーゲルを中心にした研究書も近年続けて出版されている。本書もそれらの片隅に位置付けられるであろうが、これらは燃えさかっていたイエナ期ヘーゲル研究の火が消えかかる前の最後の瞬きであるのかもしれない。

ドイツ観念論を哲学史研究の観点から見るならば、リヒャルト・クローナー流の発展史的理解はすっかり影を潜めたように思われる。むしろ、それぞれの哲学者の独自の哲学的発展が際立たせられ、同一性よりは非同一性が強調される傾向が強くなってきた。フィヒテには全くヘーゲルと相容れない根本思想があり、そこから生まれるフィヒテ独自の哲学体系があるとされる。つまり、根本思想の違いが体系の違いとして際立たせられたりする。いまやドイツ観念論研究は、個々の哲学者の独自性の解明に研究の焦点が当てられ、ドイツ観念論全体として議論されることは極めて少なくなり、個別から全体へ向かう動きは弱められてしまった。本書はそのような傾向に少しだけ逆らって、従来しばしば指摘されてはきたが、その内的連関が必ずしも解明されたわけではなかったフィヒテ哲学のヘーゲル哲学への影響の理路を明らかにしようと努めた。だが、筆者としては、その課題が充分に果たされたとは考えていない。例えば、イエナ『形而上学』（一八〇四／〇五年）の分析ははなはだ不十分な形で行なわざるをえなかった。しかしながら、最近の大学の状況や設定された時間の問題などを勘案するなら、現在のところこれが精一杯であったというのも偽らざる心情である。

さて、広島大学名誉教授隈元忠敬先生は才能乏しき私を、心温かく指導してくださった。その慈愛に満ちたお人柄に接すると、いまでも心洗われる気持ちになる。先生の大学院での演習は『精神現象学』であった。途中を少し飛ばしはしたが、長年在籍した私は「自己意識」章から最後の「絶対知」章までを先生とともに読むことができた。また、その後に『純粋理性批判』も読んでいただいたが、これにも「原則の分析論」の前まで参加させていただいた。先生の最大の御専門であるフィヒテは学部で読んでおられた。『浄福なる生活への指教』は学部生にはきわめて難解であったが、当時の学生は必死でついていった。他方、先生は大学院で我々が「論研」と呼んでいた極めてハードな演習を開講された。この授業は、各自が自分の研究する哲学者についての適切な研究論文（まだ翻訳されていない約三十ページほどの論文）を探してきて、それをコピーし全員に手渡しておいて、一回の授業で読みきることを目的にした。発表を終えるのに朝から夕方までかかった。だが、これを通して正確な読み方を教わった。例えば、本書の「序章」で扱ったグロックナー、ホフマイスター、クローナー、ヴィンデルバントの論文はこのとき読んだものである。以上のように、隈元先生の学恩がなかったら本書は決して生まれなかったであろう。

本書は二〇〇二年に学位請求論文として広島大学に提出され、二〇〇三年に学位論文として認められたものである。主査の任を引き受けてくださったのは、近藤良樹教授であった。ヘーゲル論理学に造詣の深い先生からは、重要な御指摘を多数頂いた。また、直接の上司である高柳央雄教授は実存哲学専門でありながら、懇切丁寧に本書を読んでくださり適切なアドバイスを下さった。両先生には心より感謝している。さらに水田英実教授、岡野治子教授、越智貢教授の三先生が審査に加わって下さった。先生方にも難解な本書を読んでいただき、しかも適切なアドバイスをいただいて心より感謝している。なお、外国語の試験を引き受けてくださったのは英米文学の田中久男教授であった。

さて、学外から専門家として審査に加わっていただいたのは京都大学名誉教授酒井修先生であった。京都ヘーゲル読書会の主宰者でもある先生は、本書を隈なく精読してくださり、貴重な御指摘、御助言を頂いた。先生には衷心より感謝したい。

ところで、本書の内容に影響を与えたのは、畏友ジープ、ラウト、ギルント、隈元忠敬と並んで加藤尚武であろう。現在鳥取環境大学学長である加藤尚武先生には、本書のあちこちで恩恵に与っている。これまでの先生の学恩と合わせて心より感謝したい。

なお、私に哲学研究の機会を与えてくださった鹿児島の、吉川健郎、米永正彦、田中邦夫の三先生への御恩は一度たりとも忘れたことがないことを記しておかなければならない。鹿児島という最も哲学からかけ離れた風土のなかで、最も鹿児島的な焼酎「小鶴」を片手に議論した想い出はなつかしくもあり、ほろ苦くもある。また、広島大学倫理学教室におられた河野真先生にはフランクフルト期及びイエナ期ヘーゲルの諸論考を読んでいただいた。その意味では、先生が本書の火付け役でもあることを銘記しておきたい。なお、最初の就職先比治山学園でお世話になった豊嶋睦先生、五十嵐二郎先生、梶山時彦先生の常に変わらぬ御厚情にも感謝したい。また、若いころから長年にわたって共に研究し刺激しあってきた友人、石崎嘉彦氏（摂南大学）と石田三千雄氏（徳島大学）との友情が、研究上の支えであったことを、やはりこの機会に記しておかなければならないだろう。

ところで、広島で始まった私の研究生活において、精神的安定をもたらしてくれたのは結婚生活であった。結婚後数年は妻恭子の扶養家族として暮らさなければならなかったが、いま思うとそのころがあらゆる面で最も充実していたような気がする。矜恃と不安の交錯するなかで、この不安定を乗り越えることができたのは妻のおかげである。感謝の言葉などかけたことがない妻に、この場を借りて感謝したい。思えば、私は長い間親族に支えられてきた。とりわけ、亡き祖母、父母には感謝しても感謝しきれないものがある。

最後に本書の企画を了承し、骨を折っていただいた長年の友人、ナカニシヤ出版第二編集部の津久井輝夫氏に感謝したい。いつものことながら、快くサポートしてくださるその姿勢にいつも敬愛と尊敬の念を抱いている。

二〇〇三年七月　広島廿日市の寓居にて

山内廣隆

＊本書は文部科学省科学研究費補助金［基盤研究（C2）（課題番号 14510013、研究課題：ドイツ観念論再構築に向けた地盤形成的研究――フィヒテ・ヘーゲル関係を機軸として――）］による研究成果である。

ヤ　行

ラ　行

ワ　行

ナ　行

ハ　行

マ　行

タ　行

サ　行

事 項 索 引

人名索引

ア　行

アドルノ(T. W. Adorno)　12
アリストテレス (Aristotelēs)　261
ヴィンデルバント(W. Windelband)　3

カ　行

加藤尚武　225, 247, 282
カント(Immanuel Kant)　3
キムメーレ(H. Kimmerle)　291, 312, 314
キルケゴール(Sören Aabye Kierkegaard)　4, 15
ギルント(Helmut Girndt)　65, 92, 98, 100, 114, 117, 153, 250, 256, 258, 282
隈元忠敬　92, 99, 130, 154, 158, 243, 290
グロックナー(H. Glockner)　3
クローナー(R. Kroner)　3, 12
コーヘン(H. Cohen)　6
近藤良樹　313

サ　行

ジープ(L. Siep)　100, 103, 107, 117, 158, 243, 245, 248, 266, 290
シュライエルマッヒャー(F. E. D. Schleiermacher)　248
シュルツ(W. Schulz)　9
スピノザ(Baruch de Spinoza)　19, 23, 25, 34, 37, 53, 62, 79, 100, 102, 104, 158, 164, 237, 261, 294, 298, 309, 314

タ　行

ツィンマーリ(W. C. Zimmerli)　248
ツェラー(E. Zeller)　6
ディルタイ(Wilhelm Dilthey)　6
デカルト(René Descartes)　76
デュージング(Klaus Düsing)　67, 240, 246, 284, 298, 311
トレーデ(J. M. Trede)　294, 313

ナ　行

南原繁　244
ニーチェ(Friedrich Wilhelm Nietzsche)　4

ハ　行

ハイデガー(M. Heidegger)　9
バウム(M. Baum)　242, 248
バークリー(George Berkeley)　159
ヒューム(David Hume)　23
フィッシャー(Kuno Fischer)　6
プラトン(Platon)　23, 87, 226
ペゲラー(O. Pöggeler)　248
ヘーリンク(T. Haering)　8
ヘンリッヒ(Dieter Henrich)　188, 241
ホフマイスター(J. Hoffmeister)　3, 15

マ　行

マルクス (Karl Marx)　15, 225

ヤ　行

ヤコービ (Friedrich Heinrich Jacobi)　20, 246, 248
ヤンケ(Wolfgang Janke)　80, 141, 144, 153, 158

ラ　行

ライプニッツ(Gottfried Wilhelm Leibniz)　23, 26, 28, 307, 314
ラインホールト (C. L. Reinhold)　76, 226, 229, 248
ラウト(R. Lauth)　9, 19, 22, 30, 62, 167, 178, 188, 239, 242, 248, 257, 304
ランゲ(F. A. Lange)　6
リッケルト(H. Rickert)　6
リーデル(Manfred Riedel)　251, 261, 266, 289
ルソー(J. J. Rousseau)　203, 267

▒著者略歴

山内廣隆（やまうち・ひろたか）

1949年　鹿児島市に生まれる。

1982年　広島大学大学院文学研究科博士課程単位取得退学。

現　在　広島大学大学院文学研究科助教授，博士（文学）。専攻／西洋近世哲学，応用倫理・哲学講座所属。

著　書　『環境の倫理学』（丸善，2003年），『知の21世紀的課題——倫理的な視点からの知の組み換え』〔共編〕（ナカニシヤ出版，2001年），『人間論の21世紀的課題——応用倫理学の試練——』〔共編〕（ナカニシヤ出版，1997年），『知のアンソロジー——ドイツ的知の位相——』〔共著〕（ナカニシヤ出版，1996年），『人間論の可能性』〔共著〕（昭和堂，1994年），他。

訳　書　L. ジープ/K. バイエルツ/M. クヴァンテ『ドイツ応用倫理学の現在』〔山内ほか編・監訳〕（ナカニシヤ出版，2002年），ルートヴィヒ・ジープ『ヘーゲルのフィヒテ批判と一八〇四年の『知識学』』（ナカニシヤ出版，2001年）。

ヘーゲル哲学体系への胎動
——フィヒテからヘーゲルへ——

2003年10月20日　初版第1刷発行　（定価はカバーに表示してあります）

著　者　山　内　廣　隆
発行者　中　西　健　夫

発行所　株式会社　ナカニシヤ出版

〒606-8316　京都市左京区吉田二本松町2
TEL（075）751-1211
FAX（075）751-2665
http://www.nakanishiya.co.jp/

印刷・製本／㈱シナノ

ISBN4-88848-800-2　C3010

ヘーゲルのフィヒテ批判と一八〇四年の『知識学』

ルートヴィヒ・ジープ／山内廣隆 訳

フィヒテやヘーゲルのテキストを厳密に精査し、フィヒテの後期哲学を、ドイツ観念論を独自に完成したものとして位置づけ、その意義を考察。さらにフィヒテ哲学とヘーゲル哲学体系との関係を論究する。

三一五〇円

古典的政治的合理主義の再生
―レオ・シュトラウス思想入門―

L・シュトラウス 著／T・L・パングル 編序／石崎嘉彦 監訳

ソクラテス以来の哲学的伝統である古典的合理主義を再生し、新たな思考枠組みを構築した、今世紀最大の知られざる思想家といわれるシュトラウス。その思想の神髄をあますところなく収めた論文集。

三九九〇円

カント哲学の思惟構造
―理性批判と批判理性―

山本博史

『純粋理性批判』と『実践理性批判』における「インテリゲンツ」という概念を、西洋近代がはらむ両義性のなかで捉え直し、カント批判哲学の核心を読み解く。カントとの知的格闘を通して、その新機軸を拓く。

三七八〇円

知のアンソロジー
―ドイツ的知の位相―

隈元忠敬 編

スピノザ、バウムガルテンはもとより、カントやヘーゲルなどドイツ観念論を中心に、フッサールやハイデガーなどの現代哲学までを縦横に論じる。今日のドイツ的知の源泉を切論した共同研究。

四八九三円

表示は二〇〇三年十月現在の税込価格です。